Deutsche Freimaurer im Dienste napoleonischer Politik

H e i n z   G ü r t l e r

Deutsche Freimaurer im Dienste napoleonischer Politik

Die Freimaurer im Königreich Westfalen 1807 - 1813

Verlag für ganzheitliche Forschung und Kultur

Reihe: Hintergrundanalysen

Band 10

Diese Reihe dient Forschungszwecken.
Die Darstellungen der Verfasser der einzelnen in diese
Reihe veröffentlichen Titel entsprechen nicht immer
der Überzeugung des Verlegers.

Inauguraldissertation zur Erlangung des Doktorgrades,
genehmigt von der Philosophischen Fakultät der
Friedrich-Schiller-Universität zu Jena.

1988
Faksimile-Druck für Forschungszwecke nach
der im Nordland-Verlag erschienenen Erstausgabe
Verlag für ganzheitliche Forschung und Kultur, 2257 Struckum
Druck: Werbung und Druck Günther, 2251 Rosendahl

JSBN 3-922314-81-3

Meinen Eltern

Inhaltsverzeichnis.

Vorwort
zur Neuherausgabe

Das Verbot der Freimaurerei im Dritten Reich öffnete der wissenschaftlichen Forschung den Zugang zu umfangreichen Materialien aus den freimaurerischen Logenarchiven. Eine der geschichtswissenschaftlichen Arbeiten, die hierdurch ermöglicht wurde, ist die hier nachgedruckte Inauguraldissertation von Heinz Gürtler. Sie hat sich im "Königreich Westfalen" als konkretes Beispiel einen Raum des geistigen und politischen Wirkens der Freimaurerei ausgesucht, der zeitlich und räumlich klar abgegrenzt ist und in dem die Zusammensetzung der Bevölkerung aus Angehörigen verschiedener Staaten und die politische Gestaltung nach den Ideen von 1789 ein geeignetes Wirkungsfeld für die Freimaurerei boten.

Der Verlag

A. Die Geschichte der Freimaurerei im Königreich Westfalen

I. Napoleon und die Freimaurerei

Die französische Revolution und ihre Ausstrahlung über Frankreich hinaus lenkte die Aufmerksamkeit der europäischen Staaten auf die Freimaurerei. Man begann diese Geheimorganisation, in der man ganz richtig eine geistige und politische Macht der neuen Zeit[1]) erkannte, schärfer zu beobachten und ihr Verhältnis zum Staat erst eigentlich zu ordnen. Häufig gerieten die Logen zuerst unter indirekte und später unter direkte offizielle Beaufsichtigung des Staates, wie z. B. 1797 in Österreich durch Franz II. Ein weiterer Schritt war — wiederum in Österreich (1801) — das Verbot der Mitgliedschaft für Staatsbeamte. Den vollständigen Bruch zwischen Staat und Freimaurerei bedeutete schließlich das 1797 von Paul I. erlassene Verbot der Freimaurerei in Rußland.

Napoleons Machtwillen entsprach es nicht, die Freimaurerei zu verbieten. Für ihn gab es nur eine Lösung: die Freimaurerei in seinen Dienst zu stellen. In Durchführung dieses Planes brachte er sie nicht nur unter seine geheime Beaufsichtigung, sondern durch Vertrauensleute auch unter seine Führung.[1a])

Erste Voraussetzung für eine Beherrschung aber war die Schaffung einer einheitlichen Organisation aller Freimaurer Frankreichs. 1799 hatten sich schon im „Grand Orient" die beiden Körperschaften „Grande Loge de France" und „Grand Orient de France" zusammengeschlossen. Diese Einheit war jedoch 1804 mit der Einführung des 33-Grad-Systems des „Alten und Angenommenen Schottischen Ritus" durch die Errichtung der „Grande Loge Ecossaise" wieder zerstört worden. Durch Vermittlung von Cambacérès konnte die jetzt wiederum in zwei Lager geteilte Freimaurerei Frankreichs schon am

---

1) Eine ausführliche Darstellung der Entwicklung der freimaurerischen Weltanschauung gibt A. Roßberg: Freimaurerei und Politik im Zeitalter der Französischen Revolution. Berlin 1942 (Bd. 2 der „Quellen und Darstellungen zur Freimaurerfrage").

1a) Die Logenmitgliedschaft Napoleons ist noch nicht restlos geklärt. Zwar wird Napoleon verschiedentlich von einzelnen Logen als Bruder bezeichnet; aktenmäßig zu belegen ist seine Zugehörigkeit jedoch nicht

3. Dezember desselben Jahres von Marschall Masséna vom „Grand Orient“ und von Marschall Kellermann, der dem Schottischen Ritus angehörte, in einem „Concordat“ wieder vereinigt werden. Eine vorübergehende abermalige Spaltung infolge der Gründung des „Suprême Conseil“ (Schottisches System) konnte schließlich durch den von der Regierung begünstigten „Grand Orient“ planmäßig und endgültig behoben werden. Mit Genehmigung Napoleons übernahm sein Bruder Joseph, der vorher nie Freimaurer gewesen war,[2]) das Amt des Großmeisters und damit die Leitung des „Grand Orient“. Cambacérès, der Erzkanzler Frankreichs, und Napoleons Schwager Murat wurden ihm als Substituierter Großmeister und Erster Großaufseher beigeordnet.[3])

Diesem kaiserlich anerkannten und geschützten „Grand Orient“ war es jetzt nicht mehr schwer, die gewünschte Einigung herbeizuführen. Gestützt auf die Doppelmitgliedschaft bedeutender Brüder empfing Cambacérès im August 1805 die Würde des Großkommandeurs des „Suprême Conseil.“ Damit wurde einer der engsten Vertrauten Napoleons „Chef aller Rite.“ Durch seine aktive Teilnahme an den Logenarbeiten war Cambacérès — im Gegensatz zu Joseph Bonaparte, der nie im „Grand Orient“ erschien[4]) — wirkliches Oberhaupt der gesamten französischen Freimaurerei. Die Freimaurerei Frankreichs war somit zu einer Einheit zusammengezwungen, und ihre Führung lag fest in Napoleons Händen. Die völlige Beherrschung dieser gewaltigen Organisation und ihre auf seine Person ausgerichtete Treue und Einsatzbereitschaft erreichte er durch Besetzung der höheren Logenämter mit seinen Familienangehörigen sowie politischen und militärischen Vertrauensleuten.

Neben Napoleons Bruder Joseph und seinem Schwager Murat trat der nächstjüngere Bruder Louis, der spätere König von Holland, als Zugeordneter Großmeister in die Führung des „Grand Orient“ ein. (Jérôme, der jüngste Bruder, war ebenfalls Logenmitglied, hatte aber kein hohes Amt inne.) Die Kaiserin Josephine gehörte zwar selbst keiner Loge an,[5]) wurde aber gerühmt, als erste Souveränin einer Logenversammlung beigewohnt zu haben.[6]) Es heißt von ihr, daß sie die Freimaurer „liebte und beschützte.“[7])

Von Napoleons Marschällen — um nur die höchsten militärischen Ränge anzuführen — waren Beurnonville Erster Zugeordneter Großmeister, Lauriston und Macdonald Zugeordnete Großmeister und Masséna Großadministrator. Macdonald und Lauriston konnten dank

---

[2]) I. F. L., Sp. 1092.
[3]) Kloß, Frankreich, I, 476 f.
[4]) ebenda, I, 482.
[5]) Frauen konnten in sogenannten Adoptionslogen aufgenommen werden.
[6]) Sie besuchte 1805 die Adoptionsloge der Loge „Les Francs Chevaliers“, Paris, die ihr in ihrem Hofstaate nach Straßburg gefolgt war und dort unter Leitung der Baronin Dietrich, der Frau des Straßburger Bürgermeisters, eine Loge abhielt.
[7]) B***, II, 153.

ihrer hohen Stellung in der napoleonischen Armee sofort in ein führendes Logenamt aufrücken.[8]) Bei ihnen wird die kaiserliche Schirmherrschaft und Lenkung des „Grand Orient“ ebenso deutlich wie bei den dreizehn Marschällen, die sämtlich Ehrengroßbeamte des „Grand Orient“ wurden, obwohl sie in den meisten Fällen vorher überhaupt keiner oder erst einer unter Napoleon gegründeten Loge angehört hatten. Es sind die Marschälle. Augerau, Brune, Kellermann,[9]) Lannes, Maison, Moncey, Mortier, Oudinot, Pérignon, Sebastiani, Sérurier, Léfèbvre und Soult. Die einzigen Marschälle, die kein Amt im „Grand Orient“ innehatten, waren Molitor und Ney.[10])

Unter den Politikern, die zur Führung des „Grand Orient“ gehörten, bekleidete Jean-Baptiste Nompère de Champagny, in seiner staatlichen Stellung Minister des Inneren und später Außenminister, das Amt eines Großkonservators (1806). Der Polizeiminister Napoleons, Joseph Fouché, Herzog von Otranto, war ebenso wie der Gesandte und spätere Außenminister Maret, Herzog von Bassano, Ehrengroßbeamter im „Grand Orient“. Die gleiche Stellung hatten der Präsident des Senats Lacépède und Louis Marquis de Caulaincourt, Außenminister und Abgesandter Napoleons auf dem Kongreß von Chatillon (1814). Dagegen war Talleyrand, der Diplomat seiner Zeit, nicht in der Leitung des „Grand Orient“ vertreten; er gehörte jedoch einer Tochterloge an.[11])

Durch diese enge Verflechtung von politisch-militärischer und freimaurerischer Führungsschicht war der „Grand Orient“ zu einem erstklassigen Machtinstrument geworden.

Die Einzellogen hatten sich unter dem Einfluß napoleonischer Offiziere und Beamter schon zu Beginn der Koalitionskriege in den Dienst des französischen Imperialismus gestellt. Überall, wo die Regimenter des Korsen Fuß gefaßt und den Machtraum Frankreichs erweitert hatten, gründeten französische Freimaurer neue Logen oder erweckten die dort erstorbene Freimaurerei zu neuem Leben.

Als nach dem 1. Koalitionskrieg (1792—1797) im Frieden von Campo Formio die Cisalpinische Republik gegründet worden war und durch den Sieg bei Marengo ihre Anerkennung im Frieden von Lunéville erzwungen werden konnte, zog mit den Besatzungsbehörden auch die französische Freimaurerei in den neuen napoleonischen Staat ein.

---

[8]) Von Macdonald ist keine Logenzugehörigkeit bekannt, so daß mit Grund angenommen werden muß, daß er erst unter Napoleon in die Freimaurerei, und zwar gleich als Zugeordneter Großmeister, aufgenommen wurde. Auch Lauriston dürfte der Freimaurerei vorher nicht angehört haben, da seine Mitgliedschaft zum ersten Male in einer napoleonischen Militärloge auftaucht.

[9]) Kellermann war gleichzeitig maßgebliches Mitglied des „Suprême Conseil“.

[10]) Sämtliche Angaben aus: „Grand Orient de France, Principaux Personnages“, 3. Aufl., Paris, 1939.

[11]) Über die Logenzugehörigkeit der genannten Politiker siehe ebenfalls: „Grand Orient de France, Principaux Personnages.“

In Mailand gründete der „Grand Orient“ noch 1801 die Loge „L'Heureuse Rencontre“. Sie setzte sich, wie die meisten französischen Logen, aus höheren Offizieren und Senatoren zusammen. 1803 folgte die Loge „Les Amis de la Gloire et des Arts“ in Mantua. Die Logen „La Réunion“ in Bergamo und „Les Amis de l'Aurore“ in Cremona werden zum ersten Mal im Jahre 1807 genannt.

Im Frieden von Lunéville willigten Kaiser und Reich in die Abtretung des linken Rheinufers ein. Unmittelbar darauf drang auch der „Grand Orient“ bis an die neuen Staatsgrenzen vor. In Speyer gründeten französische Freimaurer 1802 die Loge „La Grande Famille“, ein Jahr später in der Festung Landau die Loge „De l'Union Philantropique“. In Aachen bestanden mit der während der Besetzung wiedergegründeten Loge „La Constance“ (3. 8. 1799) schon zwei Logen des „Grand Orient“. Zu ihnen gesellte sich 1803 die Loge „La Concorde“. In Mainz, wo während der napoleonischen Zeit „... redes Logenleben“ herrschte,[12]) gab es schon während der Kriegszeit eine Loge mit dem Namen „Rose Mystérieuse“. Sie schloß sich der 1803 gegründeten Loge „Les Amis Réunis“ an. Diese Loge, der zum größten Teil Juden angehörten, weihte 1808 mit Genehmigung des „Grand Orient“ die Judenloge „L'Aurore Naissante“ in Frankfurt am Main ein. Am 23. 5. 1808 wählte sie den Präfekten des Departements vom Donnersberge, Jean-Bon St. André, zu ihrem Meister vom Stuhl.[13]) Die Loge nannte sich ab 1. 5. 1809 „Napoléon Joséphine des Amis Réunis“.[14])

Diese Gründungen neuer „Tempel“ des „Grand Orient“ wurden in den folgenden Jahren immer häufiger, und über das linksrheinische, ehemals deutsche Gebiet spannte sich bald ein engmaschiges Netz französischer Logen. In Trier wurde 1804 die Loge „La Réunion des Amis de l'Humanité“ gestiftet. In der Rheinpfalz folgte Lauterburg 1805 mit der Loge „La Persévérance“ und Zweibrücken mit der Loge „St. Joseph Napoléon“, Kreuznach a. d. Nahe 1809 mit „Les Amis Réunis“ und Neustadt a. d. Hardt mit der Loge „Les Trois Flammes Vivifiantes“. Weitere Logen nisteten sich in den bedeutendsten Städten des linken Rheinufers ein: in Bonn die Loge „Les Frères Courageux“ (1806), in Koblenz „L'Union Désirée“ (1808) und in Worms die wiedergegründete Loge „Du Temple Réédifié à l'Amitié Fraternelle“ (1809). In Köln kam 1811 zu der schon seit 1776 unter dem „Grand Orient“ arbeitenden Loge „Le Secret des Trois Rois“ eine neue französische „Bauhütte“, die Loge „La Naissance du Roi de Rome“.

Nach Beendigung des 3. Koalitionskrieges stand Frankreich im Großherzogtum Berg bereits auf rechtsrheinischem Boden. Auch der „Grand Orient“ überschritt sogleich den Rhein und ließ sich im Au-

---

[12]) I. F. L., Sp. 985.
[13]) A. H. F., II, 6.
[14]) ebenda.

gust 1806 in Düsseldorf in der Loge „St. Joachim“ nieder. Dieser Name war zu Ehren des neuen Herrschers Joachim Murat gewählt worden. Eine Mitgliederliste von 1811 zeigt, daß sich diese Loge zum größten Teil aus Deutschen zusammensetzte. Die übrigen Mitglieder waren französische Beamte und Offiziere. Den Vorsitz führte der Bürgermeister (Maire) von Düsseldorf, de Pfeil.[15])

Die französische Expansion war damit aber noch nicht abgeschlossen. Am 12. Juli 1806 verschaffte sich Napoleon im Rheinbund einen Verband deutscher Vasallenstaaten. Auch der „Grand Orient“ blieb nun mit seinen Logen nicht mehr an den Grenzen Frankreichs stehen; er griff über das französische Staatsgebiet hinaus, um ebenfalls in den Rheinbundstaaten Fuß zu fassen. Für das Großherzogtum Frankfurt gründete er in der gleichnamigen Hauptstadt 1808 die bekannte Judenloge „L'Aurore Naissante“. Sie wurde für die Juden das Einfallstor zur Freimaurerei Deutschlands.[16]) Neben ihr bestand in Frankfurt noch die französische Loge „Trinité“ und in Fulda die Loge „La Paix“. Das Großherzogtum Hessen-Darmstadt erhielt in der „Bauhütte“ „Aux Trois Palmes“ eine französische Loge für seine Hauptstadt.

Nach der preußischen Niederlage bei Jena marschierte Napoleon auf Berlin. Dort bestand 1807 eine Loge des „Grand Orient“ unter dem Namen „La Réunion“. Die preußische Großloge „Royal York“ gestattete der französischen Loge, das Lokal zu ihren Arbeiten zu benutzen.[17])

Der Friede von Tilsit (9. Juli 1807) brachte die Errichtung des Herzogtums Warschau. Auch diesen neuen Staat erfaßte der „Grand Orient“. Schon einige Monate später gründete er in Warschau die Loge „Les Frères Polonais Réunis“ und in Posen die Loge „Les Français et Polonais Réunis“.

Auch in Spanien erfuhr die seit den neunziger Jahren des 18. Jahrhunderts stilliegende Freimaurerei mit dem Einmarsch der Franzosen 1807 eine starke Wiederbelebung. Eine ganze Reihe französischer Logen wurde gegründet. Die erste war „Santa Julia“ im Palaste der Inquisition.

Selbst in Wien wurde 1809 während des österreichischen Krieges „von mehreren Wienern und französischen Offizieren“ eine französische Loge „La Concorde à l'Orient du Danube“ gestiftet.[18])

Zur wirksameren Durchführung der Kontinentalsperre war im Dezember 1810 das nordwestliche Deutschland bis etwa zu der Linie Wesel-Minden-Lauenburg-Lübeck mit dem kurz vorher eingezogenen

---

15) Mitgliederliste der Loge „St. Joachim“, Düsseldorf, 1811; Archiv der Loge „Archimedes zu den drei Reißbrettern“, Altenburg, Listen, B Nr. 1 a 112 incl. 1809—1811, Nr. 90.

16) F. A. Six, Freimaurerei und Judenemanzipation.

17) A. H. F., I, 88 — Der volle Titel lautet: „Große Loge von Preußen, genannt Royal York zur Freundschaft“

18) I. F. L., Sp. 1705.

Königreich Holland dem französischen Kaiserreich einverleibt worden. Der „Grand Orient" breitete sich sofort auch in diesem Gebiet aus. In Holland entstanden 1810 in Amsterdam die Logen „Saint Napoléon" und „Sainte Marie-Louise d'Autriche", sowie 1811 im Haag die Loge „Le Berceau du Roi de Rome". In Lübeck gründete der französische Postkontrolleur de Darsonval die Loge „Les Amis de l'Humanité". Diese versuchte, die anderen deutschen Logen, deren Mitglieder den französischen Behörden bekanntgegeben werden mußten, dem „Grand Orient" anzugliedern.[19]) Hamburg erhielt mit „Les Adeptes de la Croix du Nord" ebenfalls seine französische Loge. Im gleichen Jahre gründete man in Osnabrück eine neue Loge, „L'Etoile Anséatique". Die bestehende Loge „Zum goldenen Rad" wurde 1813 unter dem Namen „La Roue d'Or" unter die Abhängigkeit des „Grand Orient" gebracht. Noch Ende 1813 gründeten französische Beamte und Offiziere in Münster die Loge „Phare du Nord."

Außer diesen nennt das Korrespondenzregister des „Grand Orient" von 1807 für die Schweiz Logen in Bern („Les Amis de la Gloire" und „L'Espérance") und Lausanne („L'Amitié et la Persévérance"). Für Rußland werden die Logen „La Réunion des Etrangers" in Moskau, „La Réunion des Elus du Nord" in St. Petersburg und „Le Parfait Silence" in Warschau angegeben.[20])

Mit der Gründung dieser Einzellogen war das Einflußgebiet des „Grand Orient" nicht nur über den französischen Staat und über die von Frankreich abhängigen Staaten ausgedehnt worden, sondern darüber hinaus hatte man versucht, sich in den Feindstaaten festzusetzen. Die Logen selbst waren keine ausgesprochenen Militärlogen und bestanden auch nicht nur aus französischen Mitgliedern. Ihre Namen, die immer eine sehr tiefgründige Sprache reden, bringen das ebenfalls zum Ausdruck. Fast alle, die nicht eine begeisterte Anhänglichkeit und Verehrung gegenüber Napoleon aussprechen, künden von Freundschaft, Brüderlichkeit oder Einheit — oft in Verbindung mit Humanität oder Philantrophie. Die allgemeinpolitische Bedeutung dieser Logen des „Grand Orient" aber liegt darin, daß sie durch ihre brüderliche Vereinigung von Franzosen und Nichtfranzosen die napoleonische Herrschaft erleichtert haben, indem sie halfen, diese von innen her zu festigen und zu sichern.

Nach der Beherrschung des „Grand Orient" war es nur folgerichtig und politisch klug, wenn Napoleon die Freimaurerei in seinen Vasallenstaaten ebenfalls in seine Hand zu bekommen suchte. Das war gleichbedeutend mit der Oberhoheit des „Grand Orient" über die einzelnen Großlogen dieser Länder. Hierzu mußten diese Großlogen

[19]) A. H. F., I, 635.

[20]) Logenverzeichnis des „Grand Orient" von 1807; Archiv der Loge „Zu den drei Pfeilen", Nürnberg, Listen A Nr. 1 a 90 incl. 1805—1809, Nr. 38. — Warschau gehörte 1807 allerdings noch nicht zu Rußland.

ihren Umfang mit dem ihres Staatsgebietes in Übereinstimmung bringen, um eine organisatorische Einheit von Staat und Freimaurerei zu gewährleisten. Die in den einzelnen Vasallenstaaten gegründeten Logen des „Grand Orient" konnten dabei als Stützpunkte dienen.

Für das 1805 entstandene Königreich Italien war im gleichen Jahre ein „Oberster Rat" in Mailand gegründet worden. An seine Spitze wurde Napoleons Stiefsohn, Vizekönig Eugène de Beauharnais, als Großkommandeur gestellt. Als sich der 1804 in Neapel gegründete „Grand Orient de la Division Militaire du Royaume d'Italie" dem Mailänder „Grand Orient" anschloß, war der „Großorient von Italien" ins Leben getreten. Auch ihn leitete der Vizekönig als Großmeister. Die einheitliche Organisation und die politische Führung der Freimaurerei war damit in Italien ebenfalls hergestellt. Später, als das Königreich Neapel errichtet wurde, übernahm Napoleons Schwager Joachim Murat mit dem Thron zugleich die Führung der Freimaurerei seines Staates, die sich zum „Grand Orient de Naples" zusammengeschlossen hatte.

Im Mai 1808 konnte Napoleon seinem Bruder Joseph das Königreich Spanien übergeben. Gestützt auf die seit 1807 hier gegründeten Logen des „Grand Orient" und angeregt durch die Wiederbelebung der Freimaurerei in Spanien während der französischen Herrschaft, konnte 1809 der „Großorient von Spanien" gestiftet werden. Er unterstand der Oberhoheit des „Grand Orient". 1811 folgte der „Oberste Rat". In der Führung des Großorients saß „der Minister des Königs"[21]) D. Miguel José de Azanza. „Den Logen strömten zahlreiche freiheitliche Elemente zu".[22])

Größere Bedeutung kommt der gleichen Entwicklung in den Rheinbundstaaten zu, die doch nicht ganz so eng an Frankreich und an Napoleon gebunden waren wie die Königreiche seiner Familienangehörigen.

Eine Zwischenstellung nahmen das Königreich Westfalen und das Großherzogtum Berg ein. In Westfalen, dem Königreich des jüngsten Bruders, Jérôme Bonaparte, versuchte man, die Logen in einer einheitlichen Organisation zusammenzufassen. Die Führung der Freimaurerei des Landes, die ebenfalls praktisch in ein Abhängigkeitsverhältnis zum „Grand Orient" kam, übernahm Graf Siméon, der bedeutendste Minister des Königs und Großbeamte des „Grand Orient". – Im Großherzogtum Berg erklärte sich die Düsseldorfer Loge „St. Joachim" zum Großorient von Berg und forderte die Logen ihres Staates in einem Rundschreiben vom 13. 1. 1810 zum Beitritt auf. Es hieß darin, daß ein „selbständiger, von allen fremden Einflüssen isolierter Großorient gebildet werde."[23]) Im nächsten Satz stand aber

---

[21]) I. F. L., Sp. 1484.
[22]) ebenda.
[23]) Förster (Frm.), S. 87.

schon, daß man sich bereits mit Paris ins Einvernehmen gesetzt habe. Die Düsseldorfer Loge wurde auch vom „Grand Orient" als „Großherzoglich-Bergischer Orient" konstituiert.[24]) Das Amt des Großmeisters erhielt der Präfekt des Ruhrdepartements von Romberg.

In Mannheim, das jetzt zum Großherzogtum Baden gehörte, konnte die alte Loge „Karl zur Einigkeit" 1806 ihre Arbeit wiederaufnehmen.[25]) Schon am 27. 12. desselben Jahres konstituierte sich ihr Kapitel zum „Grand Orient de Bade". Dieser neue Großorient bildete sich 1807 weiter aus und gelangte 1812 zu einer festen Organisation.[26]) Er stand ebenfalls unter der Oberhoheit des „Grand Orient". Großmeister war Karl August Fürst zu Isenburg.

In Bayern stellte der Gebietszuwachs die bis dahin verbotene Freimaurerei vor eine neue Lage. Es kamen Landstriche hinzu, in denen noch Logen bestanden. Damit tauchte die Freimaurerfrage in Bayern wieder auf. Angeregt durch den Fürsten Karl Alexander von Thurn und Taxis verhandelte der Regierungspräsident Graf Westerholt mit dem Grafen Montgelas über die Gründung eines Großorients für das Königreich Bayern. Großmeister sollte der Fürst von Thurn und Taxis werden. Der Plan scheiterte.

In Hamburg beabsichtigten französische Freimaurer, die unter der Großloge von England stehende „Provinzial-Großloge von Hamburg und Niedersachsen" dem „Grand Orient" zu unterstellen. Die deutschen Logenbrüder versuchten, diesen Bestrebungen durch Umwandlung ihrer Provinzial-Großloge in eine selbständige Großloge auszuweichen. Die Logenmeister mußten aber schließlich nachgeben, und die „Grande Loge Provinciale Anséatique" war gezwungen, sich unter die Oberhoheit des „Grand Orient" zu begeben. Die Verträge wurden am 15. 10. 1812 abgeschlossen.[27]) Zu einer tatsächlichen Bindung kam es indessen nicht mehr.

Im Gegensatz dazu konnte die niederländische National-Großloge ihre Unabhängigkeit gegenüber dem „Grand Orient" erfolgreich behaupten. Nach 1810, als Holland dem französischen Kaiserreich einverleibt worden war, verstärkte der „Grand Orient" seine Bemühungen. Er erkannte die holländischen Logen nicht mehr an, weil der „Grand Orient" die alleinige freimaurerische Organisation des französischen Staates sein sollte, zu dem sie ja nun auch gehörten. Als sich die holländischen Freimaurer trotz allem einer Einverleibung immer noch widersetzten, verfügte der „Grand Orient" 1812 in einem Arrêté die Aufhebung der niederländischen Großloge.

---

[24]) Kreyenberg, G. und J. Gallhoff, S. 21 f.
[25]) I. F. L., Sp. 116.
[26]) Die gesamte Freimaurerei von Baden erfaßte er allerdings nicht, da neben ihm noch der „Große Landeslogenverein von Baden" bestand.
[27]) Kneisner, F.: Geschichte der Provinzialloge von Niedersachsen zu Hamburg, S. 241 f.

Für das nach dem Tilsiter Frieden gegründete Herzogtum Warschau konnte ebenfalls ein Großorient gebildet werden. 1810 entstand eine provisorische Provinzialmutterloge „Stern des Ostens“. Im gleichen Jahre wurde dann am 22. 3. der Großorient des Herzogtums Warschau proklamiert. Er ersuchte den „Grand Orient“ um Affiliation,[28]) „welche gewährt wurde“.[29]) Großmeister wurde 1811 Graf Stanislaus Kostka Potocki, der spätere Präsident des Ministerrats. Die Arbeiten wurden im französischen Ritus abgehalten.

Mit den Großlogen der wenigen noch selbständigen Staaten, die man nicht gut in ein Abhängigkeitsverhältnis bringen konnte, unterhielt der „Grand Orient“ eine eifrige Korrespondenz. Zu ihnen gehörten die „Große Nationalloge von Wien“ und die „Große Nationalloge Zu den drei Globen in Berlin.[30]) Die Große Nationalmutterloge in Berlin hatte im Jahre 1810 „die Erneuerung eines Allianzvertrages beantragt, welchen die politischen Verhältnisse nur zu lange außer Wirkung gesetzt hatten“.[31])

Die von Napoleon geleitete und beschirmte Freimaurerei umfaßte somit nicht nur Frankreich und die Königreiche seiner Familienangehörigen, sondern auch die von Napoleon abhängigen Staaten. Mit der Freimaurerei der Feindstaaten pflegte der „Grand Orient“ rege Beziehungen.

Wie sehr die französische Freimaurerei in Napoleon ihren Führer und Beschützer sah, zeigte sich schon in den Logennamen. Noch deutlicher aber kam das in der Anordnung des „Grand Orient“ zum Ausdruck, nach der alle Logen ihre Arbeiten mit dem Rufe: „Vive Napoléon et la famille impériale!“ eröffnen und beenden sollten.

Die politische Bedeutung dieses gegenseitigen Schutz- und Treueverhältnisses geht am eindrucksvollsten aus den von Cambacérès auf dem Winter-Johannisfest 1813 mitgeteilten Worten des Großmeisters Joseph Bonaparte hervor: „Wenn der Staat in Gefahr sein sollte, würde ich alle Kinder der Witwe um meine Person versammeln, und mit diesem heiligen Bataillon den Rebellen entgegengehend, aller Welt beweisen, daß der Kaiser keine treueren Untertanen hat, als die Maurer in Frankreich.“[32])

---

[28]) Unter Affiliation versteht man die Aufnahme eines Bruders in eine Loge oder einer Loge in eine Großloge.

[29]) Kloß, Frankreich II, 552.

[30]) Logenverzeichnis des „Grand Orient“ von 1807, a. a. O. und Kloß, Frankreich, II, 581. — Sie ist mit der „Großen National-Mutterloge Zu den drei Weltkugeln“ (Im Folgenden kurz: „Große National-Mutterloge“) identisch.

[31]) Kloß, Frankreich, II, 552.

[32]) Kloß, Frankreich, II, 557 f.

II. Der „Großorient von Westfalen"

1. Seine Organisation

Schon zu Beginn der napoleonischen Zeit war es im Gebiet des späteren Königreichs Westfalen verschiedentlich zu Berührungen zwischen deutschen und französischen Freimaurern gekommen.

Französische Besatzungstruppen hatten am 27. Juli 1803 in Hannover die Loge „Réunion des Amis" gegründet. Als Logenzeichen wählten sie das Leibnizdenkmal der Stadt. Dies Zeichen und der Name der Loge beweisen die Absicht, eine Vereinigung mit den deutschen Brüdern herbeizuführen. Die deutschen Freimaurer folgten den Einladungen der französischen Brüder, die im Hause der Loge „Friedrich zum weissen Pferd" tagten, allerdings nicht.[1]

Bei Truppendurchmärschen hatte die brüderliche Verbundenheit zwischen deutschen und französischen Freimaurern für die deutschen Brüder oft die Befreiung von Kriegslasten erwirkt. So gelang es in Einbeck „durch die Bemühungen eines angesehenen französischen Offiziers, des nachmaligen Generals Corbineau, welcher selbst Freimaurer war, der Loge („Georg zu den drei Säulen") den Schutz des menschenfreundlichen Reichsmarschalls Bernadotte zu verschaffen"[2] und die Loge hierdurch von aller Einquartierung zu verschonen. Das Gleiche wiederholte sich unter dem Freimaurer und Reichsmarschall Mortier.

In Salzwedel veranstaltete die Loge „Johannes zum Wohle der Menschheit" für den mit einem badischen Detachement durchziehenden Obersten und Freimaurer von St. Julien am 29. Oktober 1807 eine französische Ehrenloge.[3] Die Loge „Zur gekrönten Unschuld" in Nordhausen wurde in vorwestfälischer Zeit von mehreren französischen Offizieren besucht, die nur zum Teil Freimaurer waren.[4] In Halle hatte zwar auch die Loge „Zu den drei Degen" unter dem Kriege schwer zu leiden, doch „das brüderliche Band führte auch aus der Zahl der fremden Offiziere Beschützer und Helfer"[5] zu.

Die Braunschweiger Loge „Carl zur gekrönten Säule" hielt zu Ehren höherer französischer Offiziere eine Festloge ab. „Nach der Okkupation Braunschweigs durch die Franzosen ließ sich der Meister vom Stuhl am 6. November (1806) bevollmächtigen, ohne vorgängige Zusammenberufung der Meisterloge Anordnungen zu treffen, welche ihm etwa bei der jetzigen Lage der Dinge dienlich erscheinen möchten, auch Deputationslogen in Gegenwart einer kleineren Anzahl von

---

1) Voigts (Frmr.), S. 37.

2) Nach einer anonymen Handschrift vom August 1807; abgedruckt bei Lesser (Frmr.), S. 13 — Bernadotte war ebenfalls Freimaurer; I. F. L., Sp. 1065.

3) Wentz (Frmr.), S. 19.

4) Bürgel (Frmr.), S. 15.

5) Eckstein (Frmr.), S. 137.

Mitgliedern halten zu dürfen, um französische Aspiranten selbst ohne vorheriges Ballotement in französischer Sprache unentgeltlich aufzunehmen; ...Gleich am 8. November hielt er eine Loge in französischer Sprache, in welcher er mit innigster Rührung die Brüder auf die veränderte Lage aufmerksam machte."[6]) Am 11. November ersuchte man den Gouverneur durch eine Abordnung von fünf Logenbrüdern um seinen Schutz für die Loge. Der Gouverneur, „der sich Grandmaître nannte", wünschte, daß am 20. Dezember eine Loge abgehalten würde, zu der er mit dem Intendanten Daru, dem Kommandanten Uny und mehreren Offizieren erscheinen wollte. Am genannten Tage fand die Festloge, die sehr zahlreich besucht war, auch statt. „Der sehr ehrenwerte Bruder" Daru wurde mit allen maurerischen Ehren empfangen, der „sehr weise und sehr ehrenwerte Grandmaître" Bisson trat, begleitet vom Deputierten Meister und einigen Logenbeamten, in die Loge ein. Während die Brüder ihm ein Loblied sangen, ging der Meister vom Stuhl dem Gouverneur entgegen und bot ihm den Hammer (die Logenführung) an. Bisson lehnte jedoch ab, versicherte der Loge aber sein brüderliches Wohlwollen. Danach wurden einige Reden gehalten und der Gesang zu Ehren des Grandmaître wiederholt. Sodann brachen die Brüder in den Ruf aus: „Vive Napoléon! Vive son Gouverneur!" Bisson würdigte hierauf die Verehrung und Begeisterung der Brüder für den hohen Souverän Frankreichs.[7])

In Hessen-Kassel selbst, im Kerngebiet des Königreichs Westfalen, hatte die freimaurerische Tätigkeit seit dem Verbot von 1793 gänzlich geruht. Die 1799 versuchte Wiedereröffnung der von französischen Schauspielern gegründeten und in französischer Sprache arbeitenden Loge „Friedrich von der Freundschaft" war nicht genehmigt worden.

Als Hessen-Kassel von französischen Truppen besetzt wurde (1. 11. 1806), konnte die bisher daniederliegende Freimaurerei an eine Wiederbelebung denken. Die Loge „Friedrich von der Freundschaft" nahm am 8. Juli 1807 — also noch während der Besatzungszeit — ihre Arbeit wieder auf. Ihr „Berater und Förderer"[8]) war der Stuhlmeister der Speyerer Loge „De la Grande Famille", Dagon de la Contrie. Er war mit dem Regenten Siméon als Justizbeamter nach Kassel gekommen. „In naiver Dankbarkeit wurde er bei der Beamtenwahl zum Deputierten Meister für französische Arbeiten gewählt; er antwortete in

---

6) Lachmann (Frmr.), S. 126 f.

7) „..; le très sage Grand-Maître daigna .. son approbation des marques de zèle et d'amour que les frères portaient pour l'Auguste Souverain de France." Protokoll vom 20. 12. 1806. Archiv der Loge „Carl zur gekrönten Säule", Braunschweig, VI. Protokolle 4 (der hiesigen Loge) g, d Lehrlingsloge Vol. II, 1805—1808. —
Der Verfasser der Geschichte dieser Loge schließt hier mit dem Bedauern, daß die Loge somit „wegen des Hinscheidens ihres eigentlichen geliebten Fürsten keine Trauerloge halten, ja nicht einmal seiner in der allgemeinen Trauerloge erwähnen" durfte (Lachmann (Frm.), S. 127). Heusinger schreibt in seiner Geschichte Braunschweigs S. 32, daß Bisson, den die Braunschweiger Brüder so verehrten, auf Kosten der Bürger „verschwenderisch" lebte und ein „herrisches Benehmen" an den Tag legte.

8) Kolbe (Frmr.), S. 141.

einem deutschen Schreiben ablehnend. Er sei gar nicht Mitglied der Loge, er gehöre dem ‚Grand Orient de France' an und sehe auch jetzt noch kein Bedürfnis der Loge für französische Arbeiten, für die sie ja nicht genug Mitglieder habe."[10])

Die Loge versuchte nun, von ihrer alten Mutterloge „Royal York" in Berlin wieder legalisiert zu werden. Am 30. 10. 1807 erhielt sie auch ein erneuertes Konstitutionspatent.

Der neue Staat bereitete einer Wiedererrichtung der Loge keine Schwierigkeiten. Im Gegenteil. „In jeder Weise wurde von seiten der Regierung der Freimaurerei Vorschub geleistet, doch sollte sie ein staatliches Institut werden. Maßgebend für alle Einrichtungen war Siméon (1749—1842), der provisorische Regent des Königreichs, später Justizminister. Wie er der Organisator des neuen Staates war, so beherrschte er auch die Maurerei in seiner Stellung als Großkonservator des „Grand Orient de France".[11]) Mit seiner Erlaubnis nahm die Loge nunmehr den Namen „Royale Jérôme Napoléon de la Fidélité" an (28. 10. 1807). Die Bestätigung mußte natürlich dem König überlassen bleiben. Bei aller Selbständigkeit der Loge verlangte Siméon, daß „jede Unterordnung unter fremde Oberbehörden" aufhöre. Daraufhin erklärte sich die Loge zum „Großorient des Königreichs Westfalen" und wählte Siméon zu ihrem Großmeister.[12])

Der Beschluß vom 28. 10. 1807 setzte die wesentlichsten Punkte zum Aufbau des neuen Großorients fest. Die Logen des Königreichs sollten zum Anschluß eingeladen werden (4.), der „Großorient von Westfalen" wollte sich beim „Grand Orient de France" um Affiliation bewerben und ihn bitten, seine Gesetze, Statuten und Rituale mitzuteilen (5.). „Einstweilen" (!) wollte man nach dem Ritual der „französischen" (!) Loge „Royal York" arbeiten (6.).[13]) Schließlich sollte aus der Loge ein Kapitel[14]) errichtet werden, das den Großorient bilden würde.

Siméon erschien am 3. November 1807 zum erstenmal in der Loge und wurde „feierlich empfangen". In seiner grundlegenden Rede[15]) bemerkte er einleitend, daß er die Urkunde der vom „Großorient" gewünschten Affiliation mit dem „Grand Orient" leider noch nicht vor-

---

[10]) ebenda.

[11]) ebenda.

[12]) Beschluß vom 28. 10. 1807, in welchem die Loge „Friedrich von der Freundschaft" im OR. von Caszel sich zum groszen Orient des Königreichs Westphalen constituirt. Archiv der Loge „Georg zu den drei Säulen", Einbeck, Groszer Orient des ehemaligen Königreichs Westfalen. — Der Freimaurer Kolbe schreibt dagegen von einer Erhebung zur Provinzialmutterloge von Westfalen, so daß es den Anschein erwecken soll, es habe sich hier erst einmal um eine Provinziallogengründung unter der Großloge „Royal York" gehandelt.

[13]) Die Anerkennung als „Großorient von Westfalen" durch die alte Großloge „Royal York" in Berlin, um die man schon aus Gründen des Rituals nachsuchen mußte, erfolgte erst am 4. Dezember 1807.

[14]) Vereinigung der Hochgradbrüder.

[15]) Discours prononcé par .. Siméon, Grand Conservateur du Grand Orient de France .. in der Loge „Royale Jérôme Napoléon de la Fidélité" im Orient von Kassel, 3. 9. 1807. Archiv der Loge „Günther zum stehenden Löwen", Rudolstadt, aufgegangen im Archiv der Großloge von Hamburg, Logenkorrespondenz auf die Jahre 1808 und 1809.

legen könne, da die Zeit dazu nicht ausgereicht habe. Dann führte er etwa folgendes aus: Als Franzose und Freimaurer sei er über das doppelte Glück erfreut, das die Gründung des Königreichs Westfalen den Logenbrüdern gebracht habe.[16]) Die neue Herrschaft habe das Verbot einer wenig aufgeklärten Regierung aufgehoben, und die Freimaurerei erblühe nun wieder zu neuem Leben. Ihre Loge aber erhebe sich durch ihren Namen über alle Logen des Landes. Der „Großorient" müsse Vorbild und Mittelpunkt aller Logen des Königreichs werden, um über alle affiliierten Logen herrschen zu können. Höchstes Vorbild sei ihnen ihr Souverän, dem sie sich durch die Namensgebung ihrer Loge mehr noch als alle übrigen Untertanen in Treue und Ergebenheit verpflichtet hätten. Ihr Souverän sei nicht nur der Bruder des Königs Joseph Bonaparte, der sich zum Beschützer der Freimaurer erklärt[17]) und die Freimaurerei in seinem jetzigen Reiche befreit habe, sondern auch Bruder und Schüler des großen Napoleon, der schon so viele segensreiche Taten für die Humanität vollbracht habe. Napoleon selbst habe mit dem Ruhm der Waffen den der Gesetzgebung vereinigt und verehre und beschütze die Wissenschaften und Künste. Sein Kampf sei nur darauf gerichtet, dem gesamten Kontinent einen dauernden Frieden auf der Grundlage der neuen Anschauungen zu bringen. Die durch die Menschenliebe erleuchteten Freimaurer könnten und müßten Napoleon verehren und in Ergebenheit zu ihm stehen. Durch Napoleons Sieg seien sie nun mit vielen anderen Kleinstaaten in einem großen Reich vereinigt und würden alle Vorteile einer Großmacht genießen.

Mit einem Appell an die Treue zu ihrem Herrscher, dem zu dienen sie sich nicht nur durch ihre freimaurerischen, sondern auch durch ihre bürgerlichen Tugenden verpflichtet hätten, schloß Siméon seine Rede.

In erstaunlich geschickter Weise hatte Siméon darin nicht nur die Treue und Ergebenheit der westfälischen Freimaurer vom Beschützer der Freimaurer zum Politiker Napoleon bzw. Jérôme hinübergeführt, sondern auch die Tugenden des wahren Freimaurers mit denen des treuen westfälischen Staatsbürgers gleichgesetzt, westfälische Freimaurerei und westfälischen Staat also eng miteinander verbunden. Die staatliche Förderung der westfälischen Freimaurerei, die Logenmitgliedschaft vieler Beamten und Offiziere und die politisch-weltanschauliche Verwandtschaft von Freimaurerei und westfälischem Staat erlaubten allerdings eine solche Gleichsetzung.

Jérôme traf Mitte Dezember in Kassel, der Residenz seines Königreichs ein. Am 29. Dezember schrieb Siméon der Loge im Auftrage des Königs, daß dieser auf ihre Bitte hin gewähre, ihre Loge nach ihm

16) „Je me félicite comme Français et comme maçon du double bienfait que vous apporte la création du Royaume Westphalie".

17) „. . s'était déclaré le protecteur des maçons;" — also nicht nur der Freimaurer Frankreichs.

zu benennen und das Kapitel ihrer Loge zum Großorient von Westfalen" zu erheben.[18])

Die Konstitution zum „Großorient des Königreichs Westfalen" erfolgte am 10. Februar 1808. Die Ausbildung der Verfassung sollte ausschließlich vom „Großorient" besorgt werden.[19]) Zu Mitgliedern des „Großorients" wurden die Großbeamten und die Repräsentanten der Tochterlogen ernannt, die den Meister vom Stuhl einer jeden Tochterloge vertraten, der selbst wiederum Mitglied des „Großorients" war. Die neuen Beschlüsse setzten das Verhältnis zu anderen Großorienten folgendermaßen fest: „Der „Großorient" ist unabhängig von einem jeden anderen Großorient und kann sich nur als Schwester mit anderen Großorienten affiliieren" (§ 5). Den Tochterlogen sollte die Beibehaltung ihres eigenen Rituals bis zur Fertigstellung eines neuen gewährt bleiben (§ 6). Weiterhin sollten die Johannislogen dem „Großorient" ihre Beamtenwahlen anzeigen und jährlich Beiträge zahlen.

Die Wahl der Großbeamten fand am 4. Juni 1808 statt. Die Sitzung wurde von dem Obersten und Palastpräfekten Freiherrn Treusch von Buttlar-Brandenfels eröffnet.[20]) Er teilte den Brüdern mit, daß der „sehr mächtige Bruder" Siméon das „Großmeistertum angenommen" hätte. (Es war ihm also angetragen worden.) Von Buttlar selbst war von Siméon zum Substituierten Großmeister ernannt worden. Damit war zugleich der eigentliche Gründer, Professor Glass, „in die wenig einflußreiche Stelle eines Deputierten Großmeisters beiseite geschoben"[21]) worden. In der Ernennung von Buttlars zum Vertreter Siméons und in dieser Kaltstellung eines alten Großbeamten hatte sich bereits der Einfluß Siméons geltend gemacht. Siméon selbst hatte sich „die persönliche Entscheidung über alle wichtigen Fragen" vorbehalten.[22])

---

[18]) „. . la permission qu'ils demandent." Kopie des Schreibens von Siméon an die Loge „Royale Jérôme Napoléon de la Fidélité", Kassel, 29. 12. 1807. Archiv der Großloge von Hamburg, Logenkorrespondenz auf die Jahre 1808 und 1809 — Der Wunsch nach Neubenenung der Loge und Gründung des „Großorients von Westfalen" war also von den Mitgliedern der ehemaligen Loge „Friedrich von der Freundschaft" ausgegangen. Dasselbe wird auch durch den Beschluß vom 28. 10. 1807 erhärtet und steht im Gegensatz zu der Darstellung des Freimaurers Kolbe, nach dem die Erhebung zum „Großorient" von Jérôme bestimmt worden sei (S. 142). Die Dokumente sprechen auch gegen die Ausdeutung des „Allgemeinen Freimaurer-Handbuches" (I, 529), man hätte von sich aus die Gründung des „Großorients" gewünscht, um eine Abhängigkeit vom „Grand Orient" zu verhindern. (Siehe: Beschluß, Punkt 5 auf S. 24 und die Rede von Siméon auf S. 24 f.). Ebenso unhaltbar ist die Behauptung des Freimaurers Kolbe, daß man durch einen raschen Ausbau des „Großorients" der Gefahr einer Absorbierung durch Frankreich ausweichen wollte, wenn man sich an das voreilige Bemühen der Loge, Arbeiten in französischer Sprache abzuhalten, erinnert. (Siehe S. 23 f.).

[19]) Beschlüsse, mit welchen sich das Kapitul der Hw. G. u. V. Loge der königl. Loge Hieronymus Napoleon zur Treue im Or. von Cassel zum großen Orient des Königreichs Westphalen nach dazu erhaltener allergnädigsten königlichen Confirmation constituirt. Arch. d. Großloge von Hamburg, a. a. O. — Vgl. den Beschluß vom 28. 10. 1807 auf S. 24.

[20]) Abschrift des (zweisprachigen) Protokolls der Hw. Kapitularversammlung am 4. ten Junii 5808. Archiv der Großloge von Hamburg, a. a. O.

[21]) Kolbe (Frmr.), S. 143.

[22]) ebenda.

Unter den in dieser Sitzung gewählten Großbeamten waren noch der Zweite Großvorsteher Ernst Constantin Prinz zu Hessen-Philippsthal und der Großredner Merkel. Der Prinz rückte schon 1809 zum Ersten Großvorsteher auf. Ferner gehörten Dagon de la Contrie als Großinspekteur des „Grand Orient de Bade" und der Maire von Kassel, Freiherr von und zum Canstein, zum „Großorient". Der Kasseler Maire wurde schon im nächsten Jahre zum Großalmosenier befördert. Außer den Repräsentanten der Tochterlogen waren noch einige höhere Offiziere, namentlich aus dem Hofstaate, vertreten. Die Wahlen wurden Siméon selbstverständlich sofort angezeigt.

Die erste Anerkennung fand der neue Großorient durch den „Grand Orient de Bade".

In der Tochterloge „Hieronymus Napoleon zur Treue" übernahm von Buttlar ebenfalls die Leitung und verdrängte damit auch hier den Professor Glass. Erster Vorsteher der Loge wurde der Maire der Stadt, Freiherr von Canstein, und Deputierter Meister in der französischen Sprache der bekannte Quartiermeister des königlichen Palastes, Dagon de la Contrie. So wurde auch hier die Logenführung mit politisch wichtigen Personen besetzt.

Der „Großorient" hatte bereits im Oktober 1807 Einladungsschreiben an die Logen im Königreich verschickt.

Die Hildesheimer Loge „Pforte zur Ewigkeit", die bald in allen Lehrarten gearbeitet hatte und zuletzt (seit 1803) zu der Großloge „Royal York" gehörte, wandte sich wegen der Kasseler Aufforderung an den Generalintendanten Daru. Dieser riet auf die Anfrage hin, ob die Loge in Verbindung mit der alten Mutterloge bleiben dürfe, natürlich zum Anschluß. Daraufhin unterstellte sich die Loge unter Beibehaltung ihres Rituals am 15. 11. 1807 dem „Großorient von Westfalen."[23])

Die Loge „Luise Auguste zu den drei Sternen" in Alfeld hatte aus dem Schriftwechsel mit der Hildesheimer Loge und kurz darauf durch das bekannte Einladungsschreiben von der Gründung der Kasseler Großloge erfahren. Sie hatte jedoch Bedenken, da sich die Kasseler Loge eigenmächtig zur Großloge erhoben habe. Außerdem wußte sie noch nicht, ob diese Erhebung vom Landesherrn anerkannt war. Besondere Befürchtungen hegte sie aber wegen der vermeintlichen Gefahr, ein französisches Gradsystem annehmen zu müssen. Die Bedenken waren also keineswegs politischer Art, sondern rein ritualmäßig oder trugen lediglich organisatorischen Charakter. In einem Schreiben an Kassel[24]) teilte die Loge ihre Gedanken über den Aufbau

---

[23]) Menge (Frmr.), S. 170.

[24]) Hingeworfene Gedanken über die Bedingungen, unter welchen sich die Logen zum stillen Tempel in Hildesheim und Luise Auguste zu den drei Sternen in Alfeld entschlieszen mögten, die in Cassel zu etablirende gr. Landesloge des Königreichs Westphalens als maurerische Behörde anzuerkennen, Kassel, 31. 12. 1807 (Abschrift). Archiv der Loge in Alfeld, Korrespondenz mit verschiedenen Logen über die Aufforderung der Hw. Groß-

des „Großorients von Westfalen" mit und machte „eine vollkommene Unabhängigkeit von anderen Großorienten" zur Bedingung, ließ aber schon durchblicken, daß sie sich auf jeden Fall anschließen würde. Bereits in einem Nachschreiben schob sie alle eben gemachten Vorbehalte beiseite und sagte einen bedingungslosen Anschluß voraus.[25])

Eine Aufforderung des Bruders Kleemann aus Aschersleben, sich an der Gründung einer Provinzialloge zu beteiligen, in der sich alle Logen aus dem Königreich von der Lehrart der „Großen Landesloge"[25a]) zusammenschließen sollten, lehnte Alfeld mit der voreiligen und servilen Begründung ab, daß künftighin die Unterstellung unter eine auswärtige Großloge und die Errichtung selbständiger Großlogen im Königreich verboten würden. Eine solche Anordnung war noch gar nicht ergangen. Ebensowenig war ein Zwang zum Anschluß an Kassel wie ein Verbot von Provinziallogengründungen ausgesprochen worden. Diese an sich für die Aufrechterhaltung der Selbständigkeit einer Loge günstigen Umstände hielten aber die Alfelder Freimaurer, die anfangs geglaubt hatten, so viel Widerstand zeigen zu müssen, nicht ab, nunmehr ihren vollkommen freiwilligen Anschluß an Kassel zu verkünden. Sie machten den westfälischen Großorient sogar noch darauf aufmerksam, daß in Aschersleben und Magdeburg Bestrebungen im Gange wären, Provinziallogen zu errichten. Die Alfelder Loge vertrat dabei dem „Großorient" gegenüber die Ansicht, daß sich diese Logen auch anzuschließen hätten, „da doch eine Ordensobrigkeit und ein Direktorium existieren" müsse.[26]) Ja, der Meister vom Stuhl ereiferte sich in seiner Dienstfertigkeit so weit, daß er in die Worte ausbrach: „Ich wünschte, .. der französischen Sprache so mächtig zu sein, daß ich mit dem hochw. Bruder Siméon selbst sprechen könnte."

Als der „Großorient" den Anschluß und die Beibehaltung des alten Systems bestätigte, konnte die Alfelder Loge, die sich mit solchem Nachdruck für die Selbständigkeit der Kasseler Großloge eingesetzt hatte, nicht umhin zu schreiben: „.. aber versäumen Sie nicht, sich um die Anerkennung Ihres Orients bei dem Großorient in Paris zu bewerben."[27])

Ihrer alten Mutterloge in Berlin meldeten die Alfelder Logenbrüder erst am 14. April des Jahres ihren Anschluß. Sie hatten nicht nur

---

loge Hieronymus zur Treue in Kassel sich derselben anzuschließen auch über die Vereinigung mit derselben selbst. Stiftung der Großloge für das Königreich Westphalen und Vereinigung der Loge zu Alfeld mit derselben, Bl. 9.

[25a]) Abkürzungsform für: „Große Landesloge der Freimaurer von Deutschland".

[25]) „Ich zweifle keinen Augenblick, daß unsere gute Loge, .. die Beantwortung mag günstig oder ungünstig ausfallen, sich dem großen Oriente anschließen wird.". Die Alfelder Loge an den „Großorient" in Kassel, Kassel, 3. 1. 1808, a. a. O., Bl. 10.

[26]) Die Alfelder Loge an den „Großorient" in Kassel, Alfeld, 13. 1. 1808. Archiv der Loge in Alfeld, a. a. O., Bl. 21.

[27]) Schreiben der Loge in Alfeld an die Brüder des „Großorients" in Kassel, Alfeld, 15. 1. 1808, (Konzept). Archiv der Loge in Alfeld, a. a. O., Bl. 21.

ziemlich lange mit diesem Bescheid gezögert, sondern schrieben auch noch, daß es hätte sein müssen, zumal ihnen ein „deutlicher Wink ‚allerhöchsten Orts‘ gegeben wurde.“[28]) Gegenüber dem bedingungslos und freiwillig erfolgten Anschluß und gegenüber der Versicherung Siméons, daß jede Loge in Freiheit bestehen könne, „ohne der Loge des ‚Großorients des Königreichs von Westfalen‘ affiliiert zu sein“,[29]) klingt das doch sehr verwunderlich.

Die Bemühungen der Alfelder Freimaurer, weitere Logen der Umgebung für den „Großorient von Westfalen“ anzuwerben, blieben nicht ohne Erfolg. Die Einbecker Loge „Georg zu den drei Säulen“, die bisher der „Provinzial-Großloge von Hannover“ (unter der „Großloge von England“) angehört hatte, erklärt am 24. April 1808 ihren Beitritt.[30])

Am gleichen Tage wurde in der Loge „Pythagoras zu den drei Strömen“ in Hannoversch-Münden der Anschluß an den Kasseler Großorient mit Begeisterung begrüßt. Die Worte, die man für dieses freudige Ereignis fand, ließen gleichzeitig auch die weltanschaulichen Beziehungen zwischen Freimaurerei und westfälischem Staat deutlich hervortreten. Die Brüder waren, so hieß es, in diesen Logenbund eingetreten, „um die Herrschaft der Sittlichkeit und Humanität nach allen Kräften begründen zu helfen.“[31])

Der Stuhlmeister der besonders rührigen Alfelder Loge, Dieterichs, wurde im Anfang der westfälischen Herrschaft als Distrikts-Tribunal-Richter nach Goslar versetzt. Unter seiner tatkräftigen Mithilfe gelang es bald, dort eine Loge zu gründen. Sie erhielt den Namen „Hercynia zum flammenden Stern“. Der Gründungsbeschluß wurde am 13. Juli 1808 gefaßt. Die neue Loge wollte nach dem Ritual der „Großen Landesloge“ arbeiten und sich wegen der politischen Verhältnisse dem Großorient in Kassel unterstellen.[32]) Die Stiftungsurkunde wurde am 30. November 1808 ausgestellt. Die Einweihung selbst sollte eigentlich am 25. Geburtstag Jérômes stattfinden, mußte aber um einen Tag verschoben werden, weil viele Brüder verpflichtet waren, an „profanen“ Feiern teilzunehmen. Am Beispiel dieser Loge zeigt sich, daß nicht nur die schon bestehenden Logen, die sich dem

---

[28]) Wald, (Frmr.), S. 103.

[29]) ebenda — Die letzten Endes doch bedingungslose Unterwerfung der Alfelder Loge unter den „Großorient von Westfalen“ wird in der Geschichte dieser Loge ganz anders dargestellt. Dort heißt es, daß die Loge wohl das Schreiben von Siméon erhalten habe, es dann aber anders gekommen sei, und sie sich hätte unterwerfen müssen. Das kann unmöglich der Fall gewesen sein, da erst 1813 eine Bestimmung herauskam, nach der sich alle Logen in Westfalen dem „Großorient“ anschließen mußten.

[30]) Lesser (Frmr.), S. 15.

[31]) Rundschreiben der Loge „Pythagoras zu den drei Strömen“, Münden, Johannis 1809. Archiv der Großloge von Hamburg, Logenkorrespondenz auf die Jahre 1808 und 1809.

[32]) Protokoll des „Großorients von Westfalen“ vom 30. 11. 1808 (Abschrift). Archiv der Loge „Georg zu den drei Säulen“ in Einbeck, Protokolle der ehemaligen Großloge des Königreichs Westfalen.

Großorient unterstellten, sondern auch die von ihm selbst gegründeten eine andere Lehrart haben konnten.[33])

Die Loge „Tempel der Eintracht“ in Osterode, die bisher unter der „Großen Provinzial-Loge von Hamburg und Niedersachsen“ gearbeitet und von 1802 bis 1808 geruht hatte, erwachte in der westfälischen Zeit zu neuem Leben. Auf ihr Ersuchen[34]) erhielt sie ebenfalls am 30. November 1808 eine neue Stiftungsurkunde vom „Großorient“ und wurde am 24. Juni 1809 eingeweiht.

In Kassel erhielten mehrere französische Schauspieler von Siméon die Erlaubnis, eine Loge zu gründen. Nachdem die Großloge zugestimmt hatte, vom Polizeipräfekten und vom König die Genehmigung eingeholt worden war, wurde sie am 1. Oktober 1809 als Loge „Des Arts et de l'Amitié“ eingeweiht.

Im Jahre 1809 hatte sich die alte Schottenloge „Zur Unsterblichkeit“ in Hildesheim mit der schon 1807 in den „Großorient“ eingetretenen Loge „Pforte zur Ewigkeit“ verbunden. Sie trat jetzt ebenfalls unter die Oberhoheit der Kasseler Großloge.

In Heiligenstadt verspürte man auch das Bedürfnis nach „maurerischer“ Arbeit. Hier wurde die Logengründung hauptsächlich von dem späteren Präfekten von Trott angeregt und weiterhin erfolgreich unterstützt. Die dortigen Freimaurer wandten sich im August 1809 mit einem entsprechenden Gesuch an den „Großorient“.[35]) Am 19. Januar 1810 erhielt die Loge auch ihr Konstitutionspatent und das Ritual von Kassel. Die Einweihung erfolgte am 18. Februar 1810. Die Heiligenstädter Loge war damit die erste, die auch ihr Ritual vom „Großorient von Westfalen“ empfangen hatte.

Mehrere Brüder in Eschwege baten den „Großorient“ um die Errichtung der Loge „Eintracht zur Acacia“.[36]) Auch ihrem Wunsche wurde entsprochen. Kassel erteilte am 11. Februar 1810 eine Stiftungsurkunde und die Loge wurde am 2. Oktober des Jahres eingeweiht.

Im Land Hannover war seit dem Verbot vom 5. November 1793 das Logenleben ausgestorben. Auch hier erstand die Freimaurerei in der westfälischen Zeit aufs neue. Nachdem Siméon „seine Zustimmung mit der Bedingung gegeben, daß Präfektur und Universität dagegen nichts einzuwenden haben“,[37]) vereinigten sich die übriggebliebenen

---

[33]) Gewöhnlich versteht man unter Konstitution die Stiftung einer Loge durch ihre Großloge unter gleichzeitiger Annahme ihrer Lehrart.

[34]) Protokoll des „Großorients von Westfalen“ vom 30. 11. 1808 (Abschrift). Archiv der Loge „Georg zu den drei Säulen“ in Einbeck, Protokolle der ehemaligen Großloge des Königreichs Westfalen.

[35]) Protokoll des „Großorients von Westfalen“ vom 21. 11. 1809 (Abschrift). Archiv der Loge in Einbeck, a. a. O.

[36]) Protokoll des „Großorients von Westfalen“ vom 4. und 15. 5. 1810 (Abschrift). Archiv der Loge „Tempel der Eintracht“ in Osterode, Acta betr. die Loge . . und deren Arbeiten unter der Großloge von Westfalen zu Cassel, 1809—1814, Fach 1, Nr. 1, Vol. 1.

[37]) Seedorf (Frmr.), S. 236.

Mitglieder der Göttinger Logen „Augusta zu den drei Flammen" und „Zum goldenen Zirkel" am 23. Juni 1810 zur Loge „Augusta zum goldenen Zirkel". Die Loge arbeitete nach der englischen Lehrart. Vom Präfekten war ihr zur Bedingung gemacht worden, keine Studenten aufzunehmen. Dadurch geriet die Loge in eine schwierige Lage, die sich aus dem verschiedenen Verhältnis der einzelnen Staaten zur Freimaurerei und aus der überstaatlichen Ausbreitung der Logen ergeben mußte. Es entstanden nämlich Schwierigkeiten bei der Durchführung dieser Anordnung des Präfekten, als sich auch Studenten meldeten, die schon in Logen anderer Staaten aufgenommen worden waren. Entweder erfüllte die Loge nun die Bestimmungen des Staates, dann konnte sie den Forderungen der Freimaurerei nicht nachkommen, oder sie hielt die Logenregeln ein und verstieß gegen die Gesetze des Staates. Mit Hilfe eines freimaurer-freundlichen Ministers konnte die Loge jedoch die Aufhebung dieser Bestimmung erwirken. Sie durfte Studenten aufnehmen, wenn diese das schriftliche Versprechen abgaben, „den Gesetzen des Königreichs Westfalen und der großen Landesloge in Kassel und der blauen Loge in Göttingen treu und hold zu sein."[38]) Damit war die Anordnung des Staates mit den Wünschen und Regeln der Freimaurerei in Übereinstimmung gebracht. Der westfälische Staat aber hatte nicht nur sein politisches Vorrecht gewahrt, er hatte auch die Gewißheit, daß in der Göttinger Loge mit echten Freimaurern zugleich treue westfälische Staatsbürger erzogen würden.

Die Loge „Zur gekrönten Unschuld" in Nordhausen hatte bisher der für Westfalen neu errichteten Provinzialloge der „Großen Landesloge" angehört. Als sich die Provinzialloge später auflöste, schloß sich die Loge unter der Zusicherung, die Korrespondenz mit ihrer Berliner Mutterloge aufrechterhalten zu können, dem „Großorient" an.[39]) Die Angliederung war völlig freiwillig geschehen, denn bis dahin gab es noch keinen Erlaß, die Zugehörigkeit zu fremden Großlogen aufzuheben. Die Loge arbeitete weiterhin nach dem Ritual ihrer Berliner Großloge.

Die Celler Loge „Zum helleuchtenden Stern" bezeichnete dieses großzügige Verhalten der Kasseler Mutterloge als „wahrhaft human". Ihr Beitritt zum „Großorient von Westfalen" war hauptsächlich dem nach Celle versetzten Unterpräfekten von Stralenheim zu verdanken, der die Loge 1811 bis 1813 leitete. Am Johannistag 1811 erhielt die Loge ihr Konstitutionspatent von Kassel. Sie hatte auch das Ritual vom Großorient angenommen und war somit durch den Freimaurer und

---

[38]) Revers für Aufnahme Studirender entworfen in der Beamtenkonferenz vom 5. 3. 1812. Archiv der Loge „Augusta zum goldenen Zirkel", Göttingen, Acta betr. die Aufnahme hiesiger Studierende bei auswärtigen und desfalsige Anfragen der letzteren.

[39]) Becker (Frmr.), S. 30. — Sie war also durchaus nicht zum Anschluß gezwungen, wie es das „Allgemeine Handbuch der Freimaurer" darstellt (II, 107). Selbst der Freimaurer Becker widerlegt dies in seiner Logengeschichte. (S. 30).

Politiker von Stralenheim nicht nur politisch, sondern auch rituell vorbildlich ausgerichtet worden.

Neben den Logen, die sich dem „Großorient“ angeschlossen hatten, waren auch einige selbständig geblieben.

Die Loge „Zu den drei Degen“ in Halle war sowohl von der eben gegründeten Provinzialloge in Magdeburg als auch von Kassel zum Anschluß eingeladen worden. Die Magdeburger Provinzialloge erhielt eine Absage. Nach Kassel sandte die Loge eine „milde gefaßte Ablehnung.“[40]) Auf ein zweites Schreiben von Kassel beschloß sie „die sorgfältige Erwägung aller Verhältnisse.“ Mit Kassel sollte Verbindung gehalten und über die Bestimmungen des Grundvertrages Erkundigung eingezogen werden. Der Bruder Keferstein, der beim Johannisfest in Kassel anwesend war, riet zum Anschluß. Die Loge befragte nun ihre Mutterloge „Zu den drei Weltkugeln“, sandte aber inzwischen eine Mitgliederliste und ein Protektionsgesuch an den Minister Siméon mit der Bitte um Weitergabe an den König.[41]) Die Brüder hatten dies gemäß einer alten Bestimmung getan, nach der die Logen in Preußen dem König ihre Mitglieder anzeigen mußten. Mit derselben Ergebung legten sie jetzt unaufgefordert dem König von Westfalen ihre Mitgliederliste vor. Weiter führten sie in ihrem Gesuch an, ihre Loge sei die älteste im Königreich Westfalen und das ewige Ziel ihrer Arbeit sei immer die Verwirklichung der Tugenden der Wahrheit und der Humanität gewesen. Dem französischen König versicherte man, daß es in seinem ganzen Reich keine treueren und ergebeneren Untertanen gäbe als die Brüder der Loge in Halle. Seit dem glücklichen Augenblick, in dem sie treue Diener seiner Majestät werden durften, hätten sie immer an den „Baumeister aller Welten“ die heißesten Wünsche für die Gesundheit und das Wohlergehen Seiner Majestät und seines hohen königlichen Hauses gerichtet. Und sie würden niemals damit aufhören.[43]) Am 6. Juni wurde der Loge vom Innenministerium geantwortet, sie könnte als freie Loge weiterbestehen, wenn sie sich den Gesetzen des Staates unterwerfe.[44]) Die westfälische Regierung verlangte also nur politische Zuverlässigkeit. Die Loge blieb mit dem Kasseler Großorient weiterhin in brüderlicher Verbindung und hielt auch das Verhältnis zu ihrer Mutterloge in Berlin aufrecht.

---

[40]) Eckstein (Frmr.), S. 139.

[41]) Die Loge „Zu den drei Degen“ in Halle an den Minister des Innern (Siméon), Halle, 24. 5. 1808. Geheimes Staatsarchiv Berlin-Dahlem, Westfalen R 6 III A Nr. 1.

[42]) Seit 1798.

[43]) „Depuis l'heureux instant ou nous sommes devenus fidèles Sujets de Votre Majesté nous n'avons cessé et ne cesserons jamais d'adresser au grand Architecte de l'univers les voeux les plus ardents et les plus sincères pour la santé et la prospérité de Votre Majesté et de Son auguste maison Royale.“

[44]) Der Minister des Innern an den Bruder Keferstein, Kassel, 6. 6. 1808. Geheimes Staatsarchiv Berlin-Dahlem, a. a. O.

Die Braunschweiger Loge „Carl zur gekrönten Säule" hatte sich schon im Dezember 1807 mit einer Bittschrift an den westfälischen König gewandt. Jérôme selbst war zu dieser Zeit noch gar nicht in Kassel eingetroffen, und die Loge hatte auch noch kein Einladungsschreiben des Kasseler Großorients erhalten. Die Bittschrift wurde dem Intendanten Daru mit dem Ersuchen um Weitersendung übergeben.[45])

Im Februar 1808 zeigte Kassel die Errichtung des Großorients an und sprach die Erwartung aus, daß sich die Braunschweiger Loge als Tochterloge anschließe. Die Braunschweiger Freimaurer fanden das sehr anmaßend, da die Kasseler Loge ihre Tochterloge gewesen war und gestanden dieser höchstens ein schwesterliches Verhältnis zu. Für eine Unterwerfung erbaten sie sich daher Bedenkzeit. Außerdem wünschten sie Auskunft über den etwaigen Gebrauch von französischen Hochgraden in der Kasseler Großloge. Die Braunschweiger Loge war nämlich eine alte selbständige Loge der englischen Lehrart und sah in einem Eindringen des französischen Hochgradsystems die größte Gefahr für ihr Logenleben.

Als der König im Mai 1808 Braunschweig besuchte, beschloß die Loge, eine Abordnung an Siméon zu senden.[46]) Gleichzeitig sollte diese bitten, beim König vorgelassen zu werden. Der Bruder Graf Waldburg-Truchseß sollte eine Audienz beim König erwirken. Dieser lehnte jedoch ab, da die Zeit zu kurz wäre. Auf Befehl des Königs wurde der Loge aber die Versicherung erteilt, „daß sie ihre Arbeiten ungestört fortsetzen könne."[47]) Sie dufrte also selbständig bleiben.

Die in Halberstadt neu errichtete Loge „Zur aufgehenden Sonne" zeigte ihre Gründung unter gleichzeitiger Empfehlung dem Präfekten an. Die Logenbrüder beteuerten, keine heiligeren Pflichten zu kennen, als die, „überall (!) als treue Untertanen unsere Pflichten zu erfüllen."[48]) Der Präfekt wünschte der Loge einen guten Erfolg und nahm „aufrichtigen Anteil an dieser für Sie so frohen Begebenheit."[49]) Die Loge unterstellte sich am 15. September 1810 der „Großen Landesloge" in Berlin, trat also dem „Großorient" nicht bei.

Somit waren dem „Großorient von Westfalen", der die Logen weder zur Annahme seiner Lehrart noch zum Anschluß gezwungen hatte, immerhin noch einige Logen ferngeblieben.

---

[45]) Die Bittschrift selbst ist nicht überliefert, sondern nur ein Schreiben Darus. das sich darauf bezieht: Intendant des pays de Brunswick, de Halberstadt etc. à Mr. Praetorius, Commissaire à Brunswick, Brunswick, le 6 Décembre 1807. Geheimes Staatsarchiv Berlin-Dahlem, Westfalen R 6 III A Nr. 1.

[46]) Protokoll der Beamtenkonferenz vom 17. 5. 1808. Archiv der Loge in Braunschweig, VI 4 g Vol. 2.

[47]) Lachmann (Frmr.), S. 128.

[48]) Die Loge „Zur aufgehenden Sonne" in Halberstadt, an den Präfekten des Saale-Departements, Halberstadt, 31. 12. 1808. Staatsarchiv Magdeburg, Rep. B 26 R 1 Nr. 10.

[49]) Der Präfekt des Saale-Departements an die Loge „Zur aufgehenden Sonne" in Halberstadt, Halberstadt, 11. 1. 1809. Staatsarchiv Magdeburg a. a. O.

Neben den Tochterlogen des „Großorients“ und den selbständig gebliebenen Einzellogen waren noch Provinziallogen der „Großen Landesloge“ und der „Großen National-Mutterloge“ entstanden, in denen sich verschiedene Logen dieser Lehrarten zusammengeschlossen hatten.

Bei der Provinziallogengründung der „Großen Landesloge“ war die Anregung von der Großloge ausgegangen. Sie hatte ihren Logen empfohlen: „Der Klugheit gemäß, sollte man die Oberherrschaft des großen Orients in Kassel anerkennen.“[50]) Das Ritual sollte dabei aber aufrechterhalten bleiben. Die Große Landesloge hatte also in dieser Trennung von politischer und ritueller Gebundenheit unaufgefordert und freiwillig dem unter französischer Herrschaft stehenden westfälischen Königreich die Oberhoheit über die Logen seines Staatsgebietes zuerkannt. Die Errichtung einer Provinzialloge konnte somit lediglich in rituellen Erwägungen begründet sein.

Die Alfelder Loge versuchte, die Provinziallogengründung mit allen Mitteln zu verhindern. In einem ihrer unterwürfigen Schreiben, in denen diese ehemalige Tochterloge der altpreußischen „Großen Landesloge“ dem westfälischen Großorient von diesen Bestrebungen Meldung machte, ließ sie Jérôme über Siméon eine Treuekundgebung zugehen, in der sie diesem über deutsches Land herrschenden König als dem „gerechtesten.. und besten König“ huldigte. Die Freimaurer dieser Loge baten Jérôme um dieselbe Gnade und um denselben Schutz, den ihnen bisher der König von Preußen erteilt hatte.[51]) Damit bekannten sich diese Freimaurer zu einem Begriff des Landesherrn, der weder an Nationalität noch an Geschichte gebunden ist.

Trotz der Eingaben der Alfelder Loge hatte der „Großorient“ jedoch nichts ernsthaftes gegen die Provinzial-Logengründungen unternommen, und so war es dem Bruder Kleemann, der einen rituellen französischen Einfluß auf die Logen sehr befürchtete, schließlich gelungen, die vorgesehene Provinzialloge zu errichten. Sie setzte sich aus den Logen: „Zu den drei Kleeblättern“ in Aschersleben, „Zur goldenen Krone“ in Stendal und „Zur gekrönten Unschuld“ in Nordhausen zusammen. Ihr Gründungstag war der 4. März 1808.[52])

Die Form, in der die neue Provinzialloge aus dem Verband ihrer

---

[50]) Der Großmeister der „Großen Landesloge von Deutschland“, Bruder von Castillon, an die Loge in Alfeld, Berlin, 19. 1. 1808. Archiv der Loge in Alfeld, a. a. O., Bl. 27.

[51]) Schreiben der Loge in Alfeld Au Roi, Alfeld, 28. 1. 1808, (Konzept). Archiv der Loge in Alfeld, a. a. O., Bl. 32. — Schreiben derselben Loge an Se. Ex. Monseigneur Siméon a. a. O., Bl. 31. — „Nous prions Votre Majesté de nous accorder la même grace et protection, lesquelles nous furent accordées par Sa Majesté le roi de Prusse, notre ancien Souverain“.

[52]) Entgegen der freimaurerischen Literatur handelte es sich bei dieser Provinziallogengründung nicht darum, eine politische Abhängigkeit vom „Großorient von Westfalen“ bzw. vom „Grand Orient de France“ zu verhindern. Es bestand bekanntlich weder ein Zwang zum Anschluß an den westfälischen Großorient noch zur Annahme von dessen Lehrart.

Mutterloge ausschied,[53]) machte sie mehr zu einem selbständigen Logenbund im Königreich Westfalen, und die von der Provinzialloge selbst angeführten Gründe für ihre Errichtung erhellen darüber hinaus, in welchem Maße politische Erwägungen mitgespielt haben. In einem Schreiben an den Präfekten des Saale-Departements bekannte der Bruder Kleemann, sie müßten „gewissenhaft den Gesetzen des Landes nach(zu)kommen und dieserhalb.. vorzüglich allen Verhältnissen mit fremden maurerischen Oberbehörden entsagen, die vielleicht (!) den Absichten und Grundsätzen der oberen Staatsbehörden mißfallen könnten (!) oder nicht entsprechen. Aus diesem hat es uns denn auch erschienen, daß unsere bisherige Abhängigkeit von der ‚Großloge der Freimaurer von Deutschland', Berlin, künftig nicht mehr stattfinden könne."[54]) Damit hatten die Freimaurer dieser Logen eine freiwillige und völlige Unterwerfung ausgesprochen und dem westfälisch-französischen Staat mehr Ergebenheit entgegengebracht als dieser überhaupt verlangt hatte. Als die „Große Landesloge" schließlich erfuhr, daß keine Pflicht zum Anschluß an den westfälischen Großorient bestand, war der Provinzialloge die Grundlage ihrer Daseinsberechtigung entzogen. Sie fiel klanglos auseinander. Die Logen in Stendal und Aschersleben traten während der westfälischen Zeit kaum in Tätigkeit, die Nordhäuser Loge schloß sich später dem Großorient an.

Die Magdeburger Loge „Ferdinand zur Glückseligkeit" versuchte in ähnlicher Weise eine Provinzialloge für die westfälischen Logen ihres Systems („Große National-Mutterloge Zu den drei Weltkugeln") zu gründen. Bereits im August 1807 — also 4 Monate vor dem Eintreffen Jérômes in Kassel — hatte sie sich mit einem derartigen Plan an ihre Mutterloge gewandt. Als sich die Großloge ablehnend verhielt und die Meinung äußerte, die Bestimmungen des Landesherrn müßten erst abgewartet werden, trat die Magdeburger Loge im November 1807 erneut an ihre Großloge heran. Sie hätte die Absicht gehabt, für ihre Provinziallogengründung eine Protektion des neuen Staates zu erwerben und hätte deshalb einer Anschlußeinladung von Kassel eigentlich zuvorkommen müssen. Da diese aber inzwischen eingegangen wäre, möchte die Mutterloge doch die Ernennung zur Provinzialloge zurückdatieren;[55]) dann hätte die Loge die Möglichkeit, der Regierung und dem Großorient in Kassel sagen zu können, daß

---

[53]) Die Gründung war am 4. 3. 1808 erfolgt, während die Zustimmung der „Großen Landesloge" erst am 6. Mai 1808 gegeben wurde.

[54]) Bruder Joh. Aug. Kleemann, Provinzialgroßmeister, an den Präfekten des Saale-Departements, Halberstadt, 18. 10. 1808. Staatsarchiv Magdeburg, a. a. O.

[55]) Bruder Müller von der Magdeburger Loge an den Großsekretär der „Großen National-Mutterloge", Magdeburg, 24. 11. 1807. Archiv der „Großen National-Mutterloge Zu den drei Weltkugeln", Berlin. Acta betr. die Korrespondenz mit der Loge „Ferdinand zur

sie schon lange als Provinzialloge existiere und nun lediglich um ihre Bestätigung bitte.

Die Mutterloge in Berlin entschloß sich also, da sich der „Großorient von Westfalen" auch noch nicht mit landesherrlicher Erlaubnis konstituiert hatte,[56]) das Kapitel ihrer Magdeburger Loge zur „Provinzialloge von Westfalen und Niedersachsen" zu erheben. (4. 12. 1807) Sie sollte weiterhin ihrer Mutterloge unterstehen, der neuen Regierung treu sein, sonst aber als selbständige Loge gelten. Als neue Provinzialloge hatte sie die Berechtigung, alle Logen zwischen Rhein und Elbe zum Anschluß einzuladen. Diesen stand es jedoch frei, unter direkter Oberhoheit der Berliner Mutterloge zu bleiben oder sich Magdeburg anzuschließen.

Kurz darauf erbat die Magdeburger Loge gemeinsam mit mehreren anderen den Schutz des Innenministers Siméon. Sie versicherten die Treue und Ergebenheit ihrer Brüder als Freimaurer und westfälische Staatsbürger und ersuchten um Fortbestehen der alten Lehrart, da sonst viele, und geradc die erleuchtetsten und ehrwürdigsten Brüder die Freimaurerei eher verlassen als ihre alte Lehrart aufgeben würden.[57]) Siméon willigte ein. Die Magdeburger Provinzialloge brauche sich dem „Großorient von Westfalen" nicht zu affiliieren, müsse sich aber den polizeilichen Bestimmungen des Landes unterwerfen.[58])

Obwohl durch diesen Bescheid die Errichtung einer Provinzialloge aus Gründen der Reinerhaltung des Systems gegenstandslos geworden war, zeigte Magdeburg im Februar Siméon die Provinziallogengründung an und fügte ein Gesuch an den König bei. Darin beteuerten die Magdeburger Freimaurer, dem König und dem Vaterlande treu zu bleiben und die Brüder ihrer Logen zu echten westfälischen Staatsbürgern zu erziehen.[59]) Die Versicherung, diese politische Erziehungsarbeit zu leisten und der Titel „Mutterloge", den die Magdeburger Provinzialloge gebraucht,[60]) veranlaßten Jérôme, der sich zugleich als Logenbruder zu den Grundideen der Freimaurerei bekannte, einen Schutz zu versprechen.[61])

Glückseligkeit" in Magdeburg sowie die Ernennung derselben zur Provinzialloge von Niedersachsen vom Jahre 1804 bis incl. 1811. Abt. C. Abschn.: 1 Lit: M Tit: 1 Vol. 10. —

[56]) Die Bestätigung Jérômes erfolgte erst am 29. 12. 1807.

[57]) Die Magdeburger Loge und die Stuhlmeister der Logen in Hildesheim („Zum stillen Tempel"), Alfeld, Salzwedel, Minden und Osnabrück an den Innenminister Siméon, Kassel, 30. 12. 1807. Geheimes Staatsarchiv Berlin-Dahlem, Westfalen R 6 III A Nr. 1.

[58]) „..sans être affiliés à la loge du grand orient du royaume de Westphalie.. en vous soumettant aux loix générales sur la police du royaume". — (Simeon) an diese Brüder, (Konzept), Kassel, 9. 1. 1808. Geheimes Staatsarchiv Berlin-Dahlem, a. a. O.

[59]) Direktorium der Loge „Ferdinand à la Félicité" im Orient zu Magdeburg an den Minister des Innern, Magdeburg, 10. 2. 1808. Geheimes Staatsarchiv Berlin-Dahlem, a. a. O.

[60]) Ohne das er ihr von der Berliner Großloge zugestanden worden wäre.

[61]) Der Sekretär des Königs, Cousin de Marinville an die Provinzialmutterloge in Magdeburg, Kassel, 25. 2. 1808. Archiv der Großen National-Mutterloge a. a. O. — „en Sa Qualité de franc-maçon. —"

Der neuen Provinzialloge schlossen sich nur wenige Logen an. Die Loge „Zu den drei Degen" in Halle lehnte trotz zweimaliger Aufforderung der Magdeburger Provinzialloge und einer Empfehlung ihrer Berliner Mutterloge den Anschluß ab. Die meisten anderen Logen dieser Lehrart wollten ebenfalls lieber in direkter Verbindung mit ihrer Großloge bleiben, so daß sich bis zum März 1808 nur die Loge „Zum goldenen Rad" in Osnabrück angeschlossen hatte.[62])

Kurze Zeit darauf wurde die Provinzialloge von ihrer Mutterloge angewiesen, ihren Bereich, nicht wie bisher, auf das Land zwischen Rhein und Elbe auszudehnen, sondern auf das Gebiet des Königreichs Westfalen zu beschränken. Etwaige Konflikte mit anderen Staaten sollten dadurch vermieden werden.[62a]) Auch hier trug man also den staatlichen Wünschen und Bedürfnissen Rechnung, ohne vorher dazu aufgefordert worden zu sein.

In den nächsten Jahren hatten auch nur einige Logen die Absicht, der Magdeburger Provinzialloge beizutreten. Erst 1810 konnten die zugehörigen Logen in ein Verzeichnis aufgenommen werden. Darin waren außer der Magdeburger Loge und den Schottenlogen der einzelnen Johannislogen lediglich die Logen: „Zu den drei Hammern" in Halberstadt, „Wittekind zur westfälischen Pforte" in Minden, „Zum goldenen Rad" in Osnabrück und „Zum stillen Tempel" in Hildesheim aufgeführt.[63])

Die dritte Provinzialloge im Königreich Westfalen war die „Provinzialloge von Hannover". Sie unterstand der Großloge von England und war schon am 9. Oktober 1807 wiedereröffnet worden. Sie hatte sich, da die „Communication mit England, wenn nicht abgeschnitten, so doch sehr erschwert war," der Provinzial-Großloge von Hamburg angeschlossen.[64]) Bei der Einverleibung Hannovers erfuhr die Freimaurerei auch hier eine starke Wiederbelebung.[65]) Einer Angliederung an den „Großorient von Westfalen" sahen die Freimaurer Hannovers jedoch mit großer Besorgnis entgegen, da sie ebenfalls Gegner des französischen Gradsystems waren.

Am 19. Januar 1810 nahm man mit Kassel Verbindung auf und erhielt auch zum Johannistag desselben Jahres die Anerkennung als

---

[62]) Die Magdeburger Loge an die Große National-Mutterloge in Berlin, Magdeburg, 17. 3. 1808. Archiv der „Großen National-Mutterloge", a. a. O.

[62a]) Wohl besonders mit dem Großherzogtum Berg, wo Napoleons Schwager Murat die Errichtung einer Freimaurerorganisation für seinen Staat plante.

[63]) Verzeichnis der unter der Aufsicht der großen Provinzial-Mutterloge arbeitenden Freimaurerlogen. — Hauptübersicht von der Großen Provinzial-Mutterloge „Friedrich zur grünenden Linde", Magdeburg, 1810. Archiv der Loge „Ferdinand zur Glückseligkeit", Magdeburg, Acta betr. die Sammlung derjenigen Listen der Logenmitglieder .. de 1779, so wie sie noch in der Logenregistratur aufzufinden gewesen sind.

[64]) Eichhorn (Frmr.), S. 41.

[65]) „Dieses Ereignis entwickelte eine lebhaftere Tätigkeit für einen ehrenhaften Fortbestand der Loge.." Eichhorn (Frmr.), S. 40.

Provinzialloge. Die Wahl der Mutterloge blieb freigestellt, „allerdings hatte der Großorient weithin Einfluß“.[66])

Die Organisation des „Großorients von Westfalen“ selbst hatte bis zu dieser Zeit gute Fortschritte gemacht. Den Bemühungen des Repräsentanten von Bardeleben war es gelungen, am 11. März 1811 die Affiliation mit der Großloge „Royal York“ zu erreichen.[67])

Als die „Hamburger Provinzial-Großloge“ wegen der Einverleibung ihres Gebietes in das Kaiserreich Frankreich der englischen Großloge nicht mehr unterstehen konnte und sich 1811 zur selbständigen Großloge erhob, nahm der „Großorient“ auch mit ihr Verbindung auf. Zum Vertreter bei der „Hamburger Großloge“ wurde der Präsident des Kriminalgerichtshofes, Bruder Beermann, ernannt.

Ferner hatte der „Großorient“ die Absicht, sich dem „Grand Orient de Bade“ zu affiliieren.[68])

Mit Unterstützung der Regierung und durch besonderen Einsatz der Brüder von Buttlar und von Hessen-Philippsthal konnte auch die Affiliation mit dem „Grand Orient de France“ noch im gleichen Jahre abgeschlossen werden.[69]) Am 17. 10. 1811 wurde im „Großorient“ „die erfreuliche Anzeige“ verlesen, daß das Affiliationspatent des „Grand Orient“ eingetroffen sei.[70]) Man beschloß, dem „Grand Orient“ ein Dankschreiben zu übersenden. Zum Repräsentanten des „Großorients von Westfalen“ beim „Grand Orient de France“ wurde der Divisionschef De la Haye ernannt.

Ähnlich wie die Einzellogen des Königreichs in ritueller Hinsicht meist ihrer alten Mutterloge verbunden blieben, staatlich und politisch aber den „Großorient von Westfalen“ als Großloge anerkannt hatten und organisatorisch zu ihm gehörten, so war auch die Affiliation des „Großorients“ mit der Großloge „Royal York“ lediglich rituell begründet.[71]) Die Affiliation mit dem „Grand Orient de France“ aber ist politisch und organisatorisch zu bewerten. Und während das Affiliationsverhältnis zu der Berliner Großloge durchaus als schwesterlich angesehen werden muß, trifft dies für das Affiliationsverhältnis zum Pariser „Grand Orient“ nicht zu. Formell war wohl auch hier

[66]) a. a. O., S. 41.

[67]) Protokoll des Großorients von Westfalen“ vom 11. 7. 1810 (Abschrift). Archiv der Loge in Einbeck a. a. O.

[68]) Der „Grand Orient de Bade“ stand seinerseits schon mit dem „Großorient von Westfalen“ in einem Affiliationsverhältnis. Außerdem war der „Grand Orient de Bade“ noch mit dem „Großorient von Neapel“ und mit dem „Großorient von Italien“ affiliiert.

[69]) Protokoll des „Großorients von Westfalen“ vom 3. 3. 1813 (Abschrift). Archiv der Loge in Einbeck, a. a. O. — Die beiden Brüder wurden 1813 Ehrenmitglieder des „Großorients“.

[70]) Protokoll des „Großorients von Westfalen“ vom 17. 10. 1811, (Abschrift). ebenda.

[71]) Der „Großorient von Westfalen“ arbeitete in der Hauptsache nach dem System der Großloge „Royal York“. Nur in geringem Umfange waren seinem Ritual Bestandteile von den Lehrarten der „Großloge von Hamburg“ und des „Grand Orient de France“ beigemengt.

ein schwesterliches Affiliationsverhältnis[72]) vorgesehen, wie es schon die Beschlüsse vom 10. Februar 1808 ausgesprochen hatten. In Wirklichkeit stand der „Großorient von Westfalen" aber in einem eindeutigen Abhängigkeitsverhältnis zum „Grand Orient de France". Das drückte sich schon in der Person Siméons aus. Er war nach wie vor der maßgebendste Minister im Königreich, Großbeamter des „Grand Orient" und leitender Großmeister des „Großorients von Westfalen". Er hatte sich die Entscheidung über alle wichtigen Beschlüsse vorbehalten und bekam über jede bedeutende Sitzung, an der er nicht teilnehmen konnte, genauen Bericht. Rein politisch betrachtet, war angesichts der Abhängigkeit der französischen Vasallenstaaten und bei der engen Verflechtung von freimaurerischer und politischer Führungsschicht in Frankreich in keiner Weise an eine Unabhängigkeit der Freimaurerei dieser Vasallenstaaten zu denken. War im „Großorient von Westfalen" über schwierige und einschneidende Fragen zu bestimmen, so erteilte der „Grand Orient" seine Direktiven, und der „Großorient" befolgte sie ohne Umschweife.

Durch den Verlauf der politischen Ereignisse war der bisherige Aufbau des „Großorients" zu Beginn des Jahres 1811 an einem Wendepunkt angelangt.

Die politischen Beziehungen Frankreichs und Westfalens zu Preußen hatten sich in zunehmendem Maße verschlechtert. Der westfälische Gesandte in Berlin, Baron von Linden, tat darüber hinaus noch sein möglichstes, um durch immer häufigere Verdächtigungen Preußen einer Frankreich- bzw. Westfalen-feindlichen Politik zu bezichtigen und dadurch die gespannte Lage noch mehr zu verschärfen.

Man sah in Preußen den Verbündeten Rußlands, das seinerseits umfangreiche Rüstungsvorbereitungen traf, und glaubte, daß Preußen der Urheber ausgedehnter Verschwörungen im Königreich Westfalen wäre. In Westfalen selbst vermutete man politische Geheimbünde. Diese Umstände bewirkten die Wiederbesetzung des Generaldirektoriums der „hohen und geheimen Polizei" Westfalens. Für die Organisation der westfälischen Freimaurerei hatten sie eine Neuregelung im Verhältnis zu ausländischen, besonders aber preußischen Großlogen zur Folge. Der Anlaß dazu wurde Siméon durch eine Anzeige der „Großen National-Mutterloge Zu den drei Weltkugeln" gegeben. Als deren Magdeburger Provinzialloge von der Präfektur den Befehl erhalten hatte, ihre geldliche Abhängigkeit von Berlin aufzuheben, hatte sie bei ihrer Mutterloge den Wunsch geäußert,[73]) sich zu verselbständigen: Die Kasseler Großloge habe die Absicht, die ge-

[72]) Das Affiliationsverhältnis zwischen Großlogen ist in der Sprache dieser Zeit und besonders in der des „Grand Orient" einem freundschaftlichen Verhältnis gleichzusetzen.

[73]) Die Magdeburger Provinzialloge an ihre Mutterloge in Berlin, Magdeburg, 20. 9. 1810. Archiv der „Großen National-Mutterloge", Abt. C Abschn. 1 Lit. M. Tit. 1 Vol. 10.

samte Freimaurerei Westfalens unter ihre Oberhoheit zu bekommen. Die „Provinzialloge von Hannover" hätte sich schon unterworfen, und in Kassel hätte man „zu dem Ende Männer an die Spitze gestellt, die Einfluß und Gewalt haben." Da die Loge jetzt um ihre bisherige Selbständigkeit fürchten müßte, könnte sie nur ihre Erhebung zur eigenen Großloge davor retten, nun auch unter die Oberhoheit des „Großorients" zu kommen.

Die Mutterloge lehnte jedoch ab und schrieb, daß „keine Staats-Veränderungen fähig (wären), sie zu entbinden, denn die Freimaurerei ist kein auf diesen oder jenen Staat beschränktes Institut."[74]) Sie sähe die Notwendigkeit einer Loslösung nicht ein, würde aber zusagen, nachdem ihr die Magdeburger Loge die Konstitutions-Rituale zurückgeschickt hätte. Die Provinzialloge wollte sich aber in Wirklichkeit nur verselbständigen und sandte die Rituale nicht zurück. Sie wurde daraufhin von ihrer Mutterloge für aufgelöst erklärt.[75])

Diese Auflösung zeigte die „Große National-Mutterloge" dem „Großorient" an.[76]) Gleichzeitig bat sie, daß die bisher zu dieser Provinzialloge gehörigen Logen mit ihr in Verbindung bleiben dürften. Siméon, der hinter dieser Auflösung irgendwelche politischen Hintergründe vermutete, verordnete, daß jede Verbindung westfälischer Logen mit ausländischen Großlogen aufzuheben sei. Bei Nichtbefolgung würden die betreffenden Logen geschlossen werden. (24. 3. 1811).

Von der „Großen National-Mutterloge" wurde diese Störung der maurerischen Verbindung zwischen Westfalen und Preußen Siméon gegenüber sehr bedauert. Die Freimaurerei wolle doch die Verbrüderung der Menschheit, so schrieb diese altpreußische Großloge, und nach ihren Grundsätzen sei die Freimaurerei eine Einrichtung der gesamten Menschheit. Sie beabsichtige, aus allen Menschen ein Volk von Brüdern zu machen, ohne sich in die Streitigkeiten der Nationen einzumischen. Die politischen Beziehungen hätten demnach keinerlei Einfluß auf die freimaurerischen.[77]) Durch diese Trennung von Politik und Freimaurerei glaubte die Großloge die freimaurerischen Verbindungen vielleicht wiederherstellen zu können. Abschließend empfahl sie, die Magdeburger Provinzialloge, die sich von ihrer Mutterloge trennen zu müssen glaubte, „weil diese ihren Sitz in einem fremden Staate" hätte,[78]) streng zu beaufsichtigen, um eine Großlo-

[74]) Die „Große National-Mutterloge" an ihre Magdeburger Loge, Berlin, 3. 2. 1811, (Konzept). ebenda.

[75]) Es handelte sich also um eine rein innere maurerische Angelegenheit und nicht um eine politische, wie der Freimaurer Kolbe vermutet, der die Auflösung dem Drängen der westfälischen Regierung zuschreibt. (Kolbe (Frmr.), S. 154).

[76]) Die „Große National-Mutterloge" an den „Großorient von Westfalen", Berlin, 3. 2. 1811, (Konzept). Archiv der „Großen National-Mutterloge", a. a. O.

[77]) „Mais selon nos principes la maçonnerie est l'institut de l'humanite entière, et rend affaire de tous les hommes un peuple de frères, sans se mêler des querelles des nations, par conséquent la politique n'entre en rien dans les rapports que cet ordre respectable met entre les humains.." — „Die Große National-Mutterloge" an den Großmeister Siméon, Berlin, 9. 4. 1811 (unterschriebenes Konzept). Archiv der „Großen National-Mutterloge" a. a. O.

[78]) Förster (Frmr.), S. 88.

gengründung zu verhindern. Sie vergaß auch nicht, Siméon ihre enge Verbundenheit mit dem „Grand Orient" in Erinnerung zu bringen. Maurerischer Geist sei es, der die alten Verbindungen mit dem „Grand Orient" befestigt hätte, die man jetzt gerade mit noch größerer Lebendigkeit als früher wieder erneuert hätte.[79])

Siméon zeigte in der gleichzeitigen Behandlung freimaurerischer und politischer Fragen eine viel klarere Haltung. Er antwortete der „Großen National-Mutterloge", er hätte als Politiker und nicht als Freimaurer handeln müssen. Und als Politiker müsse er auf dem Verbot bestehen bleiben. Die politische Forderung stellte er also höher als die freimaurerische.[80]) Die Verbindung, die von Freimaurer zu Freimaurer in der ganzen Welt bestände, würde dabei ungestört fortgesetzt werden können.

Die neue Lage, die jetzt für die Organisation des „Großorients von Westfalen" geschaffen worden war, wurde in einigen Schreiben noch näher erläutert. Die Logen, die annehmen mußten, daß fernerhin jede Verbindung mit ihren alten Logen abgebrochen werden sollte, wurden von dem Polizeikommissar der „Logenpolizei" („Police des loges maçoniques"), Bruder Moisez, unterrichtet,[81]) daß sie die Korrespondenz und alle brüderlichen Verbindungen mit den Logen und Großlogen der ganzen Welt wie bisher fortsetzen dürften. Jede Loge dürfe in ihrem System weiterabeiten. Auch die bisherige Affiliation könne ferner bestehen bleiben. Die Kasseler Großloge wünsche aber, da es der Regierung angenehm wäre, daß man sich ihr affiliiere; jedoch zwinge sie niemanden dazu. Der im Oktober erfolgte Beitritt des „Großorients von Westfalen" zum „Logenverein", in dem sich die drei „Altpreußen" unter gegenseitiger Anerkennung ihrer Tochterlogen zusammengeschlossen hatten, gab jetzt den zu diesen Großlogen gehörigen Logen Westfalens auch noch die Möglichkeit, ihr System beizubehalten. Eine Affiliation mit dem „Großorient" war also auch dadurch nicht notwendig geworden.

Die Magdeburger Loge, die als Großloge den Namen „Große Mutterloge ‚Friedrich zur grünenden Linde'" — nicht mehr „für Westfalen und Niedersachsen" — annahm, erhielt zu ihrer politischen Sicherstellung den Präfekten von der Schulenburg-Emden als Deputierten Großmeister (ab 1. 1. 1812 Großmeister). Um ihr Dasein als „gerechte und vollkommene" Loge zu befestigen, trat sie ebenfalls dem „Logen-

[79]) „C'est ce même esprit qui a si manqué notre ancienne liaison avec le Grand Orient de France, liaison que nous venons de renouer avec plus de vivacité que jamais et qui peut rendre témoignage de la pureté de nos intentions, de nos sentiments et de notre conduite maçonique." — s. o.

[80]) „...j'ai rendu cette décision comme Ministre de la Justice, chargé de la police générale. C'est une decision du gouvernement et nullement un anathème maçonique." — Siméon an die „Große National-Mutterloge", Kassel, 18. 4. 1811. Archiv der „Großen National-Mutterloge", a. a. O.

[81]) Der Generalkommissar der „Hohen Polizei" für das Saale- und Elbe-Departament, Moisez, an den Bruder von Ledebur (M. v. St. der Loge in Salzwedel), Magdeburg, 1. 6. 1811. Archiv der Großen National-Mutterloge, a. a. O.

verein" bei. Ihr Verhältnis zu Kassel mußte nun auch neu geregelt werden. Auf eine Anfrage bekam sie die Antwort, daß man sie als Provinzialloge anerkenne, „insofern sie sich der hiesigen Mutterloge affiliiere.[82]) Der Kasseller Großorient duldete also keine zweite Großloge im Königreich Westfalen und die Magdeburger Brüder sahen sich gezwungen, wieder zur Form der Provinzialloge zurückzukehren. Unter der Großmeisterschaft des Präfekten von der Schulenburg-Emden kam dann auch Anfang 1813 ein Konstitutionsvertrag mit Kassel zustande.

Bei der „Provinzialloge von Hannover" war zur gleichen Zeit auf eine entsprechende Anfrage dieselbe Antwort eingegangen. Die Provinzialloge vertrat jedoch die Ansicht, sich aus Gründen der Lehrart nicht anschließen zu können. Zur besseren Unterstützung bat sie den Rheinbundfürsten Herzog Karl Friedrich von Mecklenburg,[83]) ihren Gründer, sich für ihren Standpunkt einzusetzen. Am 8. August 1812 entschied die Provinzialloge, die Aufforderung zum Anschluß abzulehnen.[84])

Gleichzeitig mit den Provinziallogen traten auch die Einzellogen in ein neues Verhältnis zum Großorient. In Marburg war seit dem Verbot der hessischen Regierung von 1790 das freimaurerische Leben ausgestorben. Als während der westfälischen Zeit auch hier mehrere ehemalige Freimaurer die Wiedererrichtung ihrer alten Loge planten, wurden sie von Kassel angehalten, sich dem neuen Großorient anzuschließen. Die Marburger Logenbrüder hatten aber die Absicht, nach ihrem alten System zu arbeiten und so zögerten sie die Gründung der Loge so lange hinaus, bis sie sich mit einem Gesuch an Siméon wandten.[85]) Darin legten sie dar, daß die maurerischen Arbeiten nur durch ein Verbot der alten Regierung unterbrochen worden seien, jetzt aber würden alle Freimaurer Westfalens den Schutz des Königs genießen, wenn sie ihre Arbeiten, die doch so „nützlich und wohltuend für die Humanität" wären, wiederaufnähmen. Sie möchten sich wie in alten Zeiten wieder vereinigen, bäten aber aus Systemgründen, sich dem „Großorient" nicht affiliieren zu müssen. Da sie in diesem Anliegen den Gesetzen der Polizei des Königreichs unterlägen, möchte sich der Minister wegen einer solchen Erlaubnis für sie verwenden. Hinsichtlich der Studentenaufnahme wollten sie sich nach den an die Göttinger Loge ergangenen Vorschriften richten. Die Professoren der Loge würden dem Generaldirektor des öffentlichen Unterrichts

[82]) Protokoll des „Großorients von Westfalen" vom 18. 1. 1812. Archiv der Loge in Einbeck, Protokolle der ehemaligen Großloge des Königreichs Westfalen.

[83]) Herzog, ab 1815 Großherzog, Karl Ludwig Friedrich von Mecklenburg-Strelitz war einer der prominentesten Freimaurer seiner Zeit.

[84]) Protokoll vom 8. 8. 1812. Archiv der Großen Provinzialloge „Friedrich zu Hannover", Protokolle von 1797—1828.

davon Mitteilung machen. Sie wollten sich auch keiner fremden Großloge unterordnen, sondern selbständig bleiben.

Siméon verwies die Brüder an den Präfekten oder den Polizeikommissar ihres Departements. Der Präfekt und Freimaurer von Trott gab ihr Gesuch an den Chef der Polizei, den Freimaurer von Bongars weiter. Dieser lehnte es, ganz besonders in seiner Eigenschaft als Polizeichef, aus politischen Gründen ab. Der Marburger Loge teilte er allerdings nur mit, die Freimaurer seien doch alle Brüder, welchem System sie auch angehörten.[86]) Ihr Gesuch könne daher nur bewilligt werden, wenn sie den Anschluß verlangten.

Der „Großorient" kam den Marburger Freimaurern sehr entgegen und gestattete die Beibehaltung des alten Rituals. Das Konstitutionspatent mußten sie sich allerdings vom „Großorient" erneuern lassen und ihre Beamtenwahl zur Bestätigung einschicken.[87]) Die Loge nahm diese Bedingungen an und feierte bald darauf ihre Eröffnung als Tochterloge „Marc Aurel zum flammenden Stern". Ihr Meister vom Stuhl wurde Professor Georg Friedrich Karl Robert (jun.).

Im Anfang des Jahres 1812 baten mehrere Brüder in Hannover um Errichtung einer Loge. Der „Großorient" gestattete einstweilen die Eröffnung dieser Loge („Au bienfait anonyme"), wollte aber mit der Erteilung der Konstitution noch warten, bis die Beziehungen zur „Provinzialloge von Hannover" endgültig geklärt wären. Die neue Loge sollte entweder der „Provinzialloge" oder unmittelbar dem „Großorient" unterstellt werden. Bei der ablehnenden Haltung der „Provinzialloge von Hannover" kam es natürlich zum direkten Anschluß an Kassel.

In Helmstedt traten am 26. Februar 1812 einige Freimaurer unter Anwesenheit des Unterpräfekten von Weichs in der Wohnung des Cantonmaires Ferber zusammen und beschlossen, in diesem „Orient" eine Loge zu gründen. Sie erhielten bald darauf Bescheid, daß sie zu dieser Gründung die Genehmigung der Polizei einholen müßten und schickten dem Polizeikommissar Klemmen das Protokoll und die Ansprache ihrer Sitzung ein. Dieser wiederum leitete den Wunsch der Brüder an den Polizeichef, Bruder von Bongars, weiter. Er bekam die Antwort, die Loge müßte sich dem „Großorient" anschließen und wenn sie diese Bedingungen annähme, vorher noch seine Genehmigung einholen. Der Loge wurde schließlich vom „Großorient", dem sie sich übrigens schon im Februar angezeigt hatte,[88]) ein Konstitutions-

---

[85]) Schreiben mehrerer Brüder (Bering, Dr. Busch, Vultejus, de Wildungen) an den Minister Siméon, Marburg, 8. 8. 1811. Geheimes Staatsarchiv Berlin-Dahlem, Westfalen, R 5 B Nr. 85.

[86]) Bongars an die Brüder in Marburg, Kassel, 6. 11. 1811. Angeführt bei Kolbe (Frmr.), S. 151.

[87]) Protokoll der „Großloge von Westfalen" vom 18. 1. 1812, (Abschrift). Archiv der Loge in Osterode, a. a. O., Nr. 27.

[88]) Protokoll des „Großorients von Westfalen" vom 29. 2. 1812, (Abschrift). a. a. O., Nr. 24.

patent ausgefertigt (13. 7. 1812). Es wurde ihr erlaubt, nach dem System der „Großen National-Mutterloge" zu arbeiten.[89]) Die Berliner Großloge sollte sich aber schriftlich verpflichten, „aller Aufsicht über die neue Loge in polizeilicher Hinsicht" zu entsagen.[90]) Die Wahl des Stuhlmeisters blieb dem „Großorient" vorbehalten. Mitgliederverzeichnisse und Jahresberichte durften weiterhin an die Berliner Mutterloge geschickt werden. Der Unterpräfekt von Weichs wurde zweiter Vorsteher der Loge und der Polizeikommissar Klemmen trat als Lehrling in die Loge ein, die sich eines sehr starken Zuspruchs erfreute.

Infolge von Streitigkeiten in der Loge „Des Arts et de l'Amitié" in Kassel gründeten einige aus dieser Loge ausgetretene Brüder im November 1812 eine neue Loge unter dem Namen „Cathérine de la Parfaite Union". Damit war zugleich der Name einer 1808 vergeblich versuchten Gründung der Loge „Les Chevaliers de la Cathérine la Bien Aimée" wieder aufgenommen. Der Name Cathérine war zur Verehrung der Königin Katharina gewählt worden. Der Prediger Provençal, ein früherer Sekretär des Finanzministers von Bülow, übernahm das Amt des Stuhlmeisters. Die Loge, die sich aus Deutschen, Franzosen und Juden zusammensetzte, wurde am 2. August 1813 eingeweiht.

Wenn jetzt von seiten der Regierung auch darauf gedrungen wurde, die neuen Logen zum Anschluß an den Großorient zu zwingen, so bestanden doch immer noch einige alte Logen in Westfalen, die dem Großorient nicht angehörten. So hatte sich die Loge „Zu den drei Degen" in Halle, als ihr nach den Magdeburger Vorfällen das Rundschreiben von dem Freimaurer und Polizeikommissar Moisez zugegangen war, lediglich von ihrer Berliner Mutterloge dispensieren lassen. Sie behielt ihr altes System bei und blieb auch mit Berlin in brüderlicher Verbindung. Zum Anschluß an Kassel kam es nicht.

Der Beginn des Jahres 1813 brachte für Westfalen unruhige Zeiten. Das Bündnis zwischen Rußland und Preußen stand bevor und man mußte mit einem Krieg sämtlicher alten Gegner Napoleons rechnen. Die von der Regierung ausgeübte Beaufsichtigung der Freimaurerei mußte jetzt verstärkt werden. Siméon wies den „Großorient" am 9. Februar 1813 an,[91]) daß künftig nur die Logen anerkannt würden, die sich dem „Großorient von Westfalen" affiliiert hätten. Alle anderen würden zur Winkelloge erklärt und könnten nicht den Schutz der Regierung genießen. Die Logen, die sich weigerten, sollten ihm an-

[89]) Protokoll des „Großorients von Westfalen" vom 10. 7. 1812, (Abschrift). a. a. O., Nr. 25.
[90]) Nose (Frmr.), S. 10.
[91]) Der Minister des Innern und Großmeister des „Großorients", Siméon, an den Großorient in Kassel, Kassel, 9. 2. 1813. Archiv der Loge in Osterode, a. a. O., Nr. 31.

gezeigt werden. Die Regierung habe die Absicht, der Freimaurerei des Königreichs ein gemeinsames Zentrum zu geben. Siméon beauftragte den „Großorient", alle Logen, die sich ihm noch nicht affiliiert hätten, dazu aufzufordern. Denn es wäre ihm bekannt, daß noch einige völlig isolierte Logen im Königreich bestünden, die keinerlei maurerischer Überwachung unterständen.[92]) Der „Großorient" trat darauf am 12. Februar 1813 in einer außerordentlichen Sitzung zusammen und beschloß, allen noch nicht affiliierten Logen zu befehlen, „binnen kurzer Frist" um die Affiliation nachzusuchen.[93])

In der Leitung des „Großorients" waren zu dieser Zeit einige personelle Veränderungen eingetreten. Der bisherige Substituierte Großmeister von Buttlar war zum westfälischen Gesandten in Baden ernannt worden. An seine Stelle trat der Staatsrat Friedrich Ludwig von Hardenberg, ein Bruder des preußischen Staatskanzlers. Deputierter Großmeister wurde der frühere Präfekt des Elbe-Departements Graf von der Schulenburg-Emden, Erster Vorsteher der Bürgermeister von Kassel, Freiherr von Canstein.[94])

Der „Großorient von Westfalen" sollte jedoch keine neue Blüte seines maurerischen Daseins mehr erleben. Das deutsche Volk stand auf und erkämpfte sich seine Freiheit. Das Königreich Westfalen wurde aufgelöst und damit war auch das Schicksal seines Großorients besiegelt. Am 4. Dezember 1813, einige Tage nachdem der alte Kurfürst von Hessen schon wieder in Kassel eingezogen war, wurde die letzte Sitzung abgehalten. Eine Reihe von Tochterlogen war schon nicht mehr vertreten; man einigte sich hier über die Schließung des „Großorients von Westfalen". Der Repräsentant der Berliner Großloge „Royal York" gab seine Wehmut über deren Schließung, zugleich aber seine Hoffnung, denselben bald wieder eröffnet zu sehen, zu erkennen.[95]) Das Protokoll dieser Sitzung wurde mit einem Begleitschreiben an die Tochterlogen geschickt. Darin hieß es: „Die großen und merkwürdigen Begebenheiten der letzten Monate, die mit Deutschlands Rettung erfolgte Wiederherstellung des Kurfürstentums Hessen, und die dadurch beinahe für jedes unserer Mitglieder veranlaßte Veränderung der äußeren Lage und Umstände" hätten die Großloge veranlaßt, ihre Arbeiten „einstweilen (!) einzustellen."[96])

Die Freimaurerei des Königreichs Westfalen straff und zentral zu organisieren, war weder dem Großorient noch der Regierung gelun-

[92]) Protokoll des „Großorients von Westfalen" vom 12. 2. 1813, (Abschrift). Archiv der Loge in Osterode, a. a. O., Nr. 28.

[93]) ebenda.

[94]) Protokoll des „Großorients von Westfalen" vom 3. 3. 1813, (Abschrift). Archiv der Loge in Osterode, a. a. O., Nr. 29.

[95]) Protokoll des „Großorients von Westfalen" vom 4. 12. 1813, (Abschrift). Archiv der Loge in Osterode, a. a. O., Nr. 33.

[96]) Begleitschreiben zu obigem Protokoll. a. a. O., Nr. 32.

gen.[97]) Bis zum Jahre 1813, als die politischen Ereignisse dazu drängten, hatte man aus taktischen Gründen darauf verzichten müssen. Gleichwohl hatte man ursprünglich versucht, die Freimaurerei Westfalens in einer einheitlichen Organisation zu erfassen. Als dem neuen Großorient und der Regierung aber verschiedene Denkschriften zugegangen waren, in denen viele Freimaurer bekannten, sie würden lieber die Loge decken,[98]) als ein neues System annehmen, sah man sich in Kassel gezwungen, den Logen rituelle Freiheit zu gewähren und den Anschluß freizustellen. Denn wenn man die Freimaurerei für politische Zwecke dienstbar machen wollte, mußte man sie in erster Linie erhalten. So wurde die freimaurerische Führung mit einer politischen verquickt und die Logen — obwohl sie ihre politische Zuverlässigkeit genugsam beteuert hatten — unter Polizei-Aufsicht gestellt. Die Leitung des Großorients wurde in die Hände hoher Staatsbeamter gelegt und in die Führung der Tochterlogen rückten hohe Verwaltungsbeamte.[99]) Neben die gewöhnliche Polizeiaufsicht[100]) trat noch die sogenannte „Logenpolizei",[101]) die in Personalunion mit der westfälischen Geheimpolizei stand.[102]) Die polizeiliche Überwachung wurde nicht nur durch die Logenmitgliedschaft der beiden westfälischen Polizeichefs, sondern auch noch durch die zahlreicher Polizeiangehöriger verstärkt, die zum Teil sogar in der Logenführung saßen.[103]) Diese polizeiliche Kontrolle der Logen wurde von den Brüdern selbstverständlich bemerkt, aber keineswegs als störender staatlicher Eingriff empfunden. Die Halberstädter Loge lobte zum Beispiel das Verhalten des „Großorients" hinsichtlich der Tochterlogen, „obgleich man ihm eine polizeiliche Überwachung in keinem Falle hatte absprechen oder versagen können".[104]) Bei dieser indirekten politischen Führung und bei dieser Überwachung war es möglich, die Organisation der westfälischen Freimaurerei so locker zu halten und sich dabei auf die Erfassung des größten Teils der Logen zu beschränken.

---

[97]) 1813 standen z. B. noch die Logen in Salzwedel, Halle und Halberstadt außerhalb des „Großorients."

[98]) z. B. aus den Logen in Magdeburg und Halle.

[99]) In Magdeburg der Präfekt von der Schulenburg-Emden, in Celle, Helmstedt, Eschwege, Minden und Nordhausen die dortigen Unterpräfekten.

[100]) Die Gründung einer Loge mußte der Polizei angemeldet und von ihr genehmigt werden.

[101]) Eine politische Institution — nicht das Ausführungsorgan des Aufsichtsrechtes der Großlogen.

[102]) Der Freimaurer Moisez war Beauftragter der Logenpolizei und gleichzeitig Kommissar der Geheimpolizei.

[103]) oder die treibenden Kräfte waren, die Logen dem „Grand Orient de France" zu unterstellen, wie z. B. in Hamburg, Münster und Osnabrück. — s. Anm. 104 u. S.

[104]) Schlemm, (Frmr.) S. 62. — Die „Große National-Mutterloge" in Berlin schrieb, als die Logen in Minden, Osnabrück und Münster wegen der Einverleibung ihrer Städte in das französische Staatsgebiet dem „Grand Orient" unterstellt werden sollten: „Wir finden es ganz natürlich und gerecht, daß die Logen von Münster, Minden und Osnabrück, weil sie französisch geworden sind, sich künftig der Jurisdiktion, Überwachung und freimaurerischen Polizeigewalt (police maçonnique) des „Großorients von Frankreich" unterwerfen." (27. 6. 1811) Mitgeteilt in Übersetzung bei Forster (Frmr.), S. 88.

Im ganzen hatte man die Freimaurerei erhalten, zu einem großen Teil sogar wieder neu gegründet, und durch ihre politische Ergebenheit bestand die Möglichkeit, sie für die Politik einzuspannen.

2. Deutsche und französische Brüder

Dem französisch-deutschen Charakter des westfälischen Staates und der engen Anlehnung der Freimaurerei an diesen Staat entsprechend, hatte auch die westfälische Freimaurerei ein mehr oder weniger französisch-deutsches Gepräge angenommen. Das zeigte sich nicht nur darin, daß in einigen Logen das französische Ritual eingedrungen war, sondern vor allem auch in der völkisch-gemischten Mitgliederzusammensetzung der Logen. Denn in den französischen Logen saßen ebensowenig nur französische als in den deutschen Logen nur deutsche Freimaurer. Und da diese gemischten Logen der Verwirklichung des freimaurerischen Menschheitsideals sehr nahe kamen, gaben sie den Brüdern vielfach Anlaß zu begeisterten Kundgebungen für die deutsch-französische Bruderschaft in der Freimaurerei.

Die Kasseler Großloge selbst und die königliche Loge „Hieronymus Napoleon zur Treue" hatten in der westfälischen Zeit sehr wenig französische Mitglieder. Von diesen besaßen allerdings fast alle großen freimaurerischen und politischen Einfluß. Zu ihnen gehörte an erster Stelle der Minister und Großmeister Siméon. Dagon de la Contrie, ein anderer französischer Bruder, war Deputierter Meister für die französische Sprache und kam 1809 als Tribunalpräsident nach Rinteln. Im gleichen Jahre befanden sich in der Loge auch der französische Schauspieler Castandet als Repräsentant der Tochterloge „Des Arts et de l'Amitié" und der Franzose Bigot de Villandry, Kammerherr des Königs und späterer Gesandter in Dänemark. Außer dem Schauspieler Bourdais und dem Bürochef Bouardie traten weiter keine Franzosen in diese Loge ein.

Weit größer war der Anteil natürlich in den sogenannten französischen Logen. Die Loge „Des Arts et de l'Amitié" setzte sich aus 60% Deutschen, 30% Franzosen und 10% Juden zusammen.[1]) In der Loge „Cathérine de la Parfaite Union" bestand dasselbe Verhältnis.

In den Logen anderer Städte war der Prozentsatz der französischen Mitglieder bedeutend geringer, weil dort weniger Franzosen ansässig waren als in der Residenzstadt Kassel. In den Logen der wichtigsten Städte, besonders der Garnisonen, befanden sich jedoch immer französische Offiziere oder Beamte.

---

[1]) Tableau des FF. composant le souv. chap. et la R. (Loge) St. Jean sous le titre distinctif „Des Arts et de l'Amitié". Landesbibliothek Kassel 4° Mensch $_{h}^{K}$ III (1179).

Die Loge „Johannes zum Wohle der Menschheit" in Salzwedel, die dem „Großorient" nicht beigetreten war, zählte zwei französische Offiziere zu ihren Mitgliedern.[2])

In Heiligenstadt befanden sich zwei Franzosen in der Logenführung. Zugeordneter Meister war der Kriegskommissar Cousinery[3]) und Zeremonienmeister der Rekrutierungskapitän de Jünemann.[4])

Die Hildesheimer Loge „Pforte zur Ewigkeit" nahm am 11. November 1811 den Kapitän A. B. Caussidière in ihren Kreis auf.[5]) Die andere Loge, „Zum stillen Tempel", die dem „Großorient" ebenfalls nicht angeschlossen war, wurde 1811 von vielen französischen Offizieren besucht, von denen mehrere aufgenommen wurden.[6])

Für die Loge „Zur gekrönten Unschuld" in Nordhausen war es eine „große Begebenheit", als sich der Kapitän und Stadtkommandant Jean Pierre Jules Dudon d'Envales affiliieren ließ. „Seine Annahme am 4. Dezember 1811 wird nur am Rande des Generalberichts für 1811, nicht aber in einem förmlichen Protokoll erwähnt: vor lauter Ehrfurcht scheint man ihn ohne jede Anmeldung und Aufnahme die Schwelle des Tempels haben überschreiten lassen..".[7]) Am 13. August 1812 wurde sein Abschied mit einem Lied gefeiert. Außer ihm war noch der Garde-Eskadronchef de l'Honneur Mitglied dieser Loge.[8])

Von der Einbecker Loge erhielten die französischen Freimaurer Louis Joseph Biot und der Stadtkommandant Franz Xavier de Wautier Zertifikate.[9])

Am 7. Dezember 1810 verbuchte die Loge, daß der französische Bruder Kapitän Bindseil das Zertifikat einer Loge aus Frankreich vorgezeigt hätte.[10])

Die Loge „Zu den drei Degen" in Halle war die dritte westfälische Loge, der ein französischer Stadtkommandant angehörte. Außer diesem, Oberst Johann Jakob Maria d'Astorg,[11]) gehörten der Loge an französischen Brüdern noch sein Kammerdiener Louis de l'Homme[12]) und der Leutnant Joseph Clément Manière an.[13])

Den größten Anteil an französischen Freimaurern hatte die Magdeburger Loge „Ferdinand zur Glückseligkeit", obwohl sie den französischen Einfluß des „Grand Orient" und des „Großorients von West-

---

[2]) Wentz (Frmr.), S. 21.

[3]) Mitgliederliste der Loge „Tempel der Freundschaft" in Heiligenstadt, 1810, (handschriftlich), Nr. 3. Archiv der Loge in Osterode, Alte Mitgliederverzeichnisse und Schreiben der Schwesterlogen A—H Fach 1 Nr. 3 Vol. 2.

[4]) a. a. O. Nr. 9.

[5]) Menge (Frmr.), durchgehendes Mitgliederverzeichnis, Nr. 261.

[6]) a. a. O., S. 246.

[7]) Becker (Frmr.), S. 28 f.

[8]) a. a. O., S. 29.

[9]) Verzeichnis der Brüder, welche von der Loge „Georg zu den drei Säulen".. Certifikate erhalten haben. Archiv dieser Loge, Protokolle für 1810.

[10]) Notizen zu den Zertifikaten, 7. 12. 1810. a. a. O.

[11]) Mitgliederliste in: Eckstein (Frmr.), Nr. 441.

[12]) a. a. O., Nr. 465.

[13]) a. a. O., Nr. 486.

falen“ so sehr fürchtete. Während der westfälischen Zeit zählte sie insgesamt 21 französische Brüder zu ihren Mitgliedern. An der großen Anzahl der Logenmitglieder gemessen sind das gewiß nicht sehr viele. Ihre Mitgliedschaft erlangte aber durch berufliche Stellung politische Bedeutung. So befanden sich in dieser Loge unter den vielen höheren französischen Offizieren und Beamten die drei französischen Kommissare Hallez, Le Mâle und Gerdret;[14]) der Intendant Chivaille[15]) (aufgenommen am 16. 9. 1808), der Generalkommissar der „Hohen Polizei“ Jean Baptiste Moisez[16]) (aufgenommen am 24. 6. 1810), der Kommandant der 3. Gendarmeriedivision de la Grée,[17]) der Generalgouverneur von Magdeburg Graf Le Marois[18]) und der ehemalige Polizeichef und spätere Präfekt von Magdeburg, Chevalier de Bercagny (aufgenommen am 28. 1. 1814).[19]) Außer dem Bruder de la Grée standen alle im Meistergrad.

Das Verhältnis zwischen den französischen und deutschen Brüdern war sehr gut. Die Idee der freimaurerischen Brüderschaft überbrückte alle nationalen und politischen Unterschiede. Denn in den Logen standen sich nicht Franzosen und Deutsche, sondern Brüder Freimaurer gegenüber.

So konnten am Jahresfest 1811 — dem Feste, das den Gedanken der Verbrüderung der Menschheit am stärksten zum Ausdruck bringt — französische Offiziere eines in Braunschweig liegenden Kavallerie-Regiments der Loge eine Geldspende für arme Brüder überreichen.[20])

Auch die Magdeburger Loge bewies ihren Willen zur Bruderschaft durch die Tat. Am 19. Mai 1810 stellte sie der französischen Feldloge „Les Amis de la Parfaite Union“ ihr Lokal zur Verfügung.[21]) 1812 konnte sie sich bei der Eröffnung des neuen Lokals den Besuch des Generalgouverneurs Grafen Le Marois zur Ehre anrechnen.[22]) Noch im Februar 1814 (!), als Blücher schon längst über den Rhein marschiert war und die Heere der Verbündeten in Frankreich ihre Schlachten schlugen, bot man der französischen Behörde das Lokal zur Disposition an.[23]) Das Logenhaus diente als Lazarett und wurde am 21. April 1814 wieder übergeben. Der Lazarettdirektor Trop de

[14]) Chronologisch geordnetes Generalverzeichnis aller Mitglieder derselben vom 28. September 1787 bis Johannis 1824. In: Geschichte der Loge „Ferdinand zur Glückseligkeit“ in Magdeburg, hrsg. von Philipp Linke (Frmr.), 1824, Nr. 673—675.

[15]) a. a. O., Nr. 683.

[16]) a. a. O., Nr. 726.

[17]) a. a. O., Nr. 774.

[18]) a. a. O., Nr. 818.

[19]) a. a. O., Nr. 829.

[20]) Lachmann (Frmr.), S, 131.

[21]) Lnke (Frmr.). S. XXIX.

[22]) a. a. O., S. XXX.

[23]) ebenda.

Beaulein war selbst Freimaurer und hatte sich für die gute Erhaltung des Lokals eingesetzt.[24])

Die freudige Bereitwilligkeit, mit der die deutschen Freimaurer alles taten, um mit den französischen Freimaurern in ein brüderliches Verhältnis zu kommen, entsprach zutiefst dem aus der freimaurerischen Weltanschauung heraus geborenen Wunsch, die so oft ersehnte Vereinigung aller Brüder der Erde durch Ergreifen dieses schicksalsgegebenen Zusammentreffens zu verwirklichen. Im „Tempel Salomos" war die völlige Einheit hergestellt.

Diesen Wunsch, die Brüder aller Nationen und Staaten zu vereinigen, hatten ganz besonders die Freimaurer in Heiligenstadt empfunden. Die dortigen Brüder ersehnten den Zusammenschluß aller durch die Gründung des Königreichs Westfalen in der Stadt befindlichen Franzosen, Hessen, Hannoveraner, Braunschweiger und Preußen. „Die hiesigen Freimaurer suchten nur in dem Bund, zu welchem sie gehörten, Trost, Rettung und Hilfe; sie sehnten sich darnach, die sich hier aufhaltenden Brüder kennenzulernen." Nach erfolgtem Zusammenfinden konnte man überglücklich aussprechen: „Welch ein erhabenes Bild der Freundschaft bietet sich nun dar. Freund und Feind — Deutscher und Franzose — sie reichen sich am Altar der Maurerei die Bruderhand zum heiligen Bund. Der Haß ist begraben, die Liebe allein soll fortan walten, die Liebe, die als versöhnender Genius die Welt durchwandelt und als Träger der Humanität den kosmopolitischen Gedanken der Logen Wahrheit zu geben trachtet. —" In gänzlichem Unverständnis gegenüber dem Sinn dieser Worte krönte man diese Verwirklichung eines freimaurerischen Ideals mit dem Rütlischwur: „Wir wollen sein ein einig Volk von Brüdern, in keiner Not uns trennen und Gefahr".[25])

3. Die Judenaufnahme.

Die auf den Ideen von 1789 fußende Gesetzgebung des Königreichs Westfalen brachte den Juden die volle politische Gleichberechtigung. Ihr Bestreben nach restlosem Eindringen in den Volkskörper und nach gesellschaftlicher Gleichberechtigung trieb sie zum Eintritt in die Logen.

Damit stellten die Juden die Freimaurerei in Deutschland und vor allem die sogenannte christliche Freimaurerei vor eine entscheidende Frage. Für die humanitäre Freimaurerei im Auslande war die Aufnahme von Juden von Anfang an kein Problem gewesen, da sie sich auf die Idee der Einheit aller Menschen gegründet hatte. Die humanitäre Freimaurerei in Deutschland stand erst gegen Ende des 18. Jahr-

---

[24]) a. a. O., S. XXXI.

[25]) Geschichtlicher Bericht über die Entwicklung der Loge „Zum Tempel der Freundschaft" im Orient zu Heiligenstadt, S. 5.

hunderts vor dieser Frage, als die Juden sich jetzt auch hier — wie es im Auslande schon seit längerer Zeit der Fall war — in ihrer sozialen Stellung so hoch entwickelt hatten, daß sie die Absicht haben konnten, in die Freimaurerei einzutreten. Da sich die christliche Freimaurerei offiziell gegen die Aufnahme von Juden ausgesprochen hatte[1]) und sich auch die humanitäre Freimaurerei Deutschlands ziemlich zurückhaltend verhielt, versuchten die Juden durch selbständige Einzellogen (die Toleranzloge in Berlin), durch Gründung eigener Systeme (das der „Asiatischen Brüder") oder durch Unterstellung einer neuen Loge unter eine humanitäre ausländische Großloge (die Judenloge „Zur aufgehenden Morgenröte" in Frankfurt a. M. unter die Oberhoheit des Großorients von Frankreich) in die Freimaurerei Deutschlands einzudringen.[2])

Im Königreich Westfalen sah sich die Freimaurerei durch die zahlreich eingewanderten Juden eindringlich vor die Judenfrage gestellt.

Drei Monate nach dem Einzug des Königs in Kassel, als der Staat sich noch in seinem ersten Aufbau befand, wandte sich der Jude Nathan, angeregt durch die projüdische Einstellung Westfalens, bereits an die Magdeburger Loge „Ferdinand zur Glückseligkeit" und bat um Aufnahme und Beförderung.[3]) Er kam aus einer Leipziger Loge und hatte dort schon den 1. und 2. Grad erhalten. Nathan führte in seinem Gesuch ein christliches und ein politisches Argument an: Indem er auf die Bibelstelle Apostelgeschichte 10; 34, 35 hinwies, wo geschrieben steht, daß Gott alle Menschen „in allerlei Volk" angenehm sind, wenn sie ihn fürchten und recht tun, nahm er diesen Vertretern des christlichen Prinzips ihre Waffen gegen die Judenaufnahme aus der Hand. Indem er sich auf die Gesetzgebung des westfälischen Staates stützte, die ihn als gleichberechtigten Staatsbürger anerkannte, brachte er die westfalentreuen Freimaurer in ihrer politischen Zuverlässigkeit in Verlegenheit. Das politische Argument verfehlte seine Wirkung nicht. Besonders in der Person Siméons fühlten sich die Magdeburger Brüder über das Freimaurerische auch politisch gebunden und in ihrer Beurteilung gehemmt. Nathan aus christlichen Motiven abzulehnen, wurde gar nicht in Erwägung gezogen. Alle Brüder der Loge, von denen die meisten mit dem Juden in geschäftlicher Verbindung standen, sahen in ihm nur den Menschen. Indem sie ihn als solchen auch nur deshalb anerkannten, weil er „ein sehr gebildeter feiner Mann (war), mit dem man vielleicht jahrelang umgehen

---

1) I. F. L., Sp. 793 — Ein Rasseprinzip bestand natürlich nicht, und getaufte Juden wurden später zugelassen, ebenso wie auch jüdische Freimaurer anderer Logen als besuchende Brüder aufgenommen wurden.

2) Vgl. F. A. Six, Freimaurerei und Judenemanzipation.

3) Brief des Bruders Schewe an Bruder Hauptmann Gohl in Berlin, Klosterberge, 5. 3. 1808. Archiv der „Großen National-Mutterloge" a. a. O.

könnte, ohne nur auf den Verdacht zu geraten, daß er ein Jude sei," verließen sie doch damit schon den Standpunkt des christlichen Prinzips. Sie kamen also folgerichtig zur freimaurerischen Grundhaltung zurück, die keinen Unterschied mehr zwischen christlicher und humanitärer Freimaurerei kennt. Eine klare Entscheidung in dieser Richtung auszusprechen, wagten sie aber doch nicht, und so schlugen sie als Kompromißlösung vor, Nathan als besuchenden Bruder aufzunehmen. Eine Beförderung könnte man vielleicht der Braunschweiger oder der Kasseler Loge überlassen.

So die Magdeburger Loge „Ferdinand zur Glückseligkeit" im Jahre 1808, obwohl sich ihr „Altschottisches Direktorium" schon am 11. April 1806 gegen die Aufnahme von Juden erklärt hatte und auch im Ausland aufgenommene Juden nur mit Einschränkung zum Besuch zulassen wollte.[4]) Ihre Berliner Großloge, die inzwischen um Rat gefragt worden war, vermochte auch keine klare Haltung einzunehmen. Ein Mitglied des Direktoriums (Bruder Gohl) kannte überhaupt kein Gesetz gegen die Aufnahme von Juden[5]) und sprach sich für die Gleichheit aller Religionen im Freimaurerbund aus. Der Großmeister von Guineau wagte schließlich als einziger, die Aufnahme grundsätzlich abzulehnen. Dabei war ihm allerdings sehr zustatten gekommen, daß er erfahren hatte, Nathan wäre aus einer Tochterloge in Leipzig ausgestoßen worden. Wenn die Magdeburger Loge unter Angabe dieser Begründung Nathan endlich die Aufnahme verweigerte, so hatte sie einer grundsätzlichen Entscheidung noch aus dem Wege gehen können.

Noch während die Verhandlungen über seine Aufnahme im Gange waren, wandte sich der Jude Nathan mit einer Bittschrift an das Ministerium des Innern.[5a]) Darin schrieb er, die Magdeburger Loge wäre an sich bereit, ihn aufzunehmen, ihre Ordensgesetze würden sie aber daran hindern. Da die Loge aber die Absicht habe, diese Gesetze abzuschaffen, so bäte er die westfälische Regierung — Nathan hatte dazu keineswegs das Einverständnis der Magdeburger Loge eingeholt — die Loge zu ermächtigen, ihre Gesetze aufzuheben. Die Taktik, mit Hilfe der bürgerlichen Gleichberechtigung die Aufnahme in die Freimaurerei durchzusetzen, zeigt sich auch an diesem Beispiel.[6])

Es darf angenommen werden, daß Nathan in die Braunschweiger Loge „Carl zur gekrönten Säule" aufgenommen wurde. Diese Loge hatte erklärt, man müsse den Juden ohne Rücksicht auf Religion die

---

[4]) Linke (Frmr.), S. XXVII.

[5]) Obwohl sich die „Große National-Mutterloge" 1763 offiziell gegen die Aufnahme von Nichtchristen erklärt hatte.

[5a]) Levin Nathan an das Ministerium des Innern in Kassel, Magdeburg, 4. 4. 1808. Geheimes Staatsarchiv Berlin-Dahlem, Westfalen R 6 III A Nr. 1.

[6]) Später benutzte man die durch die Logenzugehörigkeit erlangte gesellschaftliche Gleichberechtigung, um damit in den deutschen Staaten, deren Gesetzgebung noch keine Judenemanzipation ausgesprochen hatte, die bürgerliche Gleichberechtigung durchzusetzen.

Tore der Loge öffnen.[7]) Sie arbeitete nach dem System der englischen Provinzialloge in Hamburg und ließ in der westfälischen Zeit auch tatsächlich viele Juden in die Loge eintreten, die sogar häufig befördert wurden. In der Meisterloge vom 15. Juni 1809 wurde z. B. der Jude Meyer Herz Samson in den Meistergrad aufgenommen. Sein Bürge war der Bruder Hasenbalg.[8]) Als die Loge 1811 die Empfehlung der Hamburger Provinzialloge erhielt, einen jüdischen Aspiranten aufzunehmen, lehnte sie ab. Das geschah jedoch nicht aus grundsätzlichen Erwägungen, sondern nur weil sie sehr streng bei der Aufnahme verfuhr und nur die Juden zuließ, die sie menschlich für würdig hielt.[9])

Der „Großorient" selbst wurde durch die Loge „Pforte zur Ewigkeit" in Hildesheim veranlaßt, zu der Frage der Judenaufnahme Stellung zu nehmen. Sie hatte eine Abschrift von Verhandlungen, die mehrere Logen in früherer Zeit über die Frage der Judenaufnahme geführt hatten, nach Kassel geschickt. „Bei dieser Gelegenheit äußerten die sämtlichen Brüder (des „Großorients") ihre Meinung dahin, daß die Frage über Aufnahme der Israeliten bis dahin bei uns noch unerörtert bleibe; die Frage aber, ob Israeliten, in einer gerechten Loge aufgenommen, als Besuchende zugelassen werden könnten, bejahet werde; jedoch bleibe es unsern sämtlichen Tochterlogen freigestellt, hierin überall nach ihren Grundsätzen zu handeln."[10]) Grundsätzlich erklärte sich der „Großorient" also nicht gegen die Aufnahme der Juden, traf aber noch keine endgültige Entscheidung.[11]) Die Aufnahme von Juden als besuchende Brüder muß dabei aber schon als Übergang zu einer grundsätzlichen Bejahung der Frage angesehen werden.

Durch ein Schreiben des „Grand Orient de Bade" wurde das Problem beim „Großorient von Westfalen" abermals aufgerollt. Der „Grand Orient de Bade" hatte die Kasseler Großloge aufgefordert, „mit ihm und mit dem Großen Orient von Frankreich die zu nehmenden Maßregeln in dieser Angelegenheit zu überlegen."[11a]) Der „Großorient von Westfalen" wollte nun die Mitteilung der beim „Grand Orient de Bade" eingehenden Antwort des „Grand Orient de France"

---

[7]) Lachmann (Frmr.), S. 130.

[8]) Meisterloge vom 8. 5. 1809. Archiv der Loge in Braunschweig, VI Protokolle 4 d g β Vol. III 1809—1810.

[9]) „Überhaupt war man sehr streng im Baillotement und doch geschahen viele Aufnahmen, auch besuchten die Brüder die Loge fleißig.", Lachmann (Frmr.), S. 131 — Die Stelle bezieht sich auf die Juden.

[10]) Protokoll des „Großorients von Westfalen" vom 21. 9. 1809. Archiv der Loge in Einbeck, a. a. O.

[11]) Der Freimaurer Kolbe schreibt hierzu: „..da nirgends religiöse Bedenken gegen die Aufnahme geltend gemacht wurden..." d. h., daß die Aufnahme von Juden kein Religionsproblem war, der Jude also nicht als Angehöriger einer anderen Religionsgemeinschaft, sondern als Mensch betrachtet wurde. Kolbe, S. 149.

[11a]) Protokolle des „Großorients von Westfalen" vom 4. und 15. 5. 1810. Archiv der Loge in Einbeck, a. a. O.

abwarten und sich anschließend mit der „Provinzialloge von Hannover" in Verbindung setzen. Die Abhängigkeit der angeblich selbständigen Provinzialloge von Hannover wird damit ebenso deutlich, wie die des angeblich selbständigen „Großorients von Westfalen" vom „Grand Orient de France".[12]) Hier zeigt sich besonders gut, daß ihr Verhältnis untereinander viel weniger organisatorisch als vielmehr politisch zu sehen ist.

Schon im Jahre 1811 gab der „Großorient von Westfalen" anläßlich der Wahl eines jüdischen Repräsentanten aus der Tochterloge „Des Arts et de l'Amitié" seine endgültige Stellungnahme zu erkennen. Am 26. April 1811 wurde der Jude Secky-Meylert mit Abstimmung zum Repräsentanten der Einzellogen gewählt, nachdem die Vertreter von Göttingen und Eschwege erklärt hatten, seine Eigenschaft als Jude sei nicht zu werten.[13]) Unter dem Eindruck der staatsbürgerlichen Gleichstellung der Juden hatte sich der „Großorient" bei seiner engen Verbindung mit der führenden Schicht des Königreichs und bei seiner tatsächlichen Abhängigkeit vom „Grand Orient" grundsätzlich für die Aufnahme von Juden entschieden. Daß der aufzunehmende Jude sittlich und bildungsmäßig auf hoher Stufe stehen müsse, war dabei eine unwesentliche Bedingung, denn man beschränkte sich bei der Zulassung neuer Brüder immer darauf. Darüber hinaus glaubten die Freimaurer des „Großorients" mit der Aufnahme von Juden eine Mission der Freimaurerei und zugleich eine Mission für die Juden zu erfüllen. Sie vertraten das in der Geschichte der Judenemanzipation auftretende pädagogische Prinzip und setzten sich zum Ziel, „diese Nation auf einen höheren Grad von Kultur und Sittlichkeit zu heben" und „zur Erfüllung der ganzen bisher so sehr gedrückten Sekte bei(zu)tragen.."[14]) Der „Großorient" hatte die Freimaurerei damit zu einem Kämpfer für die Ideen der neuen Zeit gemacht. Diese Ideen waren die der französischen Revolution und hatten in Frankreich und dem Königreich Westfalen schon politische Form gewonnen. Man wollte nicht länger einer Meinung frönen, „die ihr Dasein den finstersten Zeiten des Religionshasses verdankt, und mit dem Geist der Zeit sowohl, als mit den Grundsätzen des Staates, unter dessen Schutz wir arbeiten, in geradem Widerspruch steht."[15])

Rein freimaurerisch gesehen, hatte sich der „Großorient" damit eindeutig zum Humanitätsprinzip bekannt. „In der Loge darf nach den

---

[12]) Die Antwort des „Grand Orient de France" ist leider nicht aktenkundig, muß aber nach dessen bekannter Einstellung unzweifelhaft für eine grundsätzliche Aufnahme gelautet haben.

[13]) Protokoll des „Großorients von Westfalen" vom 26. 4. 1811 (Abschrift). Archiv der Loge in Osterode, a. a. O.

[14]) Bruder Karl Windemuth an den M. v. St., die Beamten und Brüder der Loge „Tempel der Freundschaft" in Heiligenstadt, Kassel, 16. 5. 1811. Archiv der Loge in Heiligenstadt, Vol., Die Korrespondenz mit der Hw. Mutterloge in Cassel betr.

[15]) ebenda.

geläuterten Grundsätzen unseres großen Orients keine Art von Religions Sekten existieren", hieß es.[16]) In einer entscheidenden Frage hatte man die ritualmäßige Bindung an die altpreußische Großloge „Royal York" außer Wirkung gesetzt und sich an den „Grand Orient de France" angelehnt.

Nach der Aufnahme des jüdischen Repräsentanten traten keine Juden weiter in den „Großorient" ein. Es befanden sich aber noch zwei getaufte Juden in der Großloge sowie in ihrer Johannisloge.[17]) Der Jude Salomon Friedrich Merkel, Großredner der Mutterloge, von Beruf Advokat beim Staatsrat und Sekretär beim Konsistorium der Israeliten,[18]) und der jüdische Arzt Abraham Zadig aus Breslau.[19])

Die innere Einstellung der Loge „Hieronymus Napoleon zur Treue" zur Judenaufnahme kennzeichnet am besten ein Brief des Bruders Götz, Großsekretär des „Großorients" und Sekretär seiner Johannisloge. Götz teilte dem Repräsentanten der Einbecker Loge am 9. Juni 1809 mit, „daß die Angelegenheit wegen Aufnahme der Nichtchristen bloß bei unserer St. Johannisloge „Hieronymus Napoleon zur Treue" behandelt worden ist. Die meisten Stimmen waren für die Aufnahme."[20])

Eine offizielle Regelung für die Tochterlogen hinsichtlich der Judenaufnahme gab der „Großorient" nicht aus. Diesen kam die Stellungnahme des „Großorients" durch die Berichte ihrer Repräsentanten zur Kenntnis. Die Heiligenstädter Loge vom System des „Großorients von Westfalen" erkannte grundsätzlich die staatliche Judengesetzgebung und auch die Regelung ihres „Großorients" an. Sie erhob lediglich Bedenken, weil sie die Juden ihrer Stadt sittlich noch nicht für so hochstehend hielt, daß sie sich schon für eine Aufnahme in die Freimaurerei eigneten. Die Loge vertrat die Ansicht, daß diese sittliche Unzulänglichkeit ihre Ursache in der jüdischen Religion habe und beantragte ein Lokalgesetz, nach dem die in Heiligenstadt bildungsmäßig und sittlich besonders tief stehenden Juden erst christlich getauft sein müßten, wenn sie in die Loge aufgenommen werden wollten.[21]) Indem sie damit auf die erzieherische Macht des

---

[16]) ebenda.

[17]) Diese beiden, wie ebenso der Jude Secky-Meylert werden von dem Freimaurer Kolbe nicht erwähnt. Er schreibt: „Die Großloge selbst, wie die deutsche Loge in Kassel nahmen faktisch keinen Juden auf, ohne sie prinzipiell auszuschließen;.." (S. 149).

[18]) Diese letzte Eigenschaft muß für seine jüdische Abstammung und müßte für seine jüdische Religionszugehörigkeit zeugen. Trotzdem ist er im Mitgliederverzeichnis der Großloge immer als evangelisch angegeben. — Mitgliederliste der Loge „Hieronymus Napoleon zur Treue" und Mitgliederliste des „Großorients von Westfalen", 1809, Nr. 7. Archiv der Loge „Zu den drei Pfeilen" in Nürnberg, Liste B Nr. 8.

[19]) Kleinschmidt, S. 57 — Mitgliederliste der Loge „Hieronymus Napoleon zur Treue", 1810, Nr. 114. Archiv der Loge „Zu den drei Pfeilen" in Nürnberg, Listen B Nr. 39.

[20]) Bruder Götz(e) an Bruder Reiche, Kassel, 9. 6. 1809. Archiv der Loge in Einbeck, Großorient des ehemaligen Königreichs Westfalen.

[21]) Die Heiligenstädter Loge an den Großorient in Kassel, Heiligenstadt, 15. 7. 1811 (Konzept). Archiv der Loge in Heiligenstadt, a. a. O.

Christentums vertraute, bekannte sie sich ebenfalls zu dem pädagogischen Prinzip der Judenemanzipation. Mit dem Vollzug der Taufe bestand für sie keine Judenfrage mehr.

Der „Großorient" war mit dieser einschränkenden Stellungnahme der Heiligenstädter Loge jedoch nicht einverstanden, drückte sich aber nur negativ aus, daß er nicht gegen die Judenaufnahme sei. Er forderte nicht die Aufnahme der Juden, empfahl sie aber auf eindringliche Weise. Der „Großorient" führte dabei aus, daß man Bürgern, die fähig wären, „die höchsten Staatsämter zu bekleiden," die Aufnahme nicht verweigern könne und warf im weiteren ein, die Religion der Juden sei die des Königs Salomo. Damit wurde auf eines der bedeutendsten Bestandteile aus dem freimaurerischen Brauchtum angespielt, was seine Wirkung auf einen Freimaurer nicht verfehlen konnte. Bei grundsätzlicher Zustimmung zur Judenaufnahme blieb die Entscheidung schließlich jeder Loge selbst überlassen.[22])

Die Stellungnahme der einzelnen Logen fiel sehr verschieden aus. Die Hildesheimer Loge „Pforte zur Ewigkeit" verneinte die Aufnahme[23]) ebenso wie die Loge in Nordhausen. Beide arbeiteten nach der Lehrart der altpreußischen Großloge „Royal York".[24])

Die Loge in Celle befürchtete durch ein Lokalgesetz, wie es von der Heiligenstädter Loge vorgeschlagen war, nur eine Verschlimmerung im Verhältnis zwischen Deutschen und Juden. Außerdem wies sie darauf hin, daß „sich bei vielen deutschen Logen angesehene und geachtete jüdische Brüder (bafänden), denen man persönlich nicht zu nahe treten wollte."[25]) Damit hatte sie sich, ihrer Hamburger Lehrart entshprechend, eindeutig für die Aufnahme von Juden ausgesprochen.

In der Einbecker Loge war die Aufnahme von Juden und auch ihre Zulassung als besuchende Brüder von den meisten Mitgliedern schon 1809 abgelehnt worden.[26]) Diese Loge ging als einzige von einem völkischen Standpunkt aus und hielt den Juden wegen der negativen Beurteilung und der Unveränderlichkeit seines Wesens nicht für aufnahmefähig. Dieser richtige Standpunkt wurde aber durch die schon zu tief eingedrungene freimaurerische Weltanschauung wieder verdeckt. Die Brüder dieser Loge glaubten zuletzt, das Ganze sei nur eine Frage der Erziehung, deren Erfolg allerdings in einer vorläufig noch nicht absehbaren Zeit läge.[27])

---

[22]) „. . es aber dennoch von der dortigen Loge abhänge, gegen Israeliten, welche sie der Aufnahme nicht fähig halte, das Recht der Baillotage zu gebrauchen". Bruder Windemuth an seine Loge in Heiligenstadt, Kassel, 15. 3. 1812. Archiv der Loge in Heiligenstadt, a. a. O.

[23]) Menge (Frmr.), S. 172.

[24]) Die Heiligenstädter Loge arbeitete praktisch auch nach diesem System.

[25]) Seeger (Frmr.), S. 40.

[26]) Meisterkonferenz der Loge in Einbeck vom 18. 3. 1809. Archiv der Loge in Einbeck, Großer Orient des ehemaligen Königreichs Westfalen.

[27]) Für die französischen Logen des Königreichs Westfalen war die Judenfrage natürlich kein Problem.

4. Die brüderliche Einheit von deutschen, französischen und jüdischen Freimaurern.

Die Zusammensetzung der Logen aus Mitgliedern verschiedener Staaten und Nationen wies der Logenarbeit wie von selbst die Aufgabe zu, die im Tempel gefundene Einheit zu vertiefen und zu vervollkommnen. Diese Arbeit stand unter dem Leitwort der Freundschaft.

Die vom „Großorient" gegründeten Logen in Heiligenstadt, „Tempel der Freundschaft" und in Eschwege, „Eintracht zur Acacia", brachten das schon durch ihre Namensgebung zum Ausdruck. Die Namen der französischen Logen „Des Arts et de l'Amitié" und „Cathérine de la Parfaite Union" standen ebenfalls unter diesem Zeichen.

In den Reden über die Freundschaft, wie sie allenthalben in den Logen gehalten wurden, bekundete sich diese Logenarbeit. Besonders oft und intensiv wurde dieses Thema in der Loge „Des Arts et de l'Amitié" behandelt, die mit Deutschen, Franzosen und Juden die bunteste Zusammensetzung hatte.

Der Bruder Richter aus dieser Loge schilderte z. B. in seinen 1810 gehaltenen Reden[1]) die Freundschaft als die edelste und allererste Tugend, aus der sich alle anderen entwickelten. Freundschaft heiße nicht nur Sanftmut und Milde, wodurch sich der Freimaurer schon weit über die profane Welt erhebe, Freundschaft heiße, leutselig und gefällig gegen Feinde sein. Die Freundschaft sei es auch, die Stände, Nationen und Konfessionen untereinander verbinde.[2]) Freundschaft ist also Brüderlichkeit.

Der Bruder Bernard führte diesen Gedankengang in seiner „Rede über die Harmonie" noch weiter. Er kam zu der Erkenntnis, daß das in der Freimaurerei gegebene Freundschaftsverhältnis der Bruderschaft jeden Bruder einem Souverän, der ebenfalls Freimaurer sei, gleichsetze.[3]) Mit dem Gleichheitsgedanken klang hier auch das bei den Freimaurern häufig auftretende Auslesebewußtsein durch.

Noch schärfer und liberalistisch eindeutiger war dieselbe Gedankenführung bei dem jüdischen Freimaurer Pinhas zu beobachten.[4]) Er sprach nicht mehr von Freundschaft, sondern gleich von Humanität. (Denn Freundschaft war bisher im Sinne von Humanität ge-

---

[1]) Vorträge über die Freundschaft, (Konzepte). Archiv der Loge „Des Arts et de l'Amitié".

[2]) „. . . sans faire une distinction entre le rang, entre les nations, la religion, la naissance."

[3]) „Nous, qui nous profitons de la même préférence d'être égaux avec tous les souverains de la terre, s'ils sont des frères." Bruder Bernard, „Rede über die Harmonie". Archiv der Loge „Des Arts et de l'Amitié".

[4]) Reden des Bruders Pinhas. Archiv der Loge „Des Arts et de l'Amitié", (Konzepte), a. a. O.

braucht worden.) Sie sei es, die uns Menschen von der Verschiedenheit zur Gleichheit führe. Verschiedenheit entstehe nur durch Erziehung, durch die sie aber auch wieder abgelegt werden könne. Der Weg zur Gleichheit sei der zur Vollkommenheit. Die Menschen seien dann so erleuchtet, daß sie von Mensch zu Mensch finden und alles Trennende, was durch den Nationalismus hervorgerufen sei, überwinden würden.[5]) Bei diesem Entwicklungsgang von der Gleichheit über die Vollkommenheit zur Brüderlichkeit kam Pinhas folgerichtig weiter zu einem Völkerbundsgedanken, der Zusammenfassung vieler Staaten in einem Bund.[6]) Der andere Weg zur Verwirklichung dieses Gedankens wäre, viele Völker in einem Staat zu vereinen. Das aber wäre in Westfalen der Fall. Dieses Königreich stelle einen Staat dar, in dem das freimaurerische Staatsdenken seine Verwirklichung fände.[7])

Pinhas blieb Jude genug, um sich für die Emanzipation seiner Artgenossen einzusetzen. Im Christentum sah er, in einer echt freimaurerischen Ausdeutung, nur die Religion, die der Menschheit die Humanität gebracht habe. Deshalb sei das Kreuz auch ein Zeichen für sie, denn mit der Humanität sei die Brüderlichkeit gekommen.[8]) Die Humanität, die hier zur Religion wird, ist die eigentliche Religion der Freimaurer. Der Jude Pinhas fühlte ganz richtig, daß durch die Humanität für die Juden die Zeit der Brüderlichkeit, d. h. Emanzipation, gekommen war. Es sei die Zeit, so sprach er, deren Ruf er gehört und verstanden habe; die Zeit, die durch die Verbrüderung zum Weltfrieden hinführe.[9])

Die Zusammengehörigkeit von Liberalismus, Judentum und Freimaurerei tritt sowohl durch die Vorträge als auch durch die Redner zutage. Alle drei Freimaurer behandelten, trotz verschiedener völkischer Abkunft, den Humanitätsbegriff auf dieselbe Weise. Der tiefste Zusammenhang aber zwischen Freimaurerei und Liberalismus liegt in der Ableitung der Grundbegriffe der französischen Revolution Freiheit, Gleichheit, Brüderlichkeit von der Humanität her.

In einem Rundschreiben der Loge „Des Arts et de l'Amitié" vom 1. Juni 1811,[10]) das den westfälischen Staat als eine Schöpfung freimau-

---

[5]) „. . les hommes assez éclairés sur les préventions nationales pour savoir, où le patriotisme cesse d'être une vertu".

[6]) „grand système fédératif dans le monde politique."

[7]) „. . et notre (état), ne serait-il pas . . semblable à un grand système féderatif."

[8]) „. ., que le même signe (das Kreuz), dis-je, est maintenant pour nous le signal de la fraternité la plus intime."

[9]) „. . le signal de la paix et de la fraternité de tous les hommes de quelque religion, état ou nation qu'ils puissent."

[10]) La Loge de St. Jean, sous le titre distinctif Des Arts et de l'Amitié à l'Or. de Cassel, à la R. Loge Royale Jérôme Napoléon de la Fidélité à l'or. de Cassel. Archiv der Loge „Des Arts et de l'Amitié, 1. Schrank, Akte 1, Fach 4.

rerischer Ideen pries,[11]) hieß es, daß sich die Brüder, obwohl sie verschiedenen Nationen angehörten, in einem einzigen Gefühl der Liebe umarmten. Trotzdem sollte diese Einheit sehr bald zerstört werden. Die Loge bestand noch nicht zwei Jahre, als sie schon der Auflösung nahe war. Die Franzosen hatten versucht — zuletzt auch mit unlauteren Mitteln — die Logenführung an sich zu reißen und die Juden aus den Beamtenstellen zu verdrängen. Die Deutschen wiederum verwahrten sich gegen diese Art der Logenführung und forderten rechtmäßiges Handeln.[12]) Damit war die Loge in drei Parteien auseinandergeklafft. Die vielgelobte brüderliche Einheit hatte sich in drei nach Völkern gegliederte Gruppen gespalten. Eine Einigkeit war nicht wieder herzustellen. Mehrere der „angesehensten Mitglieder"[13]) traten aus und gründeten Anfang November 1811 die Loge „Cathérine de la Parfaite Union". Diese neue Loge hatte dieselbe Mitgliederzusammensetzung von Deutschen, Franzosen und Juden. Ihre Einheit konnte nur durch das Ansehen des Logenmeisters Provençal aufrecht erhalten werden, denn „auch hier (waren) dieselben Gegensätze vorhanden."[14])

5. Die politische Gesinnung der „westfälischen" Freimaurer.

Die Bildung des Königreichs Westfalen hatte den dazugehörigen Reichsgebieten Frieden gebracht. Während draußen noch Kriege tobten, herrschte in diesem Staat völlige Ruhe. Tief beglückt empfand die Freimaurerei Westfalens diesen Frieden. Gewährte er doch die Sicherheit, sich in der Stille des Tempels ungestört der maurerischen Arbeit widmen zu können. Der Tempel schwebte gleichsam in gänzlicher Unberührtheit über den politischen Kämpfen der Völker. Mit Stolz und Freude spürten die westfälischen Brüder die erhabene Stellung des Maurerordens im menschlichen Leben und seine unantastbare Festigkeit gegenüber allen Veränderungen, die die Erde heimsuchten. Aus diesem Gefühl heraus konnte die Loge in Alfeld die Worte finden: „Zugleich bemerkten wir mit herzerhebendem Gefühl, daß die Ströme der Politik und der aufgeregten Leidenschaften selbst König- und Fürstenthrone umstürzten — aber dennoch die innere Festigkeit unseres uralten ehrwürdigen Ordens nicht erschüttern konnten."[1]) Die Osteroder Loge brachte ebenfalls ihre Freude darüber zum Ausdruck, daß die Logenarbeiten durch die politischen Gescheh-

---

[11]) „. . . nous n'en sommes pas moins redevables aux principes d'un gouvernement paternel qui, réunissant tous ses sujets sous une même loi, une et souveraine, consacre hautement par son exemple tout ce que les chartres de notre ordre offrent à l'humanité de beau et d'heureux."

[12]) Archiv der Loge „Des Arts et de l'Amitié", 1. Schrank, Akte 1, Fach 4.

[13]) Kolbe (Frmr.), S. 152.

[14]) a. a. O., S. 153.

[1]) Wald (Frmr.), S. 104.

nisse keine Unterbrechung erlitten hatten.[2]) Und die Loge „Zur gekrönten Unschuld" in Nordhausen war stolz darauf, daß ihre Arbeiten in den Jahren des deutschen Freiheitskampfes 1812 und 1813 „trotz der weltbewegenden kriegerischen Ereignisse in musterhafter Regelmäßigkeit" abgehalten werden konnten.[3])

Die Freimaurer des Königsreichs wußten aber auch, wenn sie „den Segen der stillen maurerischen Wirksamkeit"[4]) priesen, daß sie alles dem uneingeschränkten und kraftvollen Schutz einer milden und aufgeklärten Regierung",[5]) dem westfälischen Staat, zu danken hatten. Wenn die Ordensgesetze Gehorsam gegen den Staat verlangten, so entsprach dieses Gebot in Westfalen dem freien Willen seiner Freimaurer. Denn dieser Staat, der sie auf Grund seiner aufgeklärten Ideen beschützte, war nicht irgendein Staat, der ihnen nur seinen Schutz verlieh, sondern eben ein Staat, der sich auf die politischen Ideen der Freimaurerei gründete. Ihm waren sie zu ganz besonderer Ergebenheit verpflichtet, zumal sich in der Staatsführung, besonders aber in der Person des Königs und des ersten Ministers, Politik und Freimaurerei vereinten. Unbeschwert konnten die westfälischen Brüler ihre politische Vergangenheit ablegen. Eine neue Zukunft tat sich vor ihnen auf, sie konnten „eine neue politische Existenz anfangen."[6])

Die Geburtstagsfeiern für den König gaben den Logenbrüdern des öfteren Gelegenheit, ihrer politischen Gesinnung Ausdruck zu geben. Jérôme wurde dabei nicht nur als Landesherr, sondern auch als Schirmherr der Freimaurerei und als Logenbruder gefeiert. Die Loge in Nordhausen hatte erhabene Worte für die Feier „unseres durchlauchtesten Bruders und Protektors" gefunden.[7]) Der Bruder Leopold II. Pastor lobte im Jahre 1808, „daß nun die Kleinstaaterei in Deutschland eingeschränkt sei und daß die Idee des Weltbürgertums über die Verschiedenheit der Nationen zu siegen beginne."[8]) Für das westfälische Königreich traf beides zu. 1812 steigerte sich die Begeisterung für Westfalen noch mehr. In der damaligen Geburtstagsrede wandte Pastor die Tugenden von David, Salomon, Cäsar, Alexander, Karl dem Großen, Friedrich dem Großen und Josef II. „auf unseren König an und schloß mit einem feierlichen Gebet für dessen Erhaltung."[9])

Bei diesen Feiern für den Landesherrn war häufig ein Gesinnungswechsel zu beobachten. Die Einbecker Loge veranstaltete 1810 in ihrem Tempel eine öffentliche Geburtstagsfeier für Jérôme. Das Ein-

---

[2]) Münder (Frmr.), S. 19.
[3]) Bürgel (Frmr.), S. 15.
[4]) Menge (Frmr.), S. 174.
[5]) Rundschreiben der Loge „Pythagoras zu den drei Strömen", Münden, Johannis 1809. Archiv der Großloge von Hamburg, Logenkorrespondenz auf die Jahre 1808 und 1809.
[6]) Geschichte der Stiftung der Freimaurerloge „Zum Tempel der Freundschaft" im Orient zu Heiligenstadt, S. 1.
[7]) Becker (Frmr.), S. 29.
[8]) ebenda.
[9]) ebenda.

becker Wochenblatt berichtete am 20. November 1810,[10]) daß die „Autoritäten" der Stadt eingeladen waren und daß getanzt und soupiert wurde. Für Jérôme hatte man einen Altar aufgebaut, der seinen Namenszug trug, und auf dem eine Opferflamme brannte. Sechs weißgekleidete Jungfrauen standen im Kreise herum. Die Feier klang mit einem Lied aus, in dem es am Schluß hieß. „Auf Brüder, Maurer, sollten wir nicht gern ihm (dem König) alles sein?"[11]) — Den alten Landesherrn pries der Jahresbericht vom 29. August 1814 dagegen mit den Worten: „...um so freudiger befestigen wir bei dem Schlusse der Bruderkette unsere Anhänglichkeit an Fürst und Vaterland."[12])

Die Magdeburger Loge wurde in westfälischer Zeit durch den Besuch des Generalgouverneurs Le Marois beehrt. Als später die Preußen in die Stadt eingezogen waren, gab sie zur Feier der Befreiung in der Loge ein Fest, dem der Graf Tauentzien beiwohnte.[13])

Die Braunschweiger Loge hatte 1807 zu Ehren des französischen Intendanten Daru eine Festloge veranstaltet, in der man „Vive Napoléon" gerufen hatte. Am 13. Januar 1814 hielt sie eine Festloge zur Feier der Rückkehr ihres alten Herzogs ab.[14])

Die Loge in Nordhausen, die durch besonders großartige Geburtstagsfeiern für Jérôme hervorgetreten war, schrieb am 8. Februar 1814 voller Begeisterung über die „Wiedergeburt unserer vaterländischen Verhältnisse."[15])

In der Loge „Des Arts et de l'Amitié" feierte der Bruder Riesch am 21. Februar 1811 die Königin von Westfalen in hochtrabenden Worten und pries ihr Hiersein als eine Schickung, die im Plan des „Baumeisters aller Welten" beschlossen war. Später hielt er eine Rede auf das Jahr 1813, bei der er in Begeisterung ausrief, daß Deutschland nun endlich frei sei und die alten Fürsten wieder in ihre Rechte eintreten könnten.[16])

Die Loge „Cathérine de la Parfaite Union" eröffnete am 25. November 1813 ihre Arbeiten „mit wiederholten Vivats auf Kurfürst und Kurprinz".[17]) Die Brüder dieser Loge verbanden sich danach mit denen der Loge „Des Arts et de l'Amitié" und gründeten die neue Loge „Zur vollkommenen Eintracht und Freundschaft".

Die meisten Mitglieder der ersten Loge des Königreichs Westfalen, „Hieronymus Napoleon zur Treue", fanden sich in einer neuen Loge wieder zusammen, die sie jetzt nach ihrem Kurfürsten „Wilhelm zur

---

10) Angeführt bei Lesser (Frmr.), S. 42.

11) ebenda.

12) Lesser (Frmr.), S. 17.

13) Hoffmann, S. 490.

14) Lachmann (Frmr.), S. 131 f.

15) Angeführt bei Becker (Frmr.), S. 34.

16) Archiv der Logen „Des Arts et de l'Amitié" und „Parfaite Union", Verschiedenes. — Selbst der Freimaurer Kolbe schreibt hierzu: „Der Wechsel der Gesinnungen war ein gründlicher." (S. 157).

17) Kolbe (Frmr.), S. 157.

Standhaftigkeit" nannten. Dieser Name spricht für sich. In der neuen Loge feierte man die Rückkehr des Landesherrn „Vater Wilhelm" mit den überschäumendsten Worten.[18])

Das gleiche Verhalten aller dieser Logen, die den verschiedensten Systemen angehörten, zeigt, daß sie von einer freimaurerischen Grundhaltung aus gedacht und gehandelt hatten. Ihr Gesinnungswechsel ist das Ergebnis der freimaurerischen Erziehung zur totalen Toleranz, einer Erziehung, die sich dahin auswirkt, daß nicht mehr das Eigene ausgebildet wird und auch nicht das Andersartige, sondern das Verbindende, die Zwischenzone. Das muß notwendig indifferent machen. Die Begeisterung für den alten Landesherrn und überhaupt für das alte politische System stand allerdings nie zu der freimaurerischen Weltanschauung in Beziehung. Sie war lediglich Ausdruck eines Treuebekenntnisses, während die Huldigung für das westfälische Königreich aus politischer Überzeugung heraus geschehen war.[19])

Die Eigenständigkeit und Eigengesetzlichkeit der politischen Welt der Freimaurerei beweist sich aber vollends in der Existenz und Anwendung des Hilfs- und Notzeichens. Seine Anwendung stellte eine Verwirklichung freimaurerischen politischen Denkens unter Nichtachtung der gesetzlichen und politischen Forderungen des Staates dar. Als verschiedene Freimaurer zur westfälischen Armee eingezogen wurden, tauchte vielfach die Frage auf, ob man in diesen kritischen Zeiten das Notzeichen nicht auch den Lehrlingen, denen es sonst nicht zur Kenntnis gebracht wurde, bekannt geben sollte. Die Braunschweiger Loge beschloß, den in den Krieg ziehenden Mitgliedern das Notzeichen mitzuteilen.[20]) Die Heiligenstädter Loge brachte ihre Freude darüber zum Ausdruck, daß der gute Geist, der die Bruderschaft beseelte, sich nicht nur in den Logen bemerkbar machte, „ja er dehnte sogar seine wohltätige Wirksamkeit auf Abwendung mancher Gefahren aus, denen die Brüder sowohl als Nichtmaurer infolge der damaligen unglücklichen Zeitverhältnisse ausgesetzt waren."[21])

Durch dieses Erkennungszeichen war eine unsichtbare freimaurerische Gemeinschaft über den Fronten entstanden, die das „geistige Band der Bruderschaft" über alle politische Trennung hinweg erhielt — auf der anderen Seite aber natürlich für jedes militärische und politische Unternehmen einen störenden überstaatlichen Eingriff bedeuten mußte.

---

[18]) Archiv der Logen „Des Arts et de l'Amitié" und „Parfaite Union", Verschiedenes.

[19]) Die politische Ideologie der Freimaurerei wird durch den aufgetretenen Indifferentismus keineswegs in Frage gestellt. Mit der Demokratisierung des politischen Lebens schwindet dieser später denn auch mehr und mehr und macht einem eindeutigen Bekenntnis zum politischen Ideal der Demokratien im westlichen Sinne Platz.

[20]) Beim „Großorient" selbst und einigen Tochterlogen war diese Frage auch besprochen worden. Das Ergebnis ist leider nicht bekannt, dürfte aber bejahend ausgefallen sein.

[21]) Geschichte der Stiftung der Freimaurerloge „Zum Tempel der Freundschaft" im Orient zu Heiligenstadt, S. 8.

B. Die politische Wirksamkeit.

Das im Frieden von Tilsit neugeschaffene, Napoleons Bruder Jérôme übertragene Königreich Westfalen setzte sich aus preußischen, kurhessischen, braunschweigischen und hannöverschen Gebietsteilen zusammen. Durch diesen Staat hatte Frankreich seine militärische Grenze bis zur Elbe vorgeschoben. Militärisch war die Bedeutung Westfalens den Rheinbundstaaten gegenüber ebenso groß wie gegenüber Preußen. Die Rheinbundstaaten nördlich des Mains lagen zwischen Frankreich und Westfalen eingekeilt. Die strategische Lage Preußens war geradezu hoffnungslos. Es war seiner sämtlichen Gebiete links der Elbe beraubt und wurde an seiner gesamten östlichen Grenze vom Großherzogtum Warschau umfaßt. Berlin war von dieser Grenze kaum weiter entfernt als von den drei noch angrenzenden Rheinbundstaaten Sachsen, Mecklenburg und Westfalen. Das Königreich Jérômes bildete durch seine Elbgrenze und mit seiner Festung Magdeburg die wichtigste und stärkste Grenzwache Frankreichs gegen Preußen.

Ebenso schwer wie die strategische Bedeutung der „Avant-Garde" Frankreichs wog die Verfassung des „Allemagne française". Napoleon hatte sich persönlich sehr eingehend mit ihr befaßt und wollte sie als politische Waffe gebrauchen, da er die innerpolitische Krise der europäischen Staaten erkannt hatte. Durch die Verfassung des Königreichs Westfalen konnte er die Bestrebungen nach einer neuen Staatsform in diesen Ländern in seinem Sinne beeinflussen. Die Absicht war klar:[1]) Mit dieser Verfassung wollte er die formgewordenen Ideen von 1789 nach Deutschland hineinpflanzen. Westfalen sollte den Rheinbundstaaten und den anderen Ländern ein Beispiel vorexerzieren. Um auf die anderen Staaten verfassungspolitisch einzuwirken und diese damit enger an Frankreich zu binden, sollte es ein Musterstaat werden. Napoleon wollte die alten Staaten auch weltanschaulich bekämpfen. Am 13. November 1807, zum dreiundzwanzigsten Geburtstag Jérômes, ließ er diesem die Verfassung überreichen. In einem beige-

[1]) „Ce qu'il fallait, avant tout, c'était de planter en Allemagne un drapeau qui faut celui de l'égalité moderne en opposition à celui de la féodalité du moyen âge.", Mémoires: III, 63.

legten, erläuternden Schreiben hielt er Jérôme streng an, die Verfassung genauestens zu befolgen, weil das Glück seiner Völker für das politische System Europas besonders wichtig sei.[2]) Außerdem versprach er sich nicht nur eine gute Aufnahme, sondern auch einen großen Erfolg von der Verfassung, da man in Westfalen ja sehr „aufgeklärt" wäre. Die Grundlagen zu ihrem Ausbau und ihrer beabsichtigten Wirkung wären also gegeben und Jérôme könnte auf das Vertrauen und die Liebe der Bevölkerung rechnen.[3]) Die Völker Deutschlands, Frankreichs, Italiens und Spaniens wünschten die Gleichheit und wollten die Einführung der liberalen Ideen.[4]) — Die westfälische Verfassung aber vertrat diese Ideen und stand dadurch in ihrer politischen Bedeutung weit über dem Wert militärischer Kräfte.[5]) Damit war die Mission Westfalens eindeutig ausgesprochen. Das Königreich sollte Vorkämpfer eines im Dienste des französischen Imperialismus stehenden Liberalismus werden. Jérôme war von dieser Aufgabe ganz erfüllt. In seiner Proklamation an die „Westfalen" gab er ihr zum ersten Mal Ausdruck. Darin wurde Napoleon nicht als Eroberer, sondern als Gesetzgeber der Völker gefeiert. Durch ihn erhielten diese von der Weisheit diktierte Gesetze und damit erst eine eigentliche politische Existenz.[6]) Diese Weisheit war im Sinne der Aufklärung und der freimaurerischen Weltanschauung auf die Humanität bezogen. Dem freimaurerischen Staatsideal noch ähnlicher waren Jérômes Worte über die Verfassung des westfälischen Staates, die dem Stand der europäischen Zivilisation entspräche und Freiheit und Glückseligkeit gewähre.[7]) Wenn Jérôme dabei vielleicht auch aus dem Gedankenkreis der angeblichen Mission Frankreichs für die Zivilisation gesprochen hatte, so entsprachen seine Worte doch ebenso allem politischen Zielstreben der Freimaurerei und mußten auf die Logenbrü-

---

[2]) Vous devez la (la Constitution) suivre fidèlement. Le bonheur de vos peuples n'importe, non seulement par l'influence qu'il peut avoir sur votre gloire et la mienne, mais aussi sous le point de vue du système général de l'Europe", Napoleon an Jérôme, o. O., 15. November 1807, Mémoires III, 72.

[3]) „On est plus éclairé dans le royaume de Westphalie qu'on ne voudrait vous le persuader, et votre trône ne sera véritablement fondé que sur la confiance et l'amour de la population", ebenda.

[4]) „Les peuples d'Allemagne, ceux de France, d'Italie, d'Espagne, désirent l'égalité et veulent des idées libérales.", a. a. O., S. 73.

[5]) „Et s'il faut vous dire ma pensée toute entière, je compte plus sur leurs effets pour l'extension et l'affermissement de votre monarchie que sur le résultat des plus grandes victoires. Il faut que vos peuples jouissent d'une liberté, d'une égalité, d'un bien-être inconnue aux peuples de la Germanie, et que ce gouvernement libéral produise d'une manière ou d'autre les changements les plus salutaires au système de la Confédération et à la puissance de votre monarchie. Cette manière de gouverner sera une barrière plus puissante qui vous séparera de la Prusse plus que l'Elbe, que les places fortes et que la protection de la France. Quel peuple voudra retourner sous le gouvernement arbitraire prussien quand il aura goûté les bienfaits d'une administration sage et libérale.", a. a. O., S. 72 f.

[6]) „C'est pour les peuples que Napoléon a vaincu, et chacun des traités qu'il a conclu est un pas de plus vers le but que se propose son grand génie, de donner à des nations entières une existence politique, des lois, des gouvernements dictés par la sagesse; . .", Proklamation Jérômes an die Westfalen, Kassel, 15. Dezember 1807, Mémoires, III, 82.

[7]) „Ses principes (Constitution) sont d'accord avec l'état actuel de la civilisation de l'Europe . . . , puisque sur elle reposent votre liberté et votre prospérité." a. a. O., S. 83.

der Westfalens eine große Wirkung ausüben. Ebenso stimmten die Absichten Napoleons, in Westfalen den Bürger zum beherrschenden Träger der Politik zu machen, mit dem politischen Denken der Freimaurerei überein, die eine Erscheinung des Bürgertums im eigentlichen Sinne ist. Napoleon empfahl Jérôme, bei der Wahl der Beamten, besonders der Minister und Ständeabgeordneten, zur Hälfte Nichtadlige zu nehmen. Unter den ersten Staatsräten sollten die Nichtadligen sogar in der Mehrzahl sein. Die Hofämter aber sollten mit Adligen von großen Namen besetzt werden.[8]) Jérôme folgte getreulich den Worten seines großen Bruders und sprach sich in seiner Rede auf der ersten Ständeversammlung auch deutlich darüber aus. Der Bürger wurde darin nicht als ein Stand, sondern als der gleichberechtigte Staatsangehörige und der geachtete Mensch begriffen.[9]) Damit wurde ebenfalls auf das politische Ideal der Freimaurerei angespielt, in dem sich Bürger und Mensch vereinen.

Es wäre verfehlt, das Königreich Westfalen als einen deutschen Staat anzusehen. Man mußte die ungeschichtliche Denkart eines Freimaurers haben, um ernstlich zu glauben, daß es sich hier um einen deutschen Staat handelte, der nur unter Leitung eines französischen Königs stünde. Diese Auffassung wäre eine völlige Verkennung des Verhältnisses, in dem Westfalen zu Frankreich stand und damit eine Verkennung des französischen Imperialismus, der die Beherrschung Europas zum Ziele hatte. Das Königreich war keine politische Macht; es war unselbständiger, als die im Rheinbund zusammengefaßten Vasallenstaaten. Westfalen war von Napoleon von Anfang an mit Forderungen belastet worden. Er behielt sich die Hälfte der Domänen vor, um sie an seine Marschälle verschenken zu können. Jérôme mußte französische Truppen, die die Stärke seiner eigenen Armee hatten (12 500) und zur Garnison der Festung Magdeburg gehörten, vollständig unterhalten. Der Graf Jollivet beaufsichtigte im Namen Napoleons die westfälischen Finanzen und der Baron Reinhard berichtete als Vertrauensmann Napoleons laufend über die inneren Verhältnisse des Königreichs. Beide waren Beamte des Kaiserreichs und galten als Jérômes Aufpasser. Jérôme unternahm keinen wichtigen Schritt ohne den Rat Napoleons und konnte keine entscheidenden Maßnahmen ohne dessen Zustimmung durchführen. Besonders die Wahl der Minister, der Angehörigen des Hofstaates und der Gesandten unterstand der Aufsicht Napoleons. Jérôme, der oft unter dieser Bevormundung litt, war ebenso wie seine anderen Brüder nur einer der „ersten Präfekten" des napoleonischen Kaiserreichs.

[8]) Napoleon an Jérôme, Fontainebleau, 15. 11. 1807, Mémoires, III, 104.

[9]) „Des privilèges, des exemptions, des servitudes personnelles n'appartiennent pas au génie de ce siècle. Il faut que la Westphalie ait enfin des citoyens, et que là, aussi bien qu'en toute autre contrée, l'homme se respecte et s'honore dans son semblable.", Jérômes Rede auf der ersten Ständeversammlung am 1. 1. 1808, Mémoires III, 158.

Innenpolitisch war das Verhältnis von Deutschen und Franzosen so, daß den Franzosen die politisch wichtigsten Stellen vorbehalten blieben. Das Ministerium der Justiz, das wegen der Gesetzgebung des „Code Napoléon" von großer Bedeutung für die Verfassung Westfalens war, lag in den Händen des Hochgradfreimaurers Graf Siméon. Außen- und Kriegsministerium sowie Polizei waren ebenfalls unter französicher Leitung. Die Verwaltung dagegen war zumeist von Deutschen besetzt. Das heißt, in der Verwaltung und im Heer wurden die Franzosen sehr häufig durch deutsche Freimaurer ergänzt.

Im übrigen war man bestrebt, einen etwa aufkommenden deutsch-französischen Gegensatz zu verhindern. Der Name des Königreichs war schon gewählt worden, um jede Erinnerung an eine frühere Herrschaft auszutilgen. Es war eine der wichtigsten Aufgaben, aus Preußen, Hessen, Braunschweigern und Hannoveranern „Westfalen" zu machen. Von französischer Seite war aber nie daran gedacht worden, auch die Franzosen zu Westfalen machen zu wollen. Jérôme, der sich immer als Franzose fühlte, glaubte nur an Westfalen im Sinne eines Staatsvolkes, das die Vorhut für Frankreich stellen sollte.[10]) Die Freimaurer hingegen glaubten sehr wohl an die Bildung einer westfälischen Nation im Sinne der Zusammenfassung vieler Völker in einem Staat. Da die Hessen, Preußen usw. als Völker auffaßten, war das Königreich für sie ein Völkerbund. Tatsächlich kam Westfalen auch mit seinen Staatsangehörigen preußischer, hannöverischer, hessischer, braunschweigischer und französischer Herkunft — im Heere befanden sich darüber hinaus noch Offiziere anderer Nationalitäten (Vgl. S. 86) — einem freimaurerischen Menschheitstaate sehr nahe. Der Unterschied der Nationen, Völker, Stände und Konfessionen war in diesem Staate durch eine einheitliche Staatsbürgerschaft ausgeglichen worden. Seine „erleuchteten" Gesetze und die Zusammensetzung seiner Bevölkerung mußten jeden Freimaurer anziehen und ihn, der durch seine Weltanschauung für diesen Staat längst reif war, in dessen Dienst treiben.

I. Westfälische Freimaurer in der Presse.

Napoleon hatte die Presse als ein wichtiges politisches Machtmittel erkannt. Gleich nachdem er in Frankreich zur Herrschaft gekommen war, brachte er sie unter seinen Einfluß. Ihre Leitung wurde regierungstreuen Leuten übertragen. Viele Zeitungen mußten ihr Erscheinen einstellen und die noch bestehenden wurden unterdrückt. Alle unterstanden der Zensur und der behördlichen Überwachung. Schließ-

---

[10]) „Ce peuple est bon, il peut être bien utile à la France, il est son avantgarde.". Jérôme an Napoleon, Braunschweig, 19. 5. 1808, Mémoires III, 264.

lich errichtete man ein offizielles Organ. Alle anderen Zeitungen sollten ihre Nachrichten nur diesem Regierungsblatt entnehmen. Am Ende kam es so weit, daß für jedes Departement nur eine Zeitung Geltung hatte. Diese pressepolitischen Maßnahmen verlangte Napoleon auch von seinen Verbündeten.

In Westfalen waren es Siméon und Beugnot, damals Mitglieder der Regentschaft, die Jérôme die Herausgabe einer offiziellen Zeitung vorschlugen und ihre Gründung selbst in die Wege leiteten.[11]) Dieses westfälische Regierungsblatt erschien noch im Jahre 1807. Am 27. Dezember des Jahres stellte es sich als zweisprachiger „Westfälischer Moniteur" und gleichzeitig als „das einzige offizielle Journal im ganzen Königreich" seinen Lesern vor.[12]) Die bisher in Kassel erschienene „Casselsche Policey- und Commercienzeitung" wurde nach einer Präfektur-Verfügung vom 3.März 1808 zum „Intelligenzblatt des Departements der Fulda" umgewandelt. Im Oktober 1810 mit dem „Moniteur" als dessen Feuilleton vereinigt, war sie als bloßes Handels- und Anzeigenblatt ohne politischen Wert. Die übrigen Zeitungen, die noch weiter bestehen durften, wie die in Magdeburg, Halle und Hamm, gerieten noch schärfer als der „Moniteur" unter die Aufsicht der Generaldirektion der „Hohen Polizei". Sie sanken umsomehr zu völliger Bedeutungslosigkeit herab, als dem „Moniteur" allein die Postfreiheit zugebilligt worden war. Der Bezug von anderen Blättern ging über die Generaladministration der Posten, „so daß von einem Abonnement auf der Regierung abholde Zeitungen keine Rede sein konnte."[13])

Der erste Redakteur des „Moniteur" war der Franzose Jacques de Norvins. Er war schon im Dezember 1807 provisorischer Generalsekretär des Staatsrates und wurde dann Generalsekretär im Kriegsministerium. Bis zum September 1809 versah er das Amt eines westfälischen Geschäftsträgers in Karlsruhe. Mit diesen Ämtern betraut, konnte er nur wenig für den „Moniteur" tun. Als tatsächlicher Leiter muß daher Friedrich Wilhelm Murhard angesehen werden, der seit 1808 Mitredakteur war und von 1809 bis 1813 das Blatt als Hauptredakteur herausgab.

Murhard war von der neuen Regierung aus einer Haft befreit worden, die er wegen allzu offener Kritik an der Innenpolitik des Kurfürsten von Hessen erhalten hatte. Auf mehreren großen Reisen hatte Murhard Völker und Länder in ihrer Eigenart erlebt und den Einfluß der Natur und Geschichte auf die Bildung der Nationen erkannt. Seine auf diesen Erkenntnissen gegründete Feindschaft gegen den Absolutismus hatte ihn bald in Gegensatz zu seiner alten Regierung

---

[11]) Jérôme an Napoleon, Kassel, 12. März 1808. Du Casse, Rev. histor., XV, 397 f.
[12]) Moniteur, 3. 1. 1808.
[13]) Kleinschmidt, S. 107.

gebracht, und unter dem Einfluß der geschichtlichen Ereignisse war er dann von seinem Reformwillen in einen bedingungslosen Dienst für den westfälischen Staat getrieben worden. Die gleiche Gegnerschaft gegen den Absolutismus, die er auch hier vorfand, ließ ihn sich von seiner alten geistigen Grundlage entfernen und auf die entgegengesetzte stellen. Das „praktische Beispiel" für seine „theoretischen Forderungen", das ihm das Königreich Westfalen bot, überwältigte ihn derart, daß das neue Königreich in seinen „Folgen für Murhards innere und äußere Entwicklung von grundlegender Bedeutung wurde."[14])

Als Freimaurer war Murhard schon 1808 in der Regierungs-Loge „Hieronymus Napoleon zur Treue" Hochgradbruder und dort als Redner tätig.[15]) Über seine weitere maurerische Tätigkeit ist nichts bekannt, da er schon 1809 aus dieser Loge ausschied. In der Geschichtsschreibung als „Franzosenschwärmer" und „charakterloser" Mensch gekennzeichnet,[16]) stellte er sich als Redakteur ganz auf den Ton napoleonischer Pressepolitik ein.[17]) Murhard war ein Schützling des Schweizer Historikers und westfälischen Unterrichtsministers Johannes von Müller und wurde noch im Jahre 1808, am 6. Oktober, Präfektur-Rat. Nach dem Dörnbergaufstand verfaßte er eine anonyme Denunziation gegen den Marburger Professor L. Völkel, der gar nicht an der Verschwörung teilgenommen hatte.

Der „Moniteur" hatte in seiner Redaktion noch einen Freimaurer: den bekannten Redner der Loge „Des Arts et de l'Amitié", den Juden Jakob Pinhas. Damit wußte die westfälische Regierung die Leitung ihres Blattes in guten Händen.

Der „Moniteur" begann seine Tätigkeit mit einem wichtigen und grundlegenden Akt für den westfälischen Staat. Er veröffentlichte am 24. Dezember 1807 die Verfassung Westfalens. Diese Tat hatte insofern symbolische Bedeutung, als hierdurch die ideelle Ausrichtung am Anfang stand, kraft deren der „Moniteur" zu seinem rückhaltlosen Einsatz für diesen Staat antrat.

Die äußere Grundlage dieses Staates war ihm der historische Boden, in den die neuen Ideen eingepflanzt wurden. So waren seine Worte zu verstehen, mit denen er das neue Jahr als Tor zu einer neuen Zeit begrüßte. „O große und neue Epoche, die sich mit einem durch die Zeiten geheiligten Herkommen verschwistert!"[18]) Diese historisch wie politisch unbegreifliche Vereinigung von landesherrlichem Patriotismus und Napoleonsverehrung ist im „Moniteur" noch

---

[14]) Weidemann, S. 16.

[15]) Mitgliederliste der Loge „Hieronymus Napoleon zur Treue" in Kassel, 1808, Nr. 34. Archiv der Loge „Zu den drei Pfeilen" in Nürnberg, Listen A Nr. 1 a 90 incl.1805—1809, Liste 73.

[16]) Kleinschmidt, S. 247.

[17]) Weidemann, S. 17.

[18]) Moniteur, 31. 12. 1807.

sehr oft anzutreffen. Sie kann nur in dem Unverständnis gegenüber natürlichen und geschichtlichen Gegebenheiten wurzeln, das der freimaurerischen Weltanschauung entspringt; andererseits in der Verwandtschaft von freimaurerischem politischen Denken und Liberalismus, der als wesensverwandte politische Idee mit dem landesherrlichen Staat in Verbindung gebracht wird. Mit patriotischer Begeisterung empfundene Anklänge an die deutsche Vergangenheit im Zusammenhang mit der französischen Herrschaft und ihrer Staatsform dürfen daher im „Moniteur" ebenso wenig verwundern wie in den Logenreden.

In dieser Verbindung aber lag etwas Neues und Gewolltes: die Heranbildung einer „westfälischen" Nation. Diese drei Momente: landesherrlicher Patriotismus, französische Fremdherrschaft und politischer Liberalismus traten auch schon im Bericht über die dem König Jérôme zum Neujahrstag 1808 dargebrachte Huldigung des Landes auf. An diesem Tage strömten unter anderen auch die „Abgeordneten des Harzes, Nachkommen der alten Vandalen"[19]) in die Residenzstadt. Über Napoleon hieß es: „Unter demselben (königlichen Wappen) und in des Thrones Hintergrund erhob sich Kaiser Napoleons mit Lorbeeren gekrönte Büste. Länger schon Gegenstand von Europas Bewunderung, schien der Kaiser gleichsam hier seinen Bruder und Zögling ihr beigesellen zu wollen. Diese stumme Annäherung, Symbol einer ewigen Verpflichtung zum Ruhm und zur Größe, ergriff stark die Gemüter aller Deputierten und verlieh dem Eid, zu dessen Leistung sie versammelt waren, einen noch höheren Grad von Wichtigkeit."[20]) Beide aber, Vandalen und Napoleon, Deutschland und Frankreich, vereinigten sich in den „westfälischen Nationalfarben",[21]) die den Thron schmückten.

Die in der gleichen Nummer angeführte Rede von Siméon anläßlich dieser Huldigung klang sehr an seine Ansprache in der Loge „Hieronymus Napoleon zur Treue" an. Siméon sprach darin geradezu von einem „stillschweigenden Vertrag, der sich so natürlich zwischen dem Monarchen und seinen Untertanen bildet."[22]) Mit Wohlbehagen nahm der „Moniteur" aus dieser Rede den Satz auf: „Man ist genötigt gewesen, den Empfindungen einer sich hinzudrängenden Menge Grenzen zu setzen, welche im entgegengesetzten Falle diese Hauptstadt überfüllt haben würde." In Anlehnung an die Ergebenheitsadressen, die ihm von der Freimaurerei des neuen Staates zugegangen waren, konnte Siméon mit Gewißheit und Überzeugung aussprechen: „Tausendmal haben wir sie sagen hören, mit einer lobenswürdigen Freimütigkeit, sie würden für den König, den der

---

[19]) Moniteur, 3. 1. 1808.
[20]) ebenda.
[21]) ebenda.
[22]) ebenda.

Sieg, der große Napoleon und der Himmel ihnen gegeben haben, die nämliche Treue im Busen tragen, die sie stets gegen ihre ehemaligen Souveräns hegten." Ebenso offen verkündete Siméon und mit ihm der „Moniteur" den Westfalen ihre geschichtliche Mission. Ihre Aufgabe sei es, „die Ufer der Elbe zu beschützen zu vollendeter Sicherheit der Rheinufer."

Wie die Ansprache Siméons, so enthielt auch die Rede Jérômes Anklänge an den Liberalismus und den damit verbundenen französischen Imperialismus. Verheißend rief Jérôme aus: „Westfalen soll endlich einmal Bürger erhalten, und wie in anderen Ländern muß auch hier der Mensch in seinem Nebenmenschen sich selbst achten und ehren."[23])

Dieser humanitär gefärbte Liberalismus fand natürlich begeisterte Aufnahme bei den Freimaurern und verhüllte ihnen in ihrem ungeschichtlichen Denken den Blick für den dahinter versteckten Imperialismus. Der „Moniteur" verausgabte sich geradezu vor Begeisterung für diese Staatsidee und ihren Herrscher. Mit einem hochbeschwingten und erschöpfenden Schluß beendete er diesen Bericht mit den Worten: „So endigte unter lauten Beifallsbezeugungen diese rührende Feierlichkeit, auf welche die Wahl des Tages, das Alter des Königs, sein schon so hoher Ruhm, der Name, den er führt, die ihm vorschwebende herrliche Zukunft, so viel Hoffnung und schon so viel Wirklichkeit, einen Reiz und Glanz verbreitet haben, dessen Schilderung schwer sein würde."[24])

Die Nummer des 17. Januars von 1808 brachte eine Aufforderung Siméons an die Pfarrer des Königreichs, sie sollten nach dem Gebot Gottes, der Obrigkeit untertan zu sein, Gehorsam gegen den König predigen. Da unter den Pfarrern verhältnismäßig viele Logenmitglieder waren,[25]) dürfte der Aufruf zu dieser politischen Erziehungsarbeit auf fruchtbaren Boden gefallen sein.

Mitte Januar desselben Jahres ließ sich der „Moniteur" in bemerkenswerte Gedanken über die Religion aus. Er schrieb: „Der Patriotismus ist die Religion der Humanität, die alle Lehrsätze der göttlichen Religion, deren Hauptgesetz sie ist, in Ausübung bringt. Diese Religion kann man die herrschende im Königreich nennen... Alle Glaubensbekenntnisse schreiten hier nebeneinander hin, ihre primitiven Zwecke stets verfolgend, und diese gehen auf innige Vereinigung aller, auf Ehrfurcht für die Gesetze und Treue gegen den Souverän."[26]) Der Patriotismus ist die Religion der Humanität, das heißt doch, der Patriotismus kann nur Religion sein, wenn sein Inhalt Humanität ist. Der westfälische Staat aber war auf den Grundlagen der

---

[23]) ebenda.
[24]) ebenda.
[25]) In der Loge „Hieronymus Napoleon zur Treue" im Jahre 1810 allein acht.
[26]) Moniteur, 14. 1. 1808.

Humanität aufgebaut. Deshalb war hier der Patriotismus zur Religion, zur Staatsreligion geworden. Diese Religion einte alle Staatsbürger, die gleichzeitig als Menschen begriffen wurden. Patriotismus und Humanität stehen also in demselben Verhältnis wie Bürger und Mensch. Beide sind im Letzten eine Einheit. Das Gebot dieser Religion gipfelte in dem Gehorsam gegen König und Gesetz. König und Gesetz aber standen in Westfalen in Beziehung zur Humanität und waren deshalb als Attribute des religiösen Patriotismus möglich. — Alle diese Bedingungen, religiöse Einheit aller Bürger, Einheit von Bürger und Mensch, König und Gesetz als Bezogenheiten der Humanität waren in Westfalen erfüllt. Deshalb war der Patriotismus ein westfälischer, also etwas durchaus Neues — geboren aus Partikularismus oder besser „westfälischem" Nationalismus und Weltbürgertum. Er hat mit Geschichte und Natur nichts gemein und demzufolge keine begrenzte politische Zugehörigkeit. Bei diesen entscheidenden Momenten ist eine Bindung an Tradition, ein Partikularismus nur noch sekundär möglich. Er verschwindet auch folgerichtig bei einem Anstoß von außen. Der letzte logische Schritt wäre der Separatismus. Der gesamte Gedankengang, hauptsächlich die durch die Humanität erfolgte Vereinigung von Fremdherrschaft und Partikularismus im Patriotismus zeigt ein politisches Denken, wie es besonders bei einem Freimaurer gegeben ist, weil es letztlich einer indifferenten politischen Haltung entspringt.[27])

Am 31. Januar 1808 veröffentlichte der „Moniteur" das Dekret vom 27. Januar 1808, das den Juden im westfälischen Staate völlige Gleichberechtigung zusicherte. Etwas später schrieb er hierzu: „Daß dadurch diese Nation von einer Erniedrigung befreit (sei), unter der sie jahrhundertelang seufzte."[28]) Das ist der Standpunkt eines Freimaurers, der die Judenemanzipation als einen Akt der Menschlichkeit und des Fortschritts begrüßte. Wie die Juden sich die gleichen Gedanken zur Durchsetzung ihrer Emanzipation zu eigen gemacht hatten, kann aus der im „Moniteur" wiedergegebenen Rede des Juden Jacob Herz an Siméon ersehen werden: „Es ist das unsterbliche Werk der erhabenen Familie Napoleons und ihrer weisen Minister. Ja, Ihre Exzellenz! auch Sie haben zu dieser frohen Begebenheit mit beigetragen; Sie haben, indem Sie als Weltbürger und wahrer Philosoph handelten, mit ebenso großer Menschenliebe die wohltätigen Absichten unseres allergnädigsten Königs in Erfüllung gebracht."[29])

Israel Jacobsohn, einer der rührigsten und wirksamsten Vorkämpfer der Judenemanzipation in vielen deutschen Staaten, pries Siméon in noch größeren Worten: „Sire, der Ewige hat Helden die Len-

[27]) Indifferent auch bei einem eindeutigen Bekenntnis zur politischen Idee der Freimaurerei, weil die Bindung an Natur und Geschichte im Unbewußten immer haften bleibt.
[28]) Moniteur, 16. 2. 1808.
[29]) ebenda.

kung unseres Schicksals anvertraut und schon sind Sie dem Cyrus im Wohltun gleichgekommen, dessen hohen Ruhm Sie bald noch übertreffen werden."[30]) Er verstieg sich zum Schluß sogar dazu — vielleicht in einer Anspielung auf die Freimaurer-Würden Siméons — diesen mit dem berühmtesten jüdischen König, mit Salomon, zu vergleichen. Die offene Betonung der Verwandtschaft freimaurerischer und jüdischer Geisteshaltung in Ideologie und Brauchtum ist ebenso verblüffend wie die Charakterisierung Siméons in seiner Eigenschaft als Staatsmann und als oberster Bruder aller Freimaurer in Westfalen.

Über die Feier zur Erteilung des Bürgerrechts an die Juden verbreitete sich der „Moniteur" in langen Ausführungen. Diese Feier fand in Anwesenheit vieler Persönlichkeiten des öffentlichen Lebens statt und vereinigte in ihrer Versammlung Angehörige der verschiedensten Konfessionen. Der „Moniteur" sah gerade darin „eine allgemeine National-Beistimmung."[31]) Die Veranstaltung vereinigte auch — wenn man den Begriff „jüdische Nation" des „Moniteur" mit übernehmen will — Angehörige verschiedener Nationen. Die politische Einheit, die diese Nationen im westfälischen Staate fanden, gab diesem Fest die politische Würde. Die religiöse Einheit aber war in dem Gott aller Religionen, das heißt in der Sprache der Aufklärung ausgedrückt, im Deismus, und freimaurerisch gesprochen, im „Baumeister aller Welten" gegeben.

Mit Bedauern stellte der „Moniteur" fest, daß einige aus einem benachbarten Staate anwesende Juden mit schmerzlichen Gefühlen die „Verschiedenheit ihres Schicksals in dieser nämlichen Epoche" verglichen hätten. Zum Schluß wurde noch die Rede Jacobsohns vor der israelitischen Gemeinde wiedergegeben. Dieser hatte dort unter anderem gesagt: „Wir feiern das Fest der Wiederherstellung der Rechte der Menschheit." Indem dieser liberalistische Ausspruch des Juden Jacobsohn durch den freimaurerischen Redakteur Murhard abgedruckt wurde, hatten sich Judentum und Freimaurerei wieder einmal die Hand gereicht.

Der „Moniteur" sah es überhaupt als eine seiner vornehmsten Aufgaben an, sich für das westfälische Judentum einzusetzen. Alles, was damit irgendwie zu tun hatte, beschrieb er ausführlich und begeistert, um damit die westfälische Staatsbürgerschaft für ihre neuen Mitbürger zu erwärmen. In den Geschäfts- und Familienanzeigen des „Moniteur" traten fast ausschließlich Juden auf.

Im Laufe der nächsten Zeit liefen in Kassel Nachrichten von den Huldigungen der einzelnen Städte ein. Der „Moniteur" ergriff sie dienstfertig und setzte sie der Bevölkerung in großer Aufmachung vor. In der Absicht, die Untertänigkeit und Ergebenheit zu stärken

---

[30]) ebenda.
[31]) ebenda.

und zu steigern, versuchte er immer und immer wieder, die „Westfalen" mit seinen Nachrichten von überschwenglichen Huldigungen glauben zu machen, dem König würden überall spontane und begeisterte Kundgebungen dargebracht. So berichtete er am 1. März 1808 über die Eidablegung, daß Jérôme ihnen (den „Westfälingern") die einzelne und öffentliche Leistung eines Eides gestattet hat, den sie in ihren Herzen bereits in der Stille abgelegt hatten."

Wie es mit der vom „Moniteur" so schwülstig ausgemalten Begeisterung in Wirklichkeit aussah, zeigt die Gegenüberstellung von zwei Artikeln des „Moniteur" und zwei historischen Darstellungen.

Über die Huldigung in Helmstedt und Hildesheim berichtete der Moniteur: „Am 6. März begingen die Städte Hildesheim und Helmstedt, mit dem lebhaftesten Enthusiasmus und den glänzendsten Freudefesten die Huldigungs-Feierlichkeit. Reden voll Geist und wahrer Anhänglichkeit für die Person unseres Monarchen, haben auf eine rührende Art die Gesinnungen der Einwohner für Se. Maj. an den Tag gelegt. Glänzende Gesellschaften und Bälle, Illuminationen und Freudefeuer haben in diesen beiden Städten die Feier dieses denkwürdigen Tages beschlossen. Diese Übereinstimmung der Gesinnungen an einem Tage in allen Städten des Königreichs, welche sich durch unzweideutige Merkmale der dankbaren Ehrfurcht und der Ergebenheit für den König und seine erhabene Gemahlin ausgesprochen haben, ist die glückliche Epoche der Entstehung des patriotischen Gemeingeistes in der Monarchie; sie ehrt auf gleiche Weise sowohl das Volk, welches diesen feierlichen Unterwerfungs-Akt verlangt, als den Fürsten, welcher denselben empfangen hat."[32])

Pröhle aber berichtet dazu: „In Helmstedt erschienen die westfälischen National-Farben an dem mit dunkelblauem und weißem Tuche überzogenen Vorbaue vor dem Rathause, von welchem die Regierungs-Commissarien den Huldigungseid abnehmen wollten, noch durch viele Tintenkleckse verschönert. Die Studenten hatten am Abende vorher ihre Tintenstecher daran ausgestochen. Auf ein donnerndes: Silentium! von der Höhe der Rednertribüne antwortete ein mehrstimmiges: Quod non! Die Studenten behaupteten den Platz und führten den Landesvater auf zu Ehren des in der Verbannung lebenden trefflichen Herzogs von Braunschweig-Oels und anderer deutscher Fürsten."[33])

Von der Huldigung in Göttingen schrieb der Moniteur am 17. Mai 1808: „Drei Stunden vor Göttingen, zu Dransfeld, fanden Se. Maj. eine schönberittene und uniformierte Ehrengarde."[34]) Man berichtete ihm: „10 Meilen weit haben wir ein ununterbrochenes Fest gesehen."[35]) Kleinschmidt schreibt dagegen, daß sich in Göttingen am 15. Mai nur

[32]) Moniteur, 17. 3. 1808.
[33]) Pröhle, S. 9 f.
[34]) Moniteur, 19. 5. 1808.
[35]) ebenda.

mit Mühe und Not eine Ehrengarde der „interessanten Jugend aller Nationen“ zusammenbringen ließ.[36])

Welche Rolle die Freimaurerei bei Staatsfeiern spielte und in welcher Form sie auftrat, berichtete der „Moniteur“ natürlich an hervorragender Stelle. Am 15. März 1808 hieß es in einem Bericht aus Magdeburg über die Feier der Eidesleistung: „In der Freimaurerloge und in anderen Versammlungsörtern waren Bälle veranstaltet, wo selbst der Herr Präfekt (der Freimaurer Graf v. d. Schulenburg-Emden) Gelegenheit fand, sich von der Zufriedenheit der Einwohner zu überzeugen.“

Beim Besuche Jérômes in Magdeburg verhielt sich dieselbe Loge nicht minder „westfälisch“. Der „Moniteur“ rückte in seine Spalten einen Magdeburger Bericht ein: „Seine Majestät wohnte diesen Abend einem von der Stadt in der Freimaurer-Loge gegebenen Balle bei. Sechzehn junge Mädchen, geschmackvoll und gleichartig gekleidet, haben eine Quadrille vor Sr. Majestät getanzt, Allerhöchstwelche sich nach einer halben Stunde entfernte.“[37])

Am 15. September 1808 veröffentlichte der „Moniteur“ den aufgefangenen und im Pariser „Moniteur“ abgedruckten Brief des Freiherrn vom Stein an den Fürsten von Wittgenstein (Königsberg, 15. 8. 1808), der Nachrichten über Aufstandsbewegungen in Deutschland enthielt. Auf diese Art wurde der Brief im ganzen Lande verbreitet und ließ ein Gefühl der Unsicherheit aufkommen. So bereitete der „Moniteur“ die Bevölkerung auf die Gründung der westfälischen geheimen Polizei vor und trug sein Teil zu deren Rechtfertigung bei. Schon am 18. September 1808 wurde der Franzose und Freimaurer Le Gras de Bercagny zum Generaldirektor der „Hohen Polizei“ ernannt.

Innerhalb der Spalte „Auswärtige Angelegenheiten“ verzeichnete der „Moniteur“ am 8. Oktober 1808 einen Bericht aus Erfurt über den Einzug Napoleons zum Fürstentag. Darin hieß es über die Freimaurerei: „Die Erleuchtung vom 27sten war ausnehmend prachtvoll, besonders zeichnete sich die Freimaurerloge aus, welche mit mehreren tausend Lampen illuminiert war und folgende Inschriften hatte: ‚Napoleon dem Einzigen‘; ‚Josephinen der Vielgeliebten‘; in der Mitte stellten drei Statuen die Weisheit, Stärke und Schönheit dar, unter welchen man die Devise las: ‚Nec decipitur, nec decipit unquam‘.“

Eifrig und laut rührte der „Moniteur“ die Werbetrommel für das westfälische Heer. Die Konskription war eines der Grundgesetze des Staates und verpflichtete grundsätzlich jeden Westfalen vom 20. bis 25. Lebensjahr zum Waffendienst. Die Stellvertretung war erlaubt.

[36]) Kleinschmidt, S. 169.
[37]) Moniteur, 28. 5. 1808.

Was der „Moniteur“ dazu schrieb und wie es in Wirklichkeit aussah, berichtet Kleinschmidt: „... es war lediglich Erfindung des ‚Moniteur‘ daß sich täglich junge Leute aus vornehmen Familien, die noch nie gedient, bei dem Kriegsminister meldeten, um als Offiziere angestellt zu werden, lediglich Phraseologie des offiziellen Organs, in einer Reihe von Artikeln die Segnungen von Konskription und Stellvertretung zu verherrlichen, während es in zahlreichen Nummern die Bestrafung von Westfalen wegen Begünstigung resp. Verheimlichung widerspenstiger Konskribierter oder Betrügereien bei der Rekrutierung berichtete.“[38])

Uber die alljährlich stattfindenden Geburtstagsfeste des Königs zu berichten, konnte sich der „Moniteur“ nie genug tun. Im Eingang seiner Schilderung über die Feier des Jahres 1808 bedauerte er die Westfalen, die nicht in Kassel anwesend sein konnten. Dann fuhr er fort: „Sämtliche konstituierten Autoritäten, alle Universitäten schienen in der Ehre zu wetteifern, die Tugenden und Wohltaten Seiner Majestät zu verkündigen und überall haben sämtliche Klassen der Untertanen mit Freuden an dieser Feierlichkeit teilgenommen, welche für das Königreich gleichsam ein Familienfest war.“[39]) Diese Berichte des „Moniteur“ über Feiern im allgemeinen nennt der Jude Salomon „bombastische Festberichte, von denen viele der Wahrheit direkt ins Gesicht schlugen.“[40])

Ende des Jahres 1808 nahm der „Moniteur“ wieder Gelegenheit, die Aufnahme der Juden in das gesamte Leben des westfälischen Staates weiterhin volkstümlich zu machen. Neben Meldungen über die Fortschritte der Judenemanzipation in anderen Staaten, ließ er Juden in seinem Blatte selbst zu Worte kommen. Dem verstorbenen Vater des als Mitglied des Großorients bekannten Freimaurers Secky-Meylert widmete ein Herr B*** aus Berlin einen Nachruf, den der „Moniteur“ in seiner Ausgabe vom 24. Januar 1809 abdruckte. Dieser Nachruf wurde vom Verfasser allerdings mehr zur allgemeinen Verbreitung der ideologischen Grundlagen der Judenemanzipation benutzt, der Verstorbene selbst nur in wenigen Zeilen als Philanthrop vorgestellt. Der Jude erkannte natürlich nur die humanitäre Richtung seiner Emanzipation an, weil sie ihn als Juden bestehen ließ. Denn obwohl sie in dem Juden den Menschen sah und ihn als solchen erfaßte, blieb doch der Jude dabei immer Jude. Deshalb wurde auch in diesem Schreiben des „Moniteur“ die Verwirklichung des Humanitätsgedankens immer weiter angestrebt, denn das Ziel sei noch nicht ganz erreicht. „... jene Beschwerden über Untätigkeit bei Erfüllung reiner Humanität sind nicht ganz ohne Grund.“[41]) (Der Verfasser wohnte in Berlin!) Doch gäbe

---

38) Kleinschmidt, S. 115 f.
39) Moniteur, 24. 11. 1808.
40) Salomon (Jude), S. 146.
41) Moniteur, 24. 1. 1809.

es Ausnahmen, die „den erhabensten Gedanken, Mensch zu sein, lebendig fassen."[42]) Damit dürfte Westfalen gemeint sein. Diese Gedanken der Humanität mußten also doch noch weiter in die Menschen hineingetragen werden. Der „Moniteur" sorgte für ihre Festigung in Westfalen. Er arbeitete in diesem Sinne weiter und verbreitete eine Nachricht aus Karlsruhe, nach der den Juden in Baden die Bürgerrechte erteilt worden waren. Nach einem Brief aus Glogau wurde von dort das Gleiche gemeldet. (Glogau stand als preußische Festung unter französischem Besatzungsrecht.) „Wir werden also wohl bald alle Regierungen Deutschlands von demselben Geist der Menschlichkeit und Gerechtigkeit beseelt, jene liberalen Grundsätze annehmen sehen, von denen ihnen die aufgeklärte westfälische Regierung zuerst das Beispiel gab,"[43]) schrieb der „Moniteur" zum Schluß verheißungsvoll und stolz über die Mission Westfalens.

Im April 1809 erhob sich der Oberst Freiherr von Dörnberg gegen die Fremdherrschaft. Sein Aufstand war ein Teilunternehmen der für ganz Norddeutschland geplanten Erhebung, die im Zusammenhang mit dem österreichischen Krieg die napoleonische Herrschaft in Deutschland stürzen sollte. Obwohl der Aufstand scheiterte, war durch den Ausbruch des österreichischen Krieges für Kassel immerhin eine ernste Lage entstanden. Der „Moniteur" aber versuchte, alles zu verharmlosen. Getreu seiner Erziehungsarbeit für die Errichtung einer „westfälischen" Nation gebrauchte er für das Königreich das Wort Vaterland, obwohl es im Zuge der „Deutschen Bewegung" um diese Zeit schon für das Reich angewandt wurde. Sein Bericht lautete: „Einige Landleute in den Umgebungen von Kassel haben sich von Menschen verführen lassen, die von Feinden des Vaterlandes erkauft waren. Schon sind diese Agenten ohne Ehre und ohne Hilfsmittel von fast allen den Landbewohnern verlassen worden, welche sie zu einer Zeit, worin die Feldarbeiten notwendig ihre Gegenwart erheischten, ihren Wohnungen entlockt hatten."[44]) Andererseits konnte der „Moniteur" die Ergebenheit der Westfalen, besonders der Einwohner von Kassel, „die sich um ihren König reihen, sobald sie ihn in der geringsten Gefahr glauben",[45]) nicht genug loben. Gleichzeitig erfaßte er die Gelegenheit, den Westfalen ihren König, der ein heldenmütiges Verhalten gegen diesen Aufruhr gezeigt hätte, als treusorgenden Vater seiner Untertanen im Glanze des höchsten Ruhmes vorzustellen. Der König habe die Bewohner versichert, daß er sich nicht von ihnen trennen wolle, „es sei denn, um vorwärts zu marschieren".[46]) Und mit einer weitausholenden Geste schloß der „Moniteur" seinen Bericht

[42]) ebenda.
[43]) Moniteur, 21. 3. 1809.
[44]) Moniteur, 25. 4. 1809.
[45]) ebenda.
[46]) ebenda.

über eine Erhebung aus deutschem Geist: „Die Feinde der öffentlichen Ruhe sollten doch wissen, daß Könige aus Sr. Maj. Dynastie ihr Volk nur verlassen, um zu seiner Verteidigung herbeizueilen."[47]) Die Spalten seiner folgenden Nummern waren mit Ergebenheitsadressen und Treuekundgebungen sowie mit der Aufführung der Namen aller Beamten und Offiziere angefüllt, die zur Belohnung für ihr treues Verhalten befördert worden waren. Von der Bevölkerung im allgemeinen hieß es: „Die Gemeinden des Königreichs beeifern sich, die ehrfurchtsvolle Huldigung ihrer unerschütterlichen Treue und Ergebenheit an Se. Majestät zu den Füßen des Thrones niederzulegen, sie wünschen den Eid, den Dekreten Sr. Majestät Gehorsam zu leisten, zu erneuern, ...und erklären, daß sie am Altar angelobt, sich gegen jeden Aufwiegler und Unruhestifter zu bewaffnen..."[48])

Es fehlte freilich nicht an Ergebenheitsadressen. Trotzdem sah es im Innern des Landes nicht so aus, wie es der „Moniteur", der aus diesem Aufstand gegen eine Fremdherrschaft spontane Treuekundgebungen für Jérôme machte, seinen Lesern vorgaukelte. Westfalen kam im ganzen Jahre 1809 nicht richtig zur Ruhe. — Im Mai brach Schill in westfälisches Gebiet ein. Als in Halle drei Züge seiner Husaren eintrafen, riß die Bevölkerung „die westfälischen Abzeichen nieder."[49]) — Im Juni kam der Herzog von Braunschweig-Oels aus Böhmen und durchzog das Land seiner Väter. „In ganz Westfalen verkaufte man zu dieser Zeit ... trotz aller polizeilicher Verbote... überall die Bilder von Schill, Braunschweig und Andreas Hofer und schmückte damit die Zimmer in Dorf und Stadt, während man den Schinderhannes neben Napoleon hing."[50]) Zur gleichen Zeit brach in Marburg unter Emmerich und Sternberg ein neuer Aufstand los. — Noch im August meldete die Polizei Unruhen aus Schmalkalden und im Oktober aus Neustadt.[51])

Ein ähnliches Verfahren wandte der „Moniteur" bei der Berichterstattung über den österreichischen Krieg an. Die für Frankreich günstigen Ereignisse wurden gewaltig aufgebauscht und die für Napoleon nachteiligen vertuscht und entstellt. Die von Champagny, dem französischen Außenminister, an den französischen Gesandten in Kassel, Baron Reinhard, ergangene Aufforderung, Jérômes Aufmerksamkeit auf die im Königreich erscheinenden Zeitungen zu lenken und sie im österreichischen Kriege für die napoleonische Pressepolitik zu ge-

---

47) ebenda.
48) Moniteur, 2. 5. 1809.
49) Kleinschmidt, S. 266.
50) Kleinschmidt, S. 299.
51) Geheimes Staatsarchiv Berlin-Dahlem, Westfalen R 6 III B Nr. 14.

winnen,[52]) brauchte deshalb beim „Moniteur" nicht noch besonders angebracht zu werden. Dank seiner freimaurerischen Führung arbeitete er schon von selbst mit Eifer in dieser gewünschten Richtung.

Ein Bericht vom Kriegsschauplatz erzählte von der Niederlage der Österreicher in den Gefechten bei Landshut und Eggmühl. Hiernach waren durch die Strafe des Himmels die österreichische Armee „zerstäubt" und „alle ihre Korps .. vernichtet, ..mehr als zwanzig Generäle ..getötet oder verwundet." „Ein Erzherzog ist getötet und zweie sind blessiert." So war es einer Armee ergangen, „welche die französische herauszufordern wagte."[53])

Am 21. und 22 Mai wurde Napoleon, der bisher Unbesiegte, von dem jungen Erzherzog Karl bei Aspern und Eßlingen geschlagen. Diese Tat erregte auch in Kassel Aufsehen, und unter den franzosenfeindlichen Bewohnern herrschte große Begeisterung. Der „Moniteur" versuchte natürlich, den Ausgang der Schlacht zu verschweigen. Auch dann noch, als die am 30. Mai erschienene „Berliner Zeitung" die Wahrheit brachte. Als inzwischen noch das Bulletin der großen Armee in Kassel einlief, das den Sieg der Österreicher zugab, wurde auch dieses nicht veröffentlicht. Die nächste Nummer der „Berliner Zeitung" wurde aus Furcht vor der Begeisterung der Bevölkerung über den österreichischen Sieg beschlagnahmt. Am 3. Juni endlich versuchte der „Moniteur" „höchst läppisch den Artikel (der „Berliner Zeitung") zu widerlegen."[54]) Im Supplement zu dieser Nummer hieß es, die „Berliner Zeitung" habe bekannt gemacht, daß Erzherzog Karl am 21. und 22. Mai die französische Armee geschlagen habe. Dazu sei folgendes zu berichten: „Dieser Artikel enthält solche augenscheinlichen Irrtümer, daß man sie für nichts anders als Druckfehler ansehen kann. Seite 1 also, Zeile 4 und 5, statt der Erzherzog Karl die französische Armee geschlagen habe, lies: von der französischen Armee geschlagen worden sei."[55]) Dabei scheute der „Moniteur" nicht davor zurück, sich als den Verkünder der lauteren Wahrheit hinzustellen, während er der „Berliner Zeitung" freches Lügen vorwarf: „Es läßt sich nicht bezweifeln, daß die neuern Details, welche man über diese Schlacht bekannt machen wird, mit folgendem Bulletin übereinstimmen werden, dem einzigen glaubwürdigen Bulletin unter den vielen, welche ohnmächtige Wut und wahnsinnige Hoffnung, den augenscheinlichsten Tatsachen zum Trotz, täglich hervorbringen."[56])

---

[52]) „Il est important qu'elle (la rédaction) soit confiée à des hommes habiles et sûrs qui, lisant avec soin les gazettes de Vienne et de Presbourg, s'attachent à réputer et à combattre surtout par l'arme toute puissante du ridicule ses articles de ces gazettes qui pourraient être dirigés contre la France ou la Confédération du Rhin." Champagny an Reinhard, o. O., 21. 1. 1809, Du Casse, Rev. histor., XV, 407.

[53]) Moniteur, 25. 4. 1809.

[54]) Kleinschmidt, S. 280.

[55]) Supplement des Moniteur vom 3. 6. 1809.

[56]) Moniteur, 3. 6. 1809.

Am 14. Januar 1810 überschrieb Napoleon seinem Bruder Jérôme das Land Hannover. Als dieser Anfang August mit großem Pomp in der Stadt Hannover einzog, verhielt sich die Bevölkerung im ganzen sehr zurückhaltend, und der „Moniteur“ mußte sich darauf beschränken, die ihrem alten Landesherrn noch erhaltene Treue gnädig anzuerkennen. Damit glaubte er, die Hannoveraner für Westfalen gewonnen zu haben, und schrieb zufrieden: „Mit vorzüglicher Auszeichnung haben S. M. die Militärpersonen aufgenommen, welche Ihr der General Hammerstein vorstellte und in den Zügen dieser alten Krieger las man die Gefühle der ehrfurchtvollen Freude, welche die Versicherung der Teilnahme und Achtung für die dem Fürsten und dem Vaterlande geleisteten Dienste, welche Se. Majestät ihnen gaben, erweckte.“[57]) Tatsächlich blieb auch „der Bürgerstand in seinen guten Schichten eiskalt und der Adel zeigte offen seine Antipathie.“[58]) Das hinderte den „Moniteur“ aber nicht, sämtliche Ernennungen, die Jérôme unter den Angehörigen des hannoverschen Adels vorgenommen hatte, als feststehend und gültig bekanntzugeben. Dabei hatten drei von sieben Adligen, die Jérôme zu Kammerherren oder Ehrenstallmeistern machen wollte, diese ungefragten Ernennungen abgelehnt.[59])

Der „Moniteur“ konnte auch in diesem Jahre über die Feiern zum Geburtstag des Königs mit ebenso zahlreichen wie untertänigen Berichten aufwarten. Am 21. 9. 1810 brachte er eine Schilderung von der Geburtstagsfeier in der Einbecker Loge, die in dem grandiosen Satz ausklang: „Überall herrschte die lebhafteste, ungeteilteste Freude, und noch hallt überall der Freudenruf wider: ‘Es lebe der König, es lebe die Königin!’.“

Am 22. Juli 1811 konnte der „Moniteur“ wieder einmal die Gelegenheit ergreifen, den Segen der liberalen Ideen des westfälischen Staates zu preisen. Anlaß dazu gab ihm die Einweihung eines neuen Tempels für die Juden in Witzenhausen. Der „Moniteur“ sprach dabei die berechtigte Erwartung aus, daß auch die durch den liberalen Geist der Zeit erzeugte Annäherung der verschiedenen Religionen[60]) mit zur Bildung eines westfälischen Staatsbürgertums beitragen werde.

Die Verquickung von Tradition mit französischer, liberaler Herrschaft in der Form der westfälischen Nation brachte er wieder einmal in einem Bericht über die Huldigung der Bergleute des Harzes zum Ausdruck. Der „Moniteur“ schrieb: „...endlich der interessante Anblick einer ganzen Volksmenge, welche gekommen war, ihren

---

57) Moniteur, 4. 8. 1810.

58) Kleinschmidt, S. 380.

59) a. a. O., S. 381.

60) Bei der Einweihung wurde für jüdische und protestantische Religionsangehörige gesammelt.

Herrscher zu feiern nach Art ihrer Väter und dem treu bewahrten Brauch uralter Zeit..“[61])

Die im Jahre 1811 abgedruckte Geburtstagsrede für Jérôme vom Präsidenten der Oberrechnungskammer, dem Freimaurer Patje, konnte der „Moniteur“ ebenfalls den Beiträgen zur Schaffung eines westfälischen Nationalgefühls beigesellen. In dieser Rede waren das „gemeinsame Glück und die gemeinsamen Gefühle“, die alle Bürger dem Monarchen entgegenbrächten, als die Kräfte aufgezeigt worden, welche die verschiedenen „Völker“ zu einer Familie, zur westfälischen Nation vereinigten.[62]) Der „Moniteur“ selber aber fand für die bei der Melsunger Geburtstagsfeier zum Ausdruck gebrachte Einheit von Monarch und Untertanen die schönen Worte: Aus ihr erwachse die „Blumenkette künftigen Völkerglücks“.[63]) Das Glücksgefühl der Bevölkerung war indessen nicht so überschäumend, wie es der „Moniteur“ beschrieb. Sogar in Kassel war es so, daß zum Beispiel an diesem Tage „die Illumination der Stadt erbärmlich“[64]) ausgefallen war.

Am 30. November des Jahres nahm der „Moniteur“ eine Rede des Freimaurers und Maires von Kassel, des Freiherrn von Canstein, auf. Dieser war durch die Gefahr, in der der König während des am 24. November erfolgten Schloßbrandes geschwebt hatte, zu einer erneuten Treuekundgebung bewogen worden. In den nächsten Tagen konnte der „Moniteur“ nochmals mit einigen Artikeln der Verherrlichung des Königs dienen und damit die Anhänglichkeit der Untertanen vertiefen. Der König hatte der Stadt Kassel und den einzelnen Präfekturen seine Büste geschenkt. Im „Moniteur“ erschienen darauf die Weihereden von zwei Präfekten. Beide waren Freimaurer und huldigten dem König, der Verfassung und ihrem gemeinsamen Ziel, der Verbrüderung der Menschheit.[65])

Gleich zu Anfang des Jahres 1812 stellte der „Moniteur“ freudig fest, daß das Werk der Aufklärung und der Menschlichkeit wieder einen Fortschritt gemacht habe. Er meldete, im Großherzogtum Frankfurt stehe die Judenbefreiung bevor. Da die Juden dort aber so zahlreich waren, daß man ihr Auftreten besonders zu spüren bekam, war die allgemeine Stimmung für eine Gleichberechtigung gar nicht günstig. Der „Moniteur“ sagte aber zufrieden aus, daß man dort „Riesenschritte in Kultur und Aufklärung getan“ habe und daß „der Geist des Wuchers der ihnen (den Juden) sonst so sehr zum Vorwurf gereichte,.. von ihnen gewichen (sei), seitdem man ihnen mehrere Zweige des Erwerbes geöffnet“[66]) habe. Von dieser Milieutheorie gänz-

---

[61]) Moniteur, 8. 8. 1811.
[62]) Moniteur, 17. 11. 1811.
[63]) Moniteur, 24. 11. 1811.
[64]) Kleinschmidt, S. 451.
[65]) Rede des Präfekten des Elbe-Departements von der Schulenburg-Emden, Moniteur vom 1. 12. 1812 — Rede des Präfekten des Werra-Departements von Trott, Moniteur vom 9. 12. 1811.
[66]) Moniteur, 5. 2. 1812.

lich befangen, hoffte er, daß die Juden nun das Herumlaufen aufgeben und sich dem Handwerk und den Künsten widmen würden. Der Jude sei erst und nur durch die ihm auferlegten Einschränkungen im bürgerlichen Leben zu keinem rechten Gewerbe und damit zu seinem sittlichen Tiefstand gekommen. Ein Moment, das im Kampf um die Judenemanzipation immer wieder aufgetreten ist und das sich besonders die Juden selber zu eigen gemacht hatten.

Am 22. Juli des Jahres veröffentlichte der „Moniteur" eine Äußerung des Freimaurers und Präfekten für das Elbe-Departement Bercagny der sich für die Gleichsetzung der jüdischen Religion ausgesprochen hatte. Allein mit einer Duldung wäre es nicht getan. Die Juden hätten die gleichen Rechte und Ansprüche auf staatliche Hilfe wie die anderen Religionen. Bercagny wollte deren strenge Durchführung beachten.

Im Feldzug Napoleons gegen Rußland hatte Jérôme den Oberbefehl über den rechten Flügel der großen Armee, zu dem das westfälische Heer gehörte. Infolge seiner Unfähigkeit kam es zu Streitigkeiten mit dem Marschall Davoust und dem Kaiser. Als Jérôme daraufhin nach Kassel zurückkehrte, übernahm der „Moniteur" mit gewohntem Geschick die heikle Aufgabe, der Bevölkerung die wahren Gründe zu verbergen und die Rückkehr des Königs schonend mitzuteilen. Er meldete am 8. August, die Heimkehr sei aus gesundheitlichen Rücksichten erfolgt, da der König unter der Unbeständigkeit des Klimas sehr gelitten habe.

Zum Geburtstag des Königs erschien in diesem Jahr ein Bericht über die Feier der Magdeburger Freimaurerloge, deren Ergebenheit und Westfalentreue der „Moniteur" damit öffentlich bekannt machte. In dem Bericht hieß es: „Bei Sonnenuntergang trat eine allgemeine Erleuchtung an die Stelle des Tages. Man bemerkte vor allem das Hotel des Herrn Divisionsgenerals, Gouverneurs der Festung und des Herrn Waffenkommandanten, die Freimaurerloge, das Hotel der gesamten Kommission, die Mairie usw. — Tags darauf war große Mauerloge; nachdem die Arbeiten geschlossen und mehrere Reden, welche alle die reinste Anhänglichkeit an den König atmeten, gehalten waren, feierte der Verein einheimischer und fremder Brüder bei einem frohen Mahle das Fest Westfalens."[67])

Während die kümmerlichen Reste der westfälischen Armee, die in Rußland auf Bataillonsstärke zusammengeschrumpft war, wieder in die Heimat rückten, erhob sich das deutsche Volk zum Entscheidungskampf gegen Napoleon. Der „Moniteur" wußte, was jetzt auf dem Spiele stand und bearbeitete die Volksmeinung erneut mit seinem alten Thema von der beglückten und untertänigen Ergebenheit

[67]) Moniteur, 20. 11. 1812.

aller Westfalen gegenüber Jérôme. In Preußen strömte die Jugend in die Freiwilligenbataillone, um die Franzosen aus ihrem Lande zu jagen. Der „Moniteur" meldete von seinem Lande „völlige Ruhe und Zufriedenheit" und ließ „die Westfalen von allen Klassen der Gesellschaft.. in Liebe und Ergebenheit für ihren Monarchen wetteifern."[68]) Ganz im Gegenteil zu der Aufregung und Unruhe bei den anderen wären die Westfalen „weit glücklicher, als ihre meisten Nachbarn." Die westfälische Armee, die man jetzt mit größtem Eifer neu aufzustellen versuchte, wäre „beseelt von dem besten Geiste" und verlangte „bloß Gelegenheit, den Ruhm zu bewähren, den sie bereits errungen." Noch am 30. März 1813 druckte der „Moniteur" mit Dreistigkeit: „aber es gibt auch kein Land, wo die Konskription schneller vonstatten ginge, und die Desertion seltener wäre."

Die Ereignisse gingen aber über diese Lügenmanöver des „Moniteur" hinweg, und er mußte sich mit seinen eigenen Waffen schlagen lassen. Seine Lüge, daß niemand im westfälischen Heer ans Desertieren denke, mußte er selbst durch die Veröffentlichung von Dekreten gegen die Desertion widerlegen.[69]) Am 20. April gab er sogar bekannt, daß man sechs Deserteure erschossen, und am 18. Mai, daß man 183 zum Tode verurteilt hätte. Tatsächlich war auch eine allgemeine Desertion im Gange, und überall versuchte man, Freiwilligenverbände aufzustellen. „Auch unter den Studenten der drei Hochschulen regte es sich mächtig, viele traten in Lützows Freikorps oder zu anderen Abteilungen der alliierten Heere.."[70]) Der „Moniteur" aber berichtete noch im Mai unbekümmert von Göttingen, daß die Stadt und die Universität inmitten des Waffengetöses in Deutschland einer glücklichen Insel glichen, pries den ungestörten Fortgang der Vorlesungen und die große Anzahl der Studierenden.[71])

An dem Königreich wurde von innen und außen gerüttelt. Der „Moniteur" mußte alle Register seiner Fertigkeiten ziehen, um überhaupt noch Schritt halten und eine Wirkung erzielen zu können. Der Jude Salomon schreibt dazu: „Noch schlimmere journalistische Kunststücke mußte aber der ‚Moniteur' machen, als sich die Katastrophe des Königreichs im Jahre 1813 vorbereitete und schließlich alles zu wanken begann. — Weiterhin suchte er die Mißerfolge der französischen Waffen so lange wie möglich zu verschweigen." Er brachte „vollständig erfundene Berichte zugunsten der französischen Waffen, ..um alle Hoffnungen der deutsch Gesinnten so tief wie möglich herabzudrücken."[72])

Den Übertritt des Obersten William Freiherr von Hammerstein zu den Österreichern in der Nacht vom 22. zum 23. August veröffent-

[68]) Moniteur, 15. 3. 1813.
[69]) Ein solches brachte er z. B. am 14. April des Jahres.
[70]) Kleinschmidt, S. 565 f.
[71]) Moniteur, 18. 5. 1813.
[72]) Salomon (Jude), S. 147 f.

lichte der „Moniteur“ erst am 6. September, und zwar gleichzeitig mit einer Ergebenheitsadresse vieler westfälischer Offiziere, womit die verheerende Wirkung abgeschwächt werden sollte. Die Nachrichten vom Kriegsschauplatze selbst waren sehr spärlich, da sie nichts Günstiges aussagen konnten. Schließlich mußte sich der „Moniteur“ notgedrungen dazu bequemen, einiges zu bringen. So berichtete er einen ganzen Monat nach dem Tage der Schlacht bei Großbeeren (23. August 1813) in harmloser Weise, daß der Marschall Oudinot in diesem „Gefechte.. nicht glücklich war“ und sich zurückziehen mußte. Der Marschall Ney hätte sich, von Bülow angegriffen, mit einigen Verlusten nach Torgau gewandt. Doch am Schluß setzte der „Moniteur“ besänftigend hinzu: „Der Verlust des Feindes muß auch sehr groß gewesen sein.“[73])

Die Verbündeten rückten immer weiter vorwärts, und einzelne Streifen gelangten schon auf westfälisches Gebiet. Am 28. September erschien der russische General Tschernischew mit einem Streifkorps vor Kassel. Er konnte in die Unterneustadt einbrechen und nahm, nachdem die Verteidiger des Tores davongelaufen waren, das Kastell der Stadt. Tschernischew brach das Unternehmen aber wegen eines anderen Planes bald wieder ab. In dieser Zeit ergriff Jérôme die Flucht. Während des Angriffes herrschte in der Stadt „große Verwirrung.“[74]) „Die Bürgerschaft hatte (allerdings!) keine Partei für die Russen ergriffen.“[75]) Über die Russen, die aus freien Stücken wieder gegangen waren, berichtete der „Moniteur“, nachdem er sich wieder erholt hatte, im alten Tone: „Einige hundert Kosaken erschienen gestern vor der Stadt, wurden aber dergestalt empfangen, daß ihnen die Lust vergehen mußte, wiederzukommen. Nach beträchtlichen Verlusten flüchteten sie sich durch die Wälder. Die Ruhe der Stadt ist keinen Augenblick unterbrochen worden, und die Einwohner sowie die Truppen haben sich vollkommen gut betragen.“[76]) So harmlos wie der „Moniteur“ diese Russen schilderte, sollten sie indessen nicht sein. Tschernischew kehrte schon am nächsten Tage zurück und belagerte Kassel aufs neue. Unter dem Druck der Einwohnerschaft mußte die Besatzung schließlich die Stadt übergeben. Wenn auch gewiß Gefangene aus dem Kastell unter denen waren, die einige Soldaten angefallen, ihnen die Waffen zu entreißen versucht und sogar den französischen General Allix belästigt hatten, so war es doch weit mehr als der Überfall eines wütenden Haufens, denn der größte Teil der Bevölkerung hatte sich gegen die westfälischen Soldaten erhoben und den einziehenden Russen zugejubelt. Tschernischew proklamierte die Auflösung des Königreichs West-

[73]) Moniteur, 26. 9. 1813.
[74]) Kleinschmidt, S. 615.
[75]) Kleinschmidt, S. 619.
[76]) Moniteur, 29. 9. 1813.

falen, und es wurde eine Regierungskommission gegründet. Hierauf rückte er wieder ab.

Doch die entscheidende Schlacht bei Leipzig war noch nicht geschlagen, und am 7. Oktober zogen wieder westfälische Truppen in Kassel ein. Der „Moniteur", der seine Tätigkeit für zehn Tage eingestellt hatte, trat nun sofort mit einem Bericht über die Vorfälle der letzten Zeit an die Bewohner heran. Für die aus einem deutschen Freiheitsgefühl heraus geschehenen Taten der Einwohner hatte er folgende Worte: „(Heftige Auftritte) von Seiten eines trunkenen, sinnlos wütenden Pöbels. Einige verwiesene Studenten, entwichene Gefangene, herbeigelaufene Elende, meist alle der Stadt Fremde hatten sich ihnen zugesellt. Dieses Gesindel entwaffnete die Soldaten. Einige Kosaken, welche in die Stadt eingedrungen waren, wurden mit Jubelruf und im Triumph empfangen. Die Husaren wurden beleidigt, mißhandelt; man wollte den General in Stücken hauen."[77]) Weiter lobte der „Moniteur" die Tapferkeit der westfälischen Truppen und log frech, der König, der bis Koblenz geflüchtet war und erst am 13. Oktober von dort zurückreiste, sei in die Flanke des Feindes marschiert. Am 16. des Monats sahen die Bewohner von Kassel Jérôme wieder in die Stadt einziehen. In der Folgezeit brachte der „Moniteur" weiterhin wenig und nur Belangloses vom Kriegsschauplatz. Er „füllte seine Spalten mit Pariser, spanischen und türkischen Nachrichten; erwähnte er etwas von der Armee in Sachsen, so fiel es lakonisch oder läppisch aus."[78])

Nach dem 19. Oktober, dem letzten Tag der Schlacht bei Leipzig, machte der „Moniteur" die größten Anstrengungen, durch irreführende Meldungen der Bevölkerung die Nachricht von der Schlacht und ihrem Ausgang zu verbergen. Am 23. Oktober setzte er seinen Lesern folgende Falschmeldung vor: „Der Graf Bertrand, Befehlshaber des 4. Armeekorps, schreibt aus Weißenfels unterm 19 ten dieses Monats, um 9 Uhr abends: 'Wir haben den Feind auf allen Punkten geschlagen. Der Kaiser befindet sich wohl'."[79]) Noch am 28. berichtete er, einer Meldung aus Paris zufolge, von einem französischen Sieg bei Naumburg, obwohl der Ausgang der Schlacht bei Leipzig schon am 25. in Kassel bekannt geworden war.[80]) Bei Naumburg habe der Marschall Augerau „800 Mann ..zusammengehauen oder gefangen genommen, ..und die feindlichen Streifparteien, welche bis Weimar gekommen waren, (hätten) sich eiligst zurückgezogen."[81]) — Von der Schlacht bei Leipzig verlautete kein Sterbenswörtchen. Aber man konnte unter Pariser Nachrichten lesen, daß „vor einigen Tagen ..ein

[77]) Moniteur, 9. 10. 1813.
[78]) Kleinschmidt, S. 641.
[79]) Moniteur, 23. 10. 1813.
[80]) Brunner, S. 350.
[81]) Moniteur, 28. 10. 1813.

lebendiges Seekalb angekommen" sei, das Pfötchen und „selbst mehrere Küsse"[82]) gäbe, wenn man es von ihm verlange. Auf diese Weise war es tatsächlich gelungen, den Ausgang der Schlacht acht Tage lang zu verheimlichen.[83])

Der König hatte schon am 26. Kassel verlassen. Am nächsten Tage folgten die übrigen Franzosen. Diesen wenig ruhmvollen Abzug verschönerte der „Moniteur" in seinem Bericht vom 27. 10. in altbewährter Weise. Er schrieb: „Seine Majestät der König finden sich durch den Drang der Zeitumstände veranlaßt, sich von Ihren Staaten zu entfernen. Indem Allerhöchstdieselben auf einige Zeit solches verlassen, haben Se. Majestät das Zutrauen zu den biederen Gesinnungen Ihrer getreuen Untertanen, daß sie sich fernerhin mit eben der Ergebenheit und derselben Ruhe, wodurch sie sich immer ausgezeichnet haben, betragen werden."[84])

Zwei Tage darauf meldete der „Moniteur" schon den Einzug der Verbündeten in Kassel. Dieser sei von dem lauten Jubelruf der Einwohner begleitet gewesen und bedeutete „ein sicheres Unterpfand (der) künftigen Ruhe" für die Bürger.[85]) Im Zuge des Umbruchs der politischen Verhältnisse war der „Moniteur" ebenfalls in die neue Front eingeschwenkt. Am 2. November erschien die Zeitung wieder unter dem alten Namen „Allgemeine Kasselsche Zeitung" und nur in deutscher Sprache. Napoleon, den man erst so verherrlicht hatte, war jetzt der kleine Gernegroß einer längst überwundenen Episode. Er, der es gewagt hatte, „auf den getretenen Rechten der Monarchen und der Völker"[86]) sein Reich errichten zu wollen, hatte nun „in wenigen, ewig denkwürdigen Tagen den entscheidenden Stoß erhalten."[87]) Die Ausgabe des 23. November brachte in hochtrabenden Worten den Einzug des Kurfürsten in Kassel, mit dem „Glück und Freiheit und alte deutsche Herzlichkeit" zurückgekehrt waren. — Damit hatte der „Moniteur" seine wenig ruhmvolle Tätigkeit mit einer noch unrühmlicheren Tat abgeschlossen.

Ein Kasseler Heimatgeschichtler urteilt über ihn: „Das Organ vertrat ausgesprochen die Ansicht des neuen Königs und seiner Regierung und unterdrückte alles das, was jenen unangenehm war."[88]) Und an anderer Stelle: „Überhaupt leistete sich das Blatt viel in der Verherrlichung des Königs."[89]) Selbst der Jude Ernst Salomon schreibt über den „Moniteur", daß er „das Möglichste in der Verherrlichung des

[82]) ebenda.
[83]) Brunner, S. 350.
[84]) Moniteur, 27. 10. 1813.
[85]) Moniteur, 29. 10. 1813.
[86]) Moniteur, 2. 11. 1813.
[87]) Moniteur, 23. 11. 1813.
[88]) W. Kaulfuß, S. 325.
[89]) dasselbe in: Hessenchronik, 1. Jg., 1912, S. 260.

Herrscherpaares und der Fälschung der Berichte über die Stimmung und die Zustände im Lande leistete."[90])

Murhard selbst bemühte sich in der Folgezeit eifrig, die Redaktion einer Kasseler Zeitung an sich zu bringen. Er wurde aber vom Kurfürsten als Staatsfeind betrachtet und zog es schließlich vor, Hessen zu verlassen. Sein zum Schluß gezeigter Gesinnungswechsel bestätigte nur erneut den durch die freimaurerische Weltanschauung bedingten Indifferentismus.

II. Westfälische Freimaurer im Offizierskorps.

Die auf rein staatlichem Denken aufgebaute Wehrverfassung des Königreichs verbot den in Westfalen ansässigen Soldaten, in einem anderen als dem westfälischen Heere zu dienen.[1]) Trotzdem geschah es, daß Westfalen „in fremden Diensten geblieben waren,"[2]) sich der Konskription widersetzten oder sogar desertierten. Von den Offizieren traten die meisten in westfälische Dienste; auch ehemalige preußische Offiziere.[3])

In den Logen stellten die Offiziere eine große Anzahl der Mitglieder. Der an den Staat, nicht an das Volk gebundene Dienstbegriff des Offiziers dieser Zeit verband sich hier mit dem freimaurerischen Staatsbegriff, der ebenfalls nicht auf völkischer Grundlage ruhte. Darüber hinaus hatte sich das Offizierskorps der damaligen Staaten seit geraumer Zeit weniger mit militärischen als vielmehr mit philosophischen, philantrophischen und pazifistischen Fragen befaßt. Das westfälische Offizierskorps hatte überdies noch eine völlig internationale Zusammensetzung, so daß es dem maurerischen Bruderbunde schon sehr nahe kam. Es bestand zu 80% aus Offizieren fast aller deutschen Staaten, besonders natürlich derjenigen, die im Königreich Westfalen aufgegangen waren; dann zu 15% aus Franzosen und zu 5% aus Offizieren der verschiedensten Nationalitäten wie Holländern, Schweden, Dänen, Polen und Russen.[4])

Im Durchschnitt betrug der Anteil der Offiziere in den Logen 10 bis 20% der Mitglieder. Allein durch diese große Anzahl muß den freimaurerischen Offizieren schon eine politische Bedeutung für das westfälische Heer beigemessen werden. Eine Loge überstieg diesen Prozentsatz in hohem Maße, die königliche Loge „Hieronymus Napoleon zur Treue". Sie hatte 24 % Offiziere unter ihren Brüdern, im

[90]) Salomon (Jude), S. 143.

[1]) Dekret vom 9. 1. 1808.

[2]) Kleinschmidt, S. 114 f.

[3]) Das westfälische Heer bestand zu 10% aus ehemaligen preußischen Offizieren. Lünsmann, S. 126.

[4]) Lünsmann, S. 126.

Jahre 1812 sogar 31 %.[5]) In den Logen in Magdeburg[6]) und Halle[7]) befanden sich eine Anzahl preußischer Offiziere.

Der Großorient nahm unter den Logen natürlich eine besondere Stellung ein. 1809 gehörten der Mutterloge fünf Offiziere an. Das waren zahlenmäßig 4,5%. Bei der Stellung dieser Offiziere aber besagt diese Mengenangabe wenig. Denn unter diesen fünf Offizieren standen vier im Range eines Oberstleutnants, drei gehörten dem Hofstaat und gleichzeitig der Obersten Leitung der Großloge an: Wilhelm Freiherr Treusch von Buttlar-Brandenfels, Ernst Constantin Prinz zu Hessen-Philippsthal und Ferdinand Freiherr von Zandt. Von Buttlar war Substituierter Großmeister und hatte den höchsten, den 7. Grad inne. Er war praktisch Leiter der Logenarbeiten im Großorient, da Siméon nur dessen Beziehungen zum Staat regelte.[8]) Er war aus kurhessischen Diensten gekommen und im Januar 1808 als Revuen-Inspektor (Verwaltungsbeamter des westfälischen Heeres) in westfälische Dienste getreten.[9]) Schon 1809 avancierte er zum Oberst und Präfekten des königlichen Palastes und begleitete die Königin im November desselben Jahres auf ihrer Reise nach Frankreich. 1810 wurde ihm als Oberst und Oberkommandanten die Führung der National-Garde in Kassel übertragen. Diese Truppe war 1808 in allen größeren Städten Westfalens aufgestellt worden. In ihr dienten alle Einwohner vom 20. bis 60. Lebensjahr, die wirtschaftlich einigermaßen gut gestellt waren und also zu den „wohlhabenderen Bürgern" gehörten.[10]) Sie „wurde mit zum Wachtdienst herangezogen und paradierte bei feierlichen Angelegenheiten."[11]) Zu ihrem Verwaltungsrat gehörten der Präfekt, der Polizei-Präfekt und der Maire. Es handelte sich also um eine reine Bürgergarde, die alle positiv zum Staat eingestellten Bürger erfassen und dadurch den neuen Staat weiterhin, und zwar von innen her, festigen sollte. Der „Moniteur" nannte als Aufgabe der National-Garde: „den Gehorsam gegen die Gesetze aufrechtzuerhalten."[12]) 1813 zog es von Buttlar vor, dem General Allix zu folgen, als dieser nach der Kapitulation von Kassel die Stadt verließ. Die National-Garde war dadurch ohne Führung und mußte einem anderen Offizier übertragen werden. Auf diese Weise beendete dieser Angehörige des Hofstaates, der in seiner Hand die Führung

---

[5]) Mitgliederliste der Loge „Hieronymus Napoleon zur Treue" in Kassel, 1812. Archiv der Großloge von Hamburg, Logenkorrespondenz auf die Jahre 1812—1814.

[6]) Mitgliederliste der Loge „Ferdinand zur Glückseligkeit" in Magdeburg, 1808. Archiv dieser Loge, Mitgliederverzeichnisse von 1790—1862/63.

[7]) Mitgliederliste der Loge „Zu den drei Degen" in Halle, 1808. Geheimes Staatsarchiv Berlin-Dahlem, Westfalen R 6 III A Nr. 1, Akta des Ministeriums des Innern, die Freimaurerei betr. Schreiben dieser Logen an den Minister des Innern, Halle, 24. 5. 1808.

[8]) Mitgliederliste der großen Mutterloge von Westfalen, 1809, Nr. 2. Archiv der Loge „Archimedes zu den drei Reißbrettern", Altenburg, Nr. 8.

[9]) Kleinschmidt, S. 59. Anm. 4.

[10]) Lünsmann, S. 273.

[11]) ebenda.

[12]) Moniteur, 24. 1. 1808.

der Freimaurerei und des militärisch-politisch organisierten Bürgertums vereinigte, seine westfälische Laufbahn wenig ruhmvoll.

Der zweite Angehörige des Hofstaates, Ernst Constantin Prinz zu Hessen-Philippsthal, war ebenfalls Freimaurer im höchsten Grad. 1808 noch Zweiter Großvorsteher des „Großorients",[13]) rückte er bereits 1809 zur Stelle des Ersten Großvorstehers auf, die er auch die ganze Zeit über behielt.[14]) Er stand damit an vierter Stelle in der Großlogenführung.

Der dritte Bruder des „Großorients", der dem Hofstaate angehörte, war der Oberstleutnant und Ehren-Stallmeister des Königs, Ferdinand Freiherr von Zandt. Er war 1808 Siegelbewahrer der Loge „Hieronymus Napoleon zur Treue"[15]) und Mitglied des „Großorients" im höchsten Grad. 1809 stieg er in der Großloge zum Groß-Siegelbewahrer auf.[16])

Neben diesen drei Höflingen stand der Oberst Karl Friedrich von Melzheimer, ebenfalls Freimaurer im höchsten Grad.[17])

Die Loge „Hieronymus Napoleon zur Treue" konnte bis 1812 unter ihren Brüdern 24% Offiziere aufweisen. Außer den obengenannten vier Offizieren des „Großorients" befand sich in dieser Loge der Freimaurer-Meister und Erste Steward[18]) Ernst von Spiegel zum Diesenberg.[19]) In seiner militärischen Stellung war er Oberst und Kommandant der Präfektur-Garde. Diese Truppe, auch „Departemental-Kompagnien" genannt, war für jedes Departement eingeführt, stand dem Präfekten zur besonderen Verfügung und leistete der Polizei Hilfsdienste. Die militärische Bedeutung des Obersten von Spiegel ergänzte sich also durch seine Eigenschaft als Kommandant der Präfektur-Garde mit der des freimaurerischen Kommandanten der National-Garde, Oberst von Buttlar.

Unter den Mitgliedern der Loge „Hieronymus Napoleon zur Treue" befand sich auch der Oberst von Dörnberg. Der von ihm gegen Jérômes Königreich entfesselte Aufstand hatte enge Beziehungen zur Freimaurerei Westfalens. — Wilhelm Kaspar Ferdinand Freiherr von Dörnberg entstammte einem althessischen Geschlecht, in dem der Beruf des Diplomaten und des Offiziers Tradition geworden war. Er trat 1796 aus hessischen in preußische Dienste über. Durch seine Herkunft war er mit Gründung des Königreichs Westfalen dessen

---

[13]) Mitgliederliste der Großen Mutterloge von Westfalen, 1808, Nr. 4. Archiv der Loge „Zu den drei Pfeilen" in Nürnberg, Listen A Nr. 1 a 90 incl. 1805/09, Nr. 73.

[14]) Mitgliederliste der Großen Mutterloge von Westfalen, 1809 ff., Nr. 4, a. a. O.

[15]) Mitgliederliste der Loge „Hieronymus Napoleon zur Treue", 1808, Nr. 22. Archiv der Loge „Zu den drei Pfeilen", Nürnberg, a. a. O.

[16]) Mitgliederliste der Großen Mutterloge von Westfalen, 1809, Nr. 11, a. a. O.

[17]) a. a. O., Nr. 15.

[18]) Das Amt des Steward entspricht dem des Schaffners, der für die Tischordnung verantwortlich und bei Empfängen zugegen ist.

[19]) Mitgliederliste der Loge „Hieronymus Napoleon zur Treue", 1808, Nr. 23, a. a. O.

Staatsbürger geworden und durfte nicht in preußischen Diensten bleiben. Er bekam daher seinen Abschied und wurde als Major entlassen. Er wollte jedoch nicht in westfälische Dienste treten, sondern von seinem Gute aus in Hessen im Sinne des Tugendbundes wirken. Er führte dort ein zurückgezogenes Leben, um einer Einladung zum westfälischen Heeresdienst auszuweichen. Bald erreichte ihn jedoch ein Angebot des Kriegsministers Morio, in die westfälische Armee einzutreten. Dörnberg, der bei Ablehnung Verdacht erregt hätte und damit fürchten mußte, unter polizeiliche Beobachtung gestellt zu werden, nahm an und begann am 29. Dezember 1807 seinen westfälischen Militärdienst als Bataillonschef der Garde-Grenadiere. Er schrieb selbst dazu, daß es ihm dadurch möglich geworden wäre, „nun noch besser zu unserem Zwecke arbeiten zu können."[20]) „Seine bedeutenden Eigenschaften machten ihn zum Lieblinge Jérômes, der ihm bald vertraute und ihn mit Güte überhäufte".[21]) Im Mai 1808 schwur Dörnberg Jérôme den Treueid.

Als in Marburg ein zur Garde gehörendes Bataillon Jäger-Karabiniers aufgestellt werden sollte, wurde Dörnberg unter Ernennung zum Oberst und Kommandeur damit beauftragt. Diese Truppe sollte aus gedienten Jägern und Förstersöhnen aufgebaut und „mit der Aufsicht der königlichen Jagden und Forsten" betraut werden.[22]) Das Bataillon bestand also zum großen Teil aus Einheimischen und Landeskundigen. Der Sitz dieser Truppe in Marburg, mitten in Althessen, und ihre Zusammensetzung ließen in Dörnberg den Plan reifen, von dort aus mit den Jägern als Kerntruppe den Aufstand zu entfachen. Die Jäger waren bald gewonnen, und von den Offizieren hielten die Leutnante von der Gröben, von Bothmer — beide aus preußischen Diensten — und der Leutnant Schmalhaus zu ihm. Verschiedene Offiziere hatte er wohl gar nicht für das Unternehmen zu gewinnen versucht, da er sie dann als Spione fürchten zu müssen glaubte.[23])

Während Dörnberg unter den Offizieren und beim hessischen Landadel Anhänger gewann, warb Sigmund Peter Martin, damals Friedensrichter in Frielendorf, unter dem Landvolk. Der von Dörnberg geplante Aufstand sollte mit Martin gemeinsam unternommen werden. Beide Anführer waren Brüder-Lehrlinge der Loge „Hieronymus Napoleon zur Treue".[24]) Martins Vater, der Metropolitan von Homberg,

---

[20]) Dörnberg-Bülau, S. 412.

[21]) Kleinschmidt, S. 233.

[22]) Lünsmann, S. 165.

[23]) Dörnberg-Bülau, S. 413. — Auf Grund der gezeigten westfalentreuen Einstellung der Freimaurer im Königreich Jérômes darf die Vermutung ausgesprochen werden, daß die Zugehörigkeit eines Offiziers der Jäger-Karabiniers zur Loge Dörnbergs zumindest als starkes Unsicherheitsmoment angesehen werden muß. Es handelte sich um den Kapitän Quartiermeister Kaulitz. Mitgliederliste dieser Loge, 1808, Nr. 87, a. a. O.

[24]) Mitgliederliste der Loge „Hieronymus Napoleon zur Treue", 1808, a. a. O., Dörnberg, Nr. 96, Martin Nr. 70.

Johann Christian Martin, Bruder im Meistergrad in derselben Loge,[25]) wußte von der Verschwörung,[26]) kannte jedoch nicht ihren Plan.[27])

Der Aufstand war als eine Teilhandlung der bei Ausbruch des österreichischen Krieges geplanten Erhebung Norddeutschlands gedacht. Dörnberg unterhielt ständige Verbindung mit Scharnhorst und Gneisenau und auch mit England. Er war in die damaligen Aufstandspläne, die in Deutschland umliefen, völlig eingeweiht und nahm Anfang 1809 Beziehungen zu Schill auf. Dieser sollte von der Elbe her den Leutnanten Katte und Hirschfeld zu Hilfe kommen, die in Magdeburg losschlagen wollten. Der Herzog von Braunschweig-Oels und die hessische Legion des in Böhmen befindlichen Kurfürsten von Hessen, der von Dörnberg eingeweiht worden war, sollte von Südosten her nach Westfalen vorrücken, während Dörnberg selbst in Kassel den König und die Generäle gefangen setzen wollte. In der Hoffnung auf einen siegreichen Ausgang des österreichischen Krieges und im Glauben, mit der Woge dieses Aufstandes die gesamte Bevölkerung Norddeutschlands mitzureißen, rechnete man mit der Erhebung des ganzen deutschen Volkes.

Die Vorbereitungen waren in vollem Gange, und es war alles geheim geblieben, als durch eine Veränderung in der Dienststellung Dörnbergs eine Stockung eintrat. Der Chef der Gendarmerie und Adjutant des Königs, der Freimaurer General von Bongars überbrachte Dörnberg persönlich die königliche Order, daß sich das Bataillon Jäger-Karabiniers nach Spanien in Marsch setzen sollte. Dörnberg selbst sollte nur bis Mainz mitgehen, um dann zurückzukehren und in Kassel das Oberkommando über die Garde-Jäger zu übernehmen. Dörnberg glaubte sich verraten, da ihm seine für den Aufstand vorbereitete Truppe entzogen wurde und er selbst aus dem Mittelpunkt des Aufstandsgebietes nach Kassel in die Nähe der Regierung versetzt werden sollte. Er unterließ es aber, diesmal gleich loszuschlagen. In der neuen Truppe gewann Dörnberg bald Anhänger, und es gelang ihm, die Jäger-Karabiniers zurückzurufen und nach Kassel versetzen zu lassen, wo er auch aus der Reihe der Regierungsbeamten noch einige Kampfgefährten gewinnen konnte. Aus dem 1. Kürassier-Regiment, das im März von Braunschweig nach Homberg und Melsungen, also in die Zentrale des Aufstandsgebietes verlegt worden war, konnte er auch einige Offiziere auf seine Seite bringen. Gestützt auf diese Truppeneinheiten, hoffte er, nun losschlagen zu können.

Noch Anfang April (am 5. 4. 1809) war der Leutnant der Grenadiergarde von Manger als Bekleidungsoffizier zu den Gardejägern, Dörn-

---

[25]) a. a. O., Nr. 49.

[26]) Lynker, S. 118 f. — Joh. Christ. Martin, a. a. O. 1926, Heft 7, S. 11.

[27]) Lynker, S. 85.

bergs neuer Truppe, versetzt worden.[28]) Von Manger war ebenfalls Mitglied der Loge „Hieronymus Napoleon zur Treue", und zwar bereits 1808 Bruder im Meistergrad und Zeremonienmeister.[29]) Aus derselben Loge gehörte ein Offizier auch zum 1. Kürassier-Regiment,[30]) so daß in allen Einheiten der Verschwörungstruppe Freimaurer vertreten waren. Selbst aus der Garde, von deren Offizieren Dörnberg einige eingeweiht hatte, waren fünf Offiziere in seiner Loge.[31]) Noch kurz vor Ausbruch des Aufstandes wurde Dörnberg von Jérôme reich beschenkt und zu seinem Adjutanten ernannt.

Der Friedensrichter Martin, der sich nur ungern der Führung Dörnbergs unterstellt hatte und dem „die althessischen Offiziere ihr Vertrauen versagten",[32]) hatte schon immer zu frühem Losschlagen gedrängt. Jetzt nötigte er Dörnberg, der mit dem Beginn noch etwas warten wollte, „zu voreiligem Losbruche."[33]) Man setzte schließlich den Abend des 22. April für den Ausbruch an. An diesem Tage hatte der Mitverschworene Hauptmann von Bork die Schloßwache. Das Landvolk schlug aber schon in der Nacht vom 21. zum 22. April los.

Die erste Nachricht vom Aufstand brachte der Erste Ehrenstallmeister der Königin, Freiherr W. E. L. Otto von der Malsburg, zum König. Der Freiherr war 1809 Bruder-Lehrling der Loge „Hieronymus Napoleon zur Treue".[34]) Als die Erhebung der Bauern losbrach, hatte er sich gerade auf seinem im Aufstandsgebiet befindlichen Gut aufgehalten. Der König und seine Umgebung ahnten nichts von Dörnbergs Beteiligung und man ließ ihn die Schloßwache verstärken. Hier wurde Dörnberg mitgeteilt, daß der Aufstand entdeckt und sein Name dem König genannt worden sei. (Es muß an dieser Stelle gesagt werden, daß von der Malsburg den Namen des Dorfes Dörnberg genannt hatte, durch das er gekommen war, als es sich in hellem Aufruhr befand. Wenn der Name des Obersten von Dörnberg genannt worden wäre, hätte man diesen nicht die Schloßwache verstärken lassen.) Dörnberg mußte also, da er in Kassel mit seiner sofortigen Verhaftung zu rechnen hatte, aus der Stadt fliehen. Er ritt sogleich zu den Aufständischen nach Homberg. Mit ihnen zog er auf Kassel. Von den schon angerückten Kürassieren bekannte sich nur sein jüngerer Bruder zu ihm. Das Regiment konnte er immerhin zur Neutralität bewegen. Den beiden für den Aufstand vorgesehenen Truppen in Kassel

---

[28]) Lünsmann, S. 152, Anm. 2.

[29]) Mitgliederliste der Loge „Hieronymus Napoleon zur Treue", 1808, a. a. O., Nr. 63.

[30]) Der Regiments-Quartiermeister Appelius, a. a. O., Nr. 44.

[31]) 1. der Leutnant von Bastineller von der Garde-du-Corps, Nr. 19, Zeremonienmeister. 2. der Eskadronchef von Zandt von der Cheveaux-Légers-Garde, Nr. 22, Siegelbewahrer. 3. der Chirurg-Major Mangold von der Cheveaux-Légers-Garde, Nr. 35, Subst. Zeremonienmeister. 4. der Erbprinz Salm-Salm, Eskadronchef bei der Garde-du-Corps, Nr. 52, Lehrling. 5. Albrecht von Bardeleben, Leutnant der Grenadier-Garde, Nr. 64.

[32]) Kleinschmidt, S. 234.

[33]) a. a. O., S. 238.

[34]) Mitgliederliste der Loge „Hieronymus Napoleon zur Treue", 1809, Nr. 55. a. a. O.

wurden andere Kommandeure vorgesetzt. Die Jäger-Karabiniers bekamen den hohen Logenbeamten Prinz von Hessen-Philippsthal zu ihrem Chef.

Mit seinem schlecht bewaffneten Bauernhaufen konnte Dörnberg gegen die unter General Rewbell heranrückenden Truppen natürlich nichts ausrichten. Als sein Versuch, die Truppen zum Abfall zu bringen, mißlang und er mit den Seinen nur einen aussichtslosen Widerstand hätte leisten können, gab er das Zeichen zur Flucht. Dörnberg selbst entkam nach Böhmen. Die Ursachen für das Scheitern des Aufstandes lagen, außer bei dem schwachen Widerhall, den die Erhebung in den Kreisen der Bürgerlichen gefunden hatte und außer der mangelnden Beteiligung der Offiziere, nicht zuletzt an dem Friedensrichter Martin, dem es an Unterordnungswillen gefehlt und der die Einheitlichkeit des Ausbruches durch eigenmächtiges Handeln zerstört hatte. Das sind drei Momente, die mit der Freimaurerei in Verbindung stehen.

Martin floh nach mißglücktem Aufstand nach Halle. Nach einiger Zeit tauchte er bei dem westfälischen Gesandten in Berlin, Baron von Linden, auf. Der Gesandte war Mitglied der Frankfurter Loge „Zur aufgehenden Morgenröte.“ Als einer der Anführer erbot sich Martin, den Gesandten über Entstehung und Plan des Dörnberg-Aufstandes restlos aufzuklären. Seine Beweggründe seien weder Ehrgeiz noch Gewinnsucht, sondern seine Prinzipien, wie er angab. Sein Gesinnungswechsel sei der Erfahrung und Beobachtung entsprungen, und er sei zu dem Ergebnis gekommen, daß der augenblickliche politische Zustand der beste wäre und seine Fortsetzung im Interesse Deutschlands wünschenswert erscheine.[35]) Nach einem weiteren Anerbieten, dem Gesandten wichtige Nachrichten vermitteln zu können, bat er diesen schließlich, in westfälische Dienste treten zu dürfen.[36]) Martin entwickelte von Linden in einer Unterredung auch tatsächlich den Plan der Verschwörung[37]) und gab Dörnberg die Schuld am Mißlingen des Aufstandes. Diesem wäre es nicht gelungen, die Offiziere und Soldaten zu gewinnen.

Martin scheute nicht davor zurück, nicht nur über Dörnbergs weitere Pläne und über seinen jetzigen Aufenthalt Auskunft zu geben, sondern auch Scharnhorst und Blücher und selbst den preußischen König zu kompromittieren.[38]) Des weiteren gab Martin die Pläne der

---

[35]) Übersetzung eines anonymen Briefes (von Martin) an von Linden, o. O., o. D., in: Depesche des westfälischen Gesandten von Linden an den westfälischen Außenminister Graf Fürstenstein, Berlin, 4. 9. 1809. Geheimes Staatsarchiv Berlin-Dahlem, Westfalen R 1 B Preußen Nr. 34 Vol. I. — „..Dans l'état actuel des choses il en faut à désirer la continuation pour l'Allemagne.“

[36]) „Ma situation m'a mise au fait de différentes rélations dont la connaissance pourra interesser le gouvernement, aussi dans la suite saurais-je peut-être rendre des services.“ ebenda.

[37]) Der allerdings schon zum Teil bekannt war.

[38]) ebenda.

von Österreich im übrigen Deutschland beabsichtigten Volksaufstände preis. Er selbst sollte in Hessen den Aufstand wieder aufnehmen. Von Linden schlug daraufhin seinem Außenminister vor, Martin als Agenten anzustellen, der besonders in Westfalen jeder revolutionären Bewegung nachspüren sollte.[39]) Martin, der übrigens in der gesamten Literatur als ehrgeiziger und haltloser Mensch dargestellt wird, übermittelte von Linden schließlich noch Nachrichten über die Wiederaufnahme des Krieges von seiten Österreichs.[40]) Seine Angaben, diese Kenntnisse aus dem Brief eines österreichischen Ministers an Blücher zu haben, lassen darauf schließen, daß Martin gute Verbindung zum Nachrichtendienst der Gegenseite gehabt hat. Seine Aufklärung war für Westfalen bzw. für Frankreich sehr wichtig, da das Verhältnis zwischen Frankreich und Österreich und auch die Haltung Preußens noch nicht geklärt waren. Linden trug Martin trotzdem an, nach Kassel zu gehen und sich dort dem Gericht zu stellen. Zugleich empfahl er ihn dem Schutz des Ministers von Fürstenstein.[41])

In Kassel wurde Martin, obwohl er alle Mitschuldigen angab,[42]) zum Tode verurteilt. Sein Vater warf sich darauf dem König zu Füßen und erlangte Begnadigung zu unbestimmter Gefängnisdauer. Dieser Metropolitan Martin, der doch auch von dem Aufstand Kenntnis gehabt, hatte dessen ungeachtet, bald nach seiner Verhaftung die Freiheit wiedererhalten. In der Loge stieg er sogar in seinen maurerischen Würden und wurde als Repräsentant der Eschweger Loge in den „Großorient" aufgenommen.[43])

Schon im August des nächsten Jahres wurde Martins Strafe in eine einjährige Haft umgewandelt. Danach stellte ihn Jérôme sogar als Notar in Eschwege an. Demnach ist es unmöglich, daß die Verurteilung zum Tode jemals ernst gemeint war. Wie hätte man sonst diese zu unbestimmter Gefängnisdauer umgewandelte Todesstrafe, die doch noch sehr hoch einzuschätzen war, derart herabsetzen können.[44]) Der straffreie Ausgang von Martins Vater ist allerdings ebenso merkwürdig. Diese ganze Komödie und die Schuld Martins am Scheitern des Dörnberg-Aufstandes, seine Zugehörigkeit zur Loge „Hieronymus Napoleon zur Treue", in der auch Dörnberg Mitglied war, sind deshalb begründete Verdachtsmomente, die Martin als Spitzel der Re-

[39]) ....que cet individu qui ne saurait plus être dangereux et qui probablement ne rentre que par nécessité dans son devoir, pourrait être util si la guerre recommancait pour eveuter les projets des révolutionnaires de ce pays et que d'ailleurs le pardon accorde à un tel individu jette toujours la défiance dans tout le parti, chacun craignant un espion dans son associé." ebenda.

[40]) Es war gerade die Zeit des Waffenstillstandes von Znaim im französisch-österreichischen Kriege. Chiffrierte Depesche Lindens an Fürstenstein, Berlin, 10. 9. 1809. a. a. O.

[41]) Chiffrierte Depesche Lindens an Fürstenstein, Berlin, 13. 3. 1810. a. a. O.

[42]) Kleinschmidt, S. 256.

[43]) Mitgliederliste der Großen Mutterloge von Westfalen, 1810, Nr. 18. Archiv der Loge „Archimedes zu den drei Reißbrettern" in Altenburg, Listen B Nr. 1 a 112 incl. 1809 bis 1811, Nr. 39.

[44]) Lynker schreibt dazu (S. 195): „Das Ganze war eine verabredete Farce."

gierung und der Freimaurerei erscheinen lassen. Denn das gerichtliche Vorgehen gegen diesen Logenangehörigen, der eine so bedeutende und verhängnisvolle Rolle im Dörnberg-Aufstand gespielt hatte, ist höchst seltsam.

Gesellschaftsmäßig betrachtet, hatten sich die Aufständischen zumeist aus dem hessischen Landadel und aus Landleuten zusammengesetzt. Nur wenige Bürgerliche hatten dazugehört. Kassel selbst war völlig ruhig geblieben, und in anderen Städten hatte sich keine Hand für Dörnberg gerührt. Das Bürgertum hatte sich dieser Bewegung also durchweg versagt, damit viele von denen, die eine amtliche Stellung im Königreich innehatten. Das aber ist nicht zu unrecht mit der Freimaurerei in Verbindung zu bringen, die eine typisch bürgerliche Organisation war und gerade viele Beamten zu ihren Mitgliedern zählte.[45])

Die Freimaurerei selbst nahm gegenüber der Dörnberg'schen Erhebung eine Stellung ein, die den Aufstand schärfstens ablehnte und verurteilte. Die Goslarer Loge richtete bei Bekanntwerden des Aufstandes zwei Schreiben nach Kassel. Darin geißelte sie das Verhalten der beiden Brüder Dörnberg und Martin als „pflichtvergessenes, meineidiges und unmaurerisches Betragen.. gegen den besten der Könige, den allgemein geliebten Hieronymus Napoleon."[46]) Die Loge forderte zur Ausstoßung der beiden Brüder auf. Der Repräsentant der Osteroder Loge berichtete seinem „Orient" von den „traurigen Ereignissen.., nach welchen die unwürdigen, gewesenen Brüder Dörnberg und Martin der Sohn wegen Hochverrats an ihrem Könige und Bruder aus der Zahl der Brüder ausgeschlossen wurden."[47]) Tatsächlich waren die beiden Freimaurer Dörnberg und Martin wegen Hochverrats aus der Loge ausgeschlossen worden. Die Ausstoßung hatte man am 23. Mai 1809 vorgenommen. Der „feierliche Akt" fand seine Krönung in der Rede des jüdischen Großredners Salomon Friedrich Merkel.[48])

Nach einigen einleitenden Worten über die Gleichheit aller Menschen im Tempel der Loge, wo „nur die Triumphe der weltbürgerlichen Tugenden.. erschallen", und nach einer Huldigung für den König und Bruder Jérôme wandte sich Merkel in seiner Rede in heftigen Worten gegen

---

[45]) Bürgerlich und adlig sind dabei nicht als Herkunft, sondern als Haltung verstanden.

[46]) Protokoll des „Großorients" vom 1. 6. 1809 (Abschrift). Archiv der Loge in Einbeck. a .a. O.

[47]) Protokoll über die am nebenstehenden Tage abgehaltene Arbeit der hiesigen Loge, Protokoll der Großen Mutterloge von Westfalen vom 13. 9. 1809. Archiv der Loge „Tempel der Eintracht" in Osterode, Fach 1 Nr. 1 Vol. I.

[48]) Beilage zu dem Rundschreiben der kgl. Loge „Hieronymus Napoleon zur Treue" vom 28. 4. 1809, (deutscher und französischer Text). Archiv der Großloge von Hamburg, Logenkorrespondenz auf die Jahre 1808—1809.

die untreuen Brüder Dörnberg und Martin. Dieser wurde in der Rede nur selten erwähnt und auch dann bloß kurz abgetan; Dörnberg dagegen in breiten Ausführungen mit einer wahren Flut von Worten der Verachtung überschüttet. „Ein Maurer, zwar nur Lehrling noch," — so hieß es über Dörnberg — „aber immer doch ein Maurer, war das Hauptwerkzeug geworden in der Hand der blinden Rachsucht... — Gegen einen solchen liebenswürdigen Monarchen kann nur Wahnsinn sich wappnen. Wahnsinn muß es gewesen sein, ... daß er einem mit Wohltaten überhäuften Lieblinge seines edlen brüderlichen (!) Monarchen dessen gefährlichster Feind und zwar noch dazu in eben dem Augenblicke ward, als ein neues Zeichen der königlichen Huld ihm zuteil werden sollte."

Merkel führte weiterhin aus: „Wohl wage ich zu behaupten, wäre der Betörte weiter in unserer K. K.[49]) vorgerückt, sein Herz würde vor jenem schrecklichen Unternehmen gesichert worden sein." Er traf dann eine bemerkenswerte Unterscheidung zwischen „scheinbaren" und „echten" Freimaurern. Hierdurch rührte er an die Frage der Logenmitgliedschaft und erhob diese zum Problem. Merkel glaubte, daß man erst dann ein wahrer Freimaurer wäre, wenn man tief in die „königliche Kunst" eingedrungen sei. Er schied damit echte, das heißt Freimaurer, die in ihrer geistigen Haltung von der freimaurerischen Weltanschauung bestimmt werden, von scheinbaren Freimaurern, die aus gesellschaftlichen oder wirtschaftlichen Erwägungen heraus in die Loge eingetreten sind, und auf die die freimaurerische Weltanschauung gar keinen oder nur einen geringen Einfluß ausübt.

Die Logenmitgliedschaft Dörnbergs kann daher durch die Tatsache, daß er erst den Lehrlingsgrad inne hatte, und auf Grund seines politischen Verhaltens als belanglos angesehen werden. Martin dagegen war über seinen Lehrlingsgrad hinaus durch seine frühere Eigenschaft als Senior der Marburger Konstantisten der Freimaurerei enger verbunden und entsprach in seinem entscheidenden politischen Verhalten dem der westfälischen Logen.

Im Gegensatz zu den beiden „pflichtvergessenen" Logenmitgliedern konnte Merkel in seiner Rede noch drei Brüder derselben Loge lobend hervorheben, die während des Aufstands eine unverbrüchliche Treue gegen den König gezeigt hatten: „Wohl uns aber, meine geliebten Brüder, daß der Frevel noch in der Geburt erstickt wurde, und daß, wenn scheinbare Maurer ihre heilige Pflicht vergaßen, doch andere echte Brüder, obgleich auch nur noch Lehrlinge, ihren Beitritt zur Verschwörung nicht nur verweigerten, sondern selbst dem Zwange widerstanden; ich meine die Brüder R o d e m a n n zu Homberg und F ü h r e r zu Felsberg,[50]) beide Maire in jenen damals auf-

[49]) Abkürzung für Königliche Kunst, d. i. die Freimaurerei.

[50]) Homberg und Felsberg lagen im Mittelpunkt des Aufstandsgebietes.

rührerischen Städten. Ja, ein dritter Bruder Lehrling, Ehrenstallmeister von der Malsburg, war sogar der erste, welcher durch eine so wichtige Entdeckung unseren geliebten Monarchen von der nahenden Gefahr unterrichtete und so höchstwahrscheinlich der Retter unseres Staates wurde. Heil diesen drei redlichen Brüdern, die so schön ihre Pflicht erfüllten." Bei diesen drei Freimaurern, die zwar auch nur Lehrlinge waren, muß die politische Zuverlässigkeit mit darauf zurückgeführt werden, daß bei ihnen die freimaurerische Weltanschauung schon so tief eingedrungen war, daß sie bereits formbildende Kraft besaß.

Zum Schluß seiner Rede huldigte Merkel dem Genius Napoleons als Heros und als Schirmherrn der Freimaurerei: „Längst bereits hat das Schicksal entschieden. Eine neue Epoche der Weltgeschichte begann. Der über alle Erdbeherrscher erhabene Napoleon ist sichtbar der Held, dem dieser Planet eine politische Umbildung verdanken soll. Wer kann jenem Halbgott widerstehen? Und könnte man es, kein echter Maurer dürfte es; keiner würde es, denn niemals noch blühte so sehr die K. K., als seitdem jener unbesiegbare Heros der Heroen das Zepter empfing."

Mit einer nochmaligen Würdigung des Weltbürgertums als wahrem freimaurerischen Staatsbürgertum rief er die Brüder zur Verwirklichung dieses politischen Ideals auf: „Echte Maurer sind ja solche edleren Staatsbürger, die.. liebevoll die ganze Welt umfassen, ohne weder einen Stand, noch eine Religion, noch ein Vaterland vorzuziehen." Die Rede klang schließlich in einem bombastischen Treuegelöbnis zu dem König und Freimaurer Jérôme aus: „.. ein König, der nicht nur unser Bruder heißt, der es in der schönsten Bedeutung des Begriffes ist. Ein König, dem Wohltaten Übung und Bedürfnis ward, der mit Engelsgüte seine Untertanen beherrscht, der Gerechtigkeit voll Inbrunst liebt, der tapfer ist wie sein Schwert und dennoch sanft wie die Lüfte dieses Mai's und milde wie die balsamischen Tropfen, die, aus sonnenlauen Purpurwolken sinkend, die Erde befruchten.. Glücklich genug sind wir, meine geliebten Brüder, daß unsere Staatsgewalt in den Händen eines so edlen, so liebenswürdigen, so großmütigen Monarchen sich befindet, der selbst von unserm Bunde ist. Ihm schalle von neuem unsere reinste Huldigung! Unser Logenname schon spricht beständig unsern Schwur aus: Wir heißen, wir sind, wir wollen bleiben die Königliche Maurerloge Jérôme Napoleon zur Treue."[51])

---

[51]) Der Freimaurer Ilgen, der diese Rede überliefert hat, stellt den Worten Merkels über Jérôme das Urteil von Ludwig Häuser aus dessen „Deutscher Geschichte" entgegen. Häuser bezeichnet Jérôme als einen charakterlosen Emporkömmling, der auf Kosten eines ihm zugefallenen Volkes den Traum seines Lüstlingslebens verwirklichte. (III, 292) Ilgen selbst aber urteilte über diese Rede: „Das Zweite aber, was die Rede des Bruder Merkel interessant macht, ist der geradezu unglaubliche Byzantinismus, in dem sie sich den damaligen Machthabern gegenüber bewegt." (S. 98).

Merkel konnte in seiner Rede mit Genugtuung drei Brüder lobend hervorheben, die sich während des Aufstandes regierungstreu verhalten hatten. Es waren zwei Beamte und ein Offizier. Der Maire und ehemalige Rittmeister Führer (auch Fürer) wurde noch im gleichen Jahre mit dem Orden der westfälischen Krone ausgezeichnet. Der erwähnte Offizier, Freiherr Oberst Otto von der Malsburg, hatte als Beispiel für viele im maurerischen Sinne seine Pflicht getan und seinen Eid nicht gebrochen. Dörnberg aber war zum Hochverräter an seinem König geworden. Daß es eine Pflicht und eine Treue gegen das Volk oder zumindest gegen den alten Landesherrn gab, die höher stand als die gegen den Machthaber einer Fremdherrschaft, konnte ein wahrer Freimaurer niemals verstehen. Denn um diesen höheren Befehl zu hören und zu befolgen, mußte man ein Verständnis für Volk und Geschichte haben. Das setzte allerdings ein politisches Soldatentum voraus, wie es in der „Deutschen Bewegung" erstrebt wurde. Der enge Dienstbegriff des Offiziers aber, der nur in einem Vorgesetztenverhältnis gedacht wurde und in keiner partikularen oder nationalen Bindung stand, verknüpfte sich hier mit dem freimaurerischen Pflichtbegriff und in gesteigerter Form mit dem Dienst für das im westfälischen Staat verwirklichte politische Ideal der Freimaurerei. Ein beträchtlicher Teil der Offiziere aber gehörte der Freimaurerei an, und so ist es zu erklären, daß der Dörnberg-Aufstand so wenig Anklang bei den Offizieren gefunden hat. Auch der Friedensrichter Martin hatte in seinen Aussagen bei dem Baron von Linden angegeben, daß es Dörnberg nicht gelungen sei, die Offiziere zu gewinnen..[52])

In der folgenden Zeit erhöhte sich die Anzahl der Offiziere unter den Logenmitgliedern sogar noch erheblich. Die Loge des Juden Merkel hatte in den nächsten Jahren 35 Offiziere unter ihren Brüdern. Von diesen (30 %) gehörten 11 Offiziere der Garde an, die als treue und zuverlässige Truppe damit besonders zahlreich vertreten war. Vom Bataillon der Jäger-Karabiniers besaß die Loge drei Brüder und aus der anderen Truppe Dörnbergs, den Garde-Jägern, einen Bruder.[53]) Im Jahre 1811 blieb der Prozentsatz ungefähr der gleiche. Die Jäger-Karabiniers waren wieder mit einem höheren Offizier vertreten, dem Bataillonschef Adolph von Rauschenplatt,

---

[52]) „..„il (Dörnberg) avait espéré que les troupes pourraient être gagnées, ce projet ayant totalement manqué,.." Mit „troupes" sind die Offiziere gemeint, wie aus den weiteren Ausführungen hervorgeht. (Auch Thimme bestätigt das; S. 236, Anm. 1). Depesche Lindens an Fürstenstein, Berlin, 4. 9. 1809, Geheimes Staatsarchiv Berlin-Dahlem, a. a. O.

[53]) Von den Jäger-Karabiniers den Kapitän Eduard Kaulitz, 1810, Nr. 46, den Kapitän Liweh, 1809, Nr. 52 und ihren Kommandanten Prinz Ernst Constantin zu Hessen-Philippsthal, 1810, Nr. 39; von den Garde-Jägern den Kapitän Manger, Nr. 60. Manger stieg auch in seinen maurerischen Würden. Er kam 1809 als Repräsentant der Loge „Des Arts et de l'Amitié" in den Groß-Orient (1809, Nr. 13). 1812 erhielt er den höchsten Grad und wurde Zeremonienmeister.

Meistermaurer[54]) und Ritter des Ordens von der westfälischen Krone. Er bekam im Jahre 1812 das Kommando über die Garde-Jäger. Der Bruder C. F. von Bardeleben aus derselben Loge[55]) war 1811 Kapitän der Garde-Jäger und Offizier der Ehrenlegion. In der Loge „Des Arts et de l'Amitié" waren 1811 bei einem Mitgliederanteil von 19 % sieben Offiziere aus den Garde-Regimentern. Des weiteren befanden sich in der Loge ein Kapitän der Jäger-Karabiniers und ein Kapitän der Garde-Jäger.[56]) Die Logenkapelle setzte sich ausnahmslos aus Mitgliedern der Musikkapelle der Jäger-Karabiniers zusammen.[57]) Die Zahl der Angehörigen der Jäger-Karabiniers kam somit in dieser Loge im ganzen auf neun Brüder.[58]) Die ehemaligen Verschwörungstruppen Dörnbergs, die Jäger-Karabiniers und die Garde-Jäger, waren also hinreichend mit Freimaurern durchsetzt und damit politisch gesichert.

Wie die Freimaurerei einen ansehnlichen Teil von Offizieren der Garde, Jérômes Haustruppe, stellte, so war sie auch in großer Anzahl im militärischen Hofstaat vertreten. Der Freiherr W. E. L. Otto von der Malsburg hatte sich durch die Entdeckung des Aufstandes und durch dessen Bekanntgabe an den König für Westfalen außerordentlich verdient gemacht. Welche Bedeutung dieser Tat von der Malsburgs beigemessen wurde, geht aus den Memoiren Jérômes hervor. Darin ist überliefert: hätte von der Malsburg die Entdeckung des Aufstandes zehn oder zwölf Stunden geheimgehalten, so wäre Jérôme gefangen genommen und nach England entführt worden.[59]) Auch Jérôme selbst gab zu, daß man ihn ohne die Aussage von der Malsburgs überrumpelt hätte.[60]) Das Urteil der Memoiren über die politische Ausrichtung von der Malsburgs zeichnet ihn als treuen Anhänger Jérômes, der sogar mehr Franzose als Westfale war und Napoleon als sein Idol verehrte.[61])

Bis zu dieser Zeit war von der Malsburg Erster Ehrenstallmeister der Königin. In Anerkennung seiner Verdienste um die Rettung Westfalens wurde er am 6. Mai 1809 anläßlich der ersten Beförderung, die der König nach dem Aufstand vornahm, zum Obersten und Ehren-

---

[54]) Mitgliederliste der Loge „Hieronymus Napoleon zur Treue", 1811, Nr. 118, a. a. O.

[55]) Mitgliederliste der Loge „Hieronymus Napoleon zur Treue", 1810, Nr. 5.

[56]) Kapitän Manger (es ist derselbe wie der aus der Loge „Hieronymus Napoleon zur Treue") Garde-Jäger, Nr. 22. Kapitän Dunker, Jäger-Karabiniers, Nr. 77. Mitgliederliste der Loge „Des Arts et de l'Amitié", 1811. Landesbibliothek Kassel, 4° Menschh. K III (1179).

[57]) Siehe unter „Frères de la colonne d'harmonie" der Mitgliederliste.

[58]) Zu den aufgeführten kommt noch der Bruder Henri Chrétien Wagner unter Nr. 72.

[59]) „Ce fut lui (Malsburg) qui découvrit la Conspiration de Doernberg. S'il avait gardé le silence dix ou douze heures, Jérôme était enlevé et mené en Angleterre." Memoires III, 183.

[60]) „Il certain, m'a dit Sa Majesté, que sans la découverte de Mr. de Malsburg, je me trouvais surpris." Reinhard an den Herzog Cadore (Champagny) o. O., 29. 4. 1809. Du Casse, Documents inédits, Revue historique, XVI, 378.

[61]) „Ses sentiments étaient plutôt ceux d'un Français que d'un Westphalien; l'Empereur était son idole. Profondément attaché au Roi.." Memoires III, 183.

stallmeister des Königs ernannt.[62]) Er stieg auch weiter in seiner Gunst. Noch im gleichen Jahre wurde er zu Jérômes Geburtstag in den Grafenstand erhoben. Im Jahre 1810 empfing von der Malsburg den westfälischen Kronenorden, (24. 1. 1810), wurde Erster Stallmeister des Königs (25. 9. 1810), und zu Jérômes Geburtstag Kommandeur des Ordens von der westfälischen Krone. Die Loge „Hieronymus Napoleon" beförderte ihn 1810 in den zweiten Grad.[63]) Von der Malsburg gehörte zu der engsten Umgebung des Königs. Im Mai 1811 begleitete er Jérôme nach Paris. Im März 1812 gehörte er wiederum zur Reisebegleitung des Königs und im April 1812 zog er im Gefolge Jérômes mit in den russischen Feldzug. Nach Jérômes Rückkehr führte er die königliche Equipage zurück. Zu Beginn der kritischen Zeit Westfalens stieg von der Malsburg im April 1813 zum Brigadegeneral auf und in der schlechtesten Zeit, im Oktober 1813, wurde er sogar Divisionsgeneral (Dekret vom 24. 10. 1813). Er blieb einer der treuesten Diener Jérômes und begleitete ihn auch beim Verlassen des Königreichs. Erst im Jahre 1816 kehrte von der Malsburg nach Hessen zurück. Die Literatur bezeichnet ihn „als seltenes Beispiel eines Hofmanns und Günstlings von viel sehr verschiedenen Regenten!"[64])

Einer der ersten Männer der Großloge und des Hofstaates zugleich war der Prinz Ernst Constantin von Hessen-Philippsthal. Der Prinz kam als Mitglied des vertriebenen Kurfürstenhauses aus hessischen Diensten und war einer der ersten, die „sich sofort dem neuen Gebieter anschlossen."[65]) 1808 bekleidete er das Amt eines Obersten und Adjutanten Seiner Majestät des Königs. Am Tage nach dem Ausbruch des Dörnberg-Aufstandes wurde ihm wegen seiner Treue und Zuverlässigkeit die Führung des Dörnberg'schen Jäger-Karabinier-Bataillons übertragen.[66]) Danach leitete der Prinz das gegen Dörnberg zusammenberufene Kriegsgericht. Im September desselben Jahres gab sich der Prinz sogar die Ehre, Napoleon und Jérôme in sein Schloß bei Ziegenhain als seine Gäste einzuladen.[67])

Jérôme, der stolz war, ein Mitglied aus dem hessischen Fürstenhause zu seinem Hofstaate zu zählen, „pflegte ihn mit Gnaden zu überhäufen."[68]) Er machte ihn im Jahre 1810 zum Ritter des westfäli-

[62]) „J'ai nommé Malsburg colonel et mon écuyer, c'est lui qui nous a sauvé." Jerôme an die Königin Katharina von Westfalen, o. O. 27. 4. 1809, Mémoires III, 370.

[63]) Von der Malsburg war nicht der einzige Bruder, der sich im Dörnbergaufstand treu verhalten oder ausgezeichnet hatte und in der Loge in seinen freimaurerischen Würden aufstieg. Hierher gehören noch die Brüder Kapitän von Manger und der Prinz von Hessen-Philippsthal.

[64]) Piderit, S. 483.

[65]) a. a. O., S. 62.

[66]) „..le prince de Philippsthal s'est parfaitement bien conduit dans l'expédition d'hier." Reinhard an Champagny, Kassel, 24. 4. 1809, Mémoires III, 359.

[67]) Goecke, S. 251.

[68]) Kleinschmidt, S. 63.

schen Kronenordens (24. 1. 1810), zum Großkammerherrn (13. 8. 1810) und zum Brigadegeneral (15. 8. 1810). Der Prinz war dabei zugleich Oberster Adjutant des Königs. Jérôme bezahlte ihm mehrmals seine Schulden, schenkte ihm dazu noch Geld und übertrug ihm schließlich das Gut Harsum. Neben Jérôme und dem Außenminister Graf Fürstenstein trug der Großkammerherr einen der drei von Preußen an Westfalen verliehenen Schwarzen Adlerorden.

Im März 1811 reiste der Prinz nach Paris, um dem Kaiser im Namen des westfälischen Königs die Glückwünsche zur Geburt des Königs von Rom zu überbringen. Im gleichen Jahr wurde er am Geburtstag Jérômes Kommandeur des westfälischen Kronenordens, und im Dezember darauf erwählte ihn der König zum Großmarschall des Palastes. Als Jérôme diese Wahl Napoleon mitteilte, antwortete dieser, er könne sich nicht denken, daß ein Ehrenmann wünsche, Großmarschall eines Fürsten zu werden, der seine Familie entthront habe.[69]) Tatsächlich übernahm der Prinz aber, wenn auch nur für kurze Zeit, dieses Amt. Er war damit der erste Mann im Hofstaate eines französischen Königs geworden, der über das Land seiner Familie herrschte.

Im russischen Feldzug geleitete der Prinz zusammen mit dem Erbprinzen von Salm-Salm den König nach Kassel zurück. Mißgestimmt über die Bevorzugung des Generals von Hammerstein, nahm er im April 1813 als General und Flügeladjutant seinen Abschied, und, obwohl er in engster persönlicher Verbindung zu Jérôme stand — dieser hatte ihm 1812 sogar seinen Heiratskontrakt unterzeichnet — hielt er zuletzt doch nicht mehr zu ihm.[70]) Als Jérôme wieder nach Kassel zurückkehrte, wurde der Prinz in seinem Hause bewacht, da es ihm sehr verübelt wurde, daß er jetzt um den Abschied bat.[71]) Am 12. Oktober 1813 erhielt der hessische Prinz, von dem Reinhard sagte, daß er Frankreich ebenso lieben würde, wenn er dort lebte,[72]) nach einer unrühmlichen Endzeit seiner westfälischen Laufbahn, schließlich als Großkammerherr seine Entlassung.

Eine wohlbekannte Figur in Kassel war Wilhelm Florentin Erbprinz zu Salm-Salm. Er war einer der Adjutanten des Königs und wurde 1808 Oberst des Garde-du-Corps. Im Mai 1809 — also während des österreichischen Krieges — reiste er im Auftrage Jérômes mit einer Sendung an Napoleon.[74]) 1810 kam er in den Generalstab

[69]) „...un parfait honnête homme et un homme d'honneur pourrait-il désirer d'être grand-maréchal d'un prince qui a detrôné sa famille.“ Napoleon an Jérôme, Paris, 26. 12. 1811. Mémoires V, 150.

[70]) Kleinschmidt, S. 635.

[71]) a. a. O., S. 638.

[72]) Bulletin Reinhards, Kassel, 29. 12. 1812. Du Casse, Les Rois Frères, S. 431.

[73]) Kleinschmidt, S. 129.

[74]) Moniteur, 13. 5. 1809.

der Garde, wo er bis 1814 blieb. In demselben Jahr heiratete er ein Fräulein von Rossi, eine Verwandte des Königs Jérôme, obgleich er früher mit der Tochter eines hessischen Offiziers heimlich verlobt war. Der Erbprinz kam hierdurch in eine noch engere persönliche Verbindung zum König. Das Jahr 1810 ließ ihn auch in der Loge zu höheren Würden gelangen. Er stieg dort vom dritten zum sechsten Grad auf und wurde damit Hochgradfreimaurer.[75]) Am 12. August 1812 kam der Prinz im Gefolge des Königs vom russischen Feldzug zurück und wurde kurz darauf Kommandeur des neuen Infanterie-Regiments der Königin, das zur königlichen Haustruppe gehörte. Kurz vor der Auflösung Westfalens ernannte ihn der König noch zum Brigadegeneral (Dekret vom 24. 10. 1813).

Einziger Franzose unter den Offizieren und Angehörigen des Hofstaates aus der Loge „Hieronymus Napoleon zur Treue" war der Baron J. Franz A. Bigot de Villandry. Er war Bruder im zweiten Grad.[76]) In seiner Stellung bei Hofe bekleidete er das Amt eines Kammerherrn. 1810 wurde der Baron Ritter des Ordens von der westfälischen Krone und königlicher Ordonnanzoffizier im Generalstab der Garde.

Eine hervorragende Stellung im Hofstaat Jérômes nahm der General Hans Freiherr von Hammerstein ein, der 1808 Mitglied der Hildesheimer Loge „Zum stillen Tempel" war.[77]) Hans von Hammerstein, der 1807 als Deputierter der Hildesheimer Ritterschaft nach Paris gegangen war, wurde noch im gleichen Jahre Adjutant und Kammerherr des Königs. Er hatte ein wildes Abenteurerleben geführt und war als Gegner Preußens bekannt. Freiwillig in westfälische Dienste getreten, wurde er bald „ein Vertrauensmann Jérômes".[78]) Er stand beim König in hohem Ansehen, weil er großen Einfluß in Westfalen besaß und Jérôme den Adel des Landes zugeführt hatte.[79])

1808 wurde dem Freiherrn als Kommandant die Aufstellung des Chevaux-Légers-Regiments übertragen. Er ging mit ihm nach Spanien und wurde für diesen Feldzug zum Kommandeur aller westfälischen Truppen vorgeschlagen. Der Krieg gegen Spanien war für Westfalen keine Notwendigkeit. Jérôme mußte seinem kaiserlichen Bruder lediglich Hilfstruppen stellen. Begreiflicherweise war des-

[75]) Mitgliederliste der Loge „Hieronymus Napoleon zur Treue", 1809, Nr. 77; 1810, Nr. 86, a. a. O.

[76]) Mitgliederliste der Loge „Hieronymus Napoleon zur Treue", 1810, Nr. 10, a. a. O.

[77]) Mitgliederliste der Loge „Zum stillen Tempel" in Hildesheim, 1808, Nr. 42. Archiv der Loge „Zu den drei Pfeilen" in Nürnberg, Listen A Nr. 1 a 90 incl. 1805—1809, Liste Nr. 62.

[78]) Kleinschmidt, S. 209.

[79]) „Il est de la première famille et de celle qui a le plus d'influence dans mon royaume ..,et s'est dévoué franchement à mon service. Il a principalement contribué à me ramener toute la noblesse du pays; il est en outre mon premier Chambellan." Jérôme an Napoleon, Neudorf (Nenndorf). 23. 8. 1808, Mémoires III, 283.

halb in Westfalen wenig Begeisterung für einen Eroberungskrieg Napoleons vorhanden, und die Desertionen waren sehr zahlreich. Von Hammerstein aber konnte als zuverlässiger westfälischer Offizier mit dieser Aufgabe betraut werden. Er zeichnete sich — wie er überhaupt ein Soldat von hervorragenden Fähigkeiten und großer Tapferkeit war — in diesem Kriege mehrmals aus und wurde zum Brigadegeneral befördert.

Von Hammerstein trat Ende 1809 als Adjutant des Königs in Jérômes nähere Umgebung. Im März 1810 begleitete er den König zur Feier der Hochzeit Napoleons mit Marie-Louise von Österreich nach Paris. Im gleichen Jahre wurde er Ritter des Ordens von der westfälischen Krone und Generaladjutant. Jérôme erhob ihn ebenfalls in den Grafenstand. Bei der Einverleibung Hannovers gehörte er zur Leitung der Übernahmekommission. Er schlug Jérôme aus dem hannoverschen Adel Mitglieder für den Hofstaat vor. Danach wurde er beauftragt, aus den Konskribierten Hannovers zwei Husarenregimenter aufzustellen. Für diese Tätigkeit erhielt von Hammerstein den Orden der französischen Ehrenlegion. Nach einer kurzen Gesandtschaftszeit in Kopenhagen wurde er Inspekteur der leichten Kavallerie. 1812 begleitete er Jérôme bei dessen Abreise zur Armee nach Rußland. Für diesen Feldzug hatte ihn Jérôme zum Befehlshaber der Avantgarde des 4. Korps vorgeschlagen.

Im kritischen Jahre 1813 häuften sich seine Beförderungen. Im Januar wurde von Hammerstein Divisionsgeneral, im Februar Erster Generaladjutant und im August Krongroßjägermeister. Er hatte in der Zeit, als die Verbündeten das Königeich angriffen, mehrere wichtige Kommandos inne, mußte aber seine westfälischen Dienste aufgeben, als er wie alle Mitglieder der Familie Hammerstein wegen der Desertion seines Bruders William verhaftet wurde.

William Freiherr von Hammerstein hatte eine Zeitlang als Adjutant des Kriegsministers Morio zu dessen Ministerium gehört. Für seine Verdienste im spanischen Feldzug war er in die französische Ehrenlegion aufgenommen worden und hatte den westfälischen Kronenorden erhalten. 1812 war er im persönlichen Gefolge des Königs als Ehrenstallmeister vom russischen Feldzug zurückgekehrt und danach Oberst im 1. Husaren-Regiment geworden. Im August 1813 trat er als Führer der Avantgarde mit Teilen der Husarenbrigade zu den Österreichern über. Er nahm dann als österreichischer General am Befreiungskriege teil.

William von Hammerstein war Freimaurer und gehörte derselben Loge wie sein Bruder Hans[80]) an. Seine freimaurerische Stellung läßt nicht darauf schließen, daß er sich schon zu einem „echten" Frei-

[80]) Mitgliederliste der Loge „Zum stillen Tempel" in Hildesheim, 1811, Nr. 45. Archiv der Loge „Archimedes zu den drei Reißbrettern" in Altenburg, a. a. O., Liste Nr. 79.

maurer entwickelt hatte, während sein Bruder Hans nicht nur Ehrenmitglied der Hildesheimer Loge „Zum stillen Tempel" war, sondern schon in seiner Studentenzeit als Senior der Konstantisten in Göttingen eine führende Rolle in einer der Freimaurerei ideologisch und organisatorisch verwandten Vereinigung gespielt hatte. Die militärische bzw. politische Stellung des Freiherrn Hans von Hammerstein läßt auch das Urteil zu, daß er — besonders in politischer Hinsicht — bedeutend enger als sein Bruder William an das Königreich Westfalen gebunden war. So weigerte sich Hans von Hammerstein mit seinen übrigen Familienangehörigen nicht nur, sich der deutschen Freiheitsbewegung anzuschließen, sondern betrachtete sich sogar noch nach dem Zusammenbruch des Königreichs Westfalen im Dienste Jérômes.[81]) Über das Verhältnis zwischen Hans und William von Hammerstein berichtet die Familienchronik: „Übrigens konstatiert auch überall nichts, was schließen ließe, daß Hans Hammerstein dem Beispiel seines Bruders habe folgen wollen."[82])

Unter den höheren Offizieren Jérômes befand sich auch der ehemalige General des Kurfürsten von Hessen, Gottfried Christoph Gustav Freiherr von Lepel. Er war Bruder der Loge „Zum gekrönten Löwen" in Kassel, als Christian Wilhelm von Dohm und Johann Georg Forster zu ihren Mitgliedern zählten.[83]) Freiherr von Lepel trat schon früh in Jérômes Dienste und gehörte als Brigadegeneral und Präsident der Kriegssektion zu den ersten Staatsräten des neuen Königreichs. Er wurde bald darauf zum Divisionsgeneral ernannt und übernahm die 2. westfälische Division, die ihren Sitz in Braunschweig hatte. Von Lepel war damit zugleich Kommandant und Gouverneur von Braunschweig. 1810 wurde er nach Kassel versetzt, um hier die Stelle eines Gouverneurs zu übernehmen. Er galt allgemein als ein treuer Anhänger Jérômes[84]) und gehörte zu den Offizieren seines letzten Gefolges.[85])

Neben dem Freiherrn von Lepel gab es noch eine ganze Reihe freimaurerischer Offiziere, die Stadtkommandanten im Königreich Westfalen waren. In Nordhausen, Einbeck und Halle waren drei Franzosen Stadtkommandanten und zugleich Logenbrüder: Die Kapitäne J. P. Jules Dudon d'Envales und F. X. Wautier und der Oberst J. J.

[81]) „Leur conduite honorable en cette circonstance acheva de dissiper les préventions que l'on avait contre eux et de prouver leur innocence. Non seulement ils refusèrent de s'associer aux actes du parti allemand, qui croyait trouver en eux des auxiliaires empressés mais, en quittant la ville, ils déclarèrent qu'ils se considéraient toujours comme prisonniers et à la disposition du Roi", Mémoires VI, 206. (Für alle Angehörigen der Familie von Hammerstein ausgesagt).

[82]) Geschichte der Freiherrlich von Hammersteinschen Familie, S. 365.

[83]) Mitgliederliste der Loge „Zum gekrönten Löwen" in Kassel, 1778, Nr. 55. Archiv der Loge „Zum gekrönten Löwen", I.

[84]) „Il n'y a pas de doute que M. de Lepel est beaucoup attaché au Roi de Westphalie." Bulletin Reinhards, Kassel, 29. 12. 1812. Du Casse, Les Rois Frères, S. 438.

[85]) Jérôme an die Königin Katharina, Montabaur, 1. 10. 1813, Mémoires VI, 348.

Maria d'Astorg.[86]) In der besonders wichtigen Festung Magdeburg hatte der Freimaurer und Platzmajor von Malinowsky[87]) das Kommando inne. Damit waren die beiden größten Garnisonen, die an Preußen grenzten, Magdeburg und Halle, mit freimaurerischen Stadtkommandanten besetzt. Zwischen beiden Städten, etwas in westlicher Richtung, lag Halberstadt, die Hauptstadt des Saale-Departements. Ihr Garnisonbefehlshaber war der Freimaurer Oberstleutnant und Platzkommandant E. von Stockmeyer, Ritter des Ordens von der westfälischen Krone.[88]) Den siebenten freimaurerischen Stadtkommandanten hatte Göttingen in dem Oberstleutnant und Platzkommandanten von Osterhausen.[89]) Damit nicht genug; der Oberstleutnant Julius Böcking, ein Bruder der Loge „Hieronymus Napoleon zur Treue",[90]) war erst in Stade und zuletzt in Peine Platzkommandant.[91]) In derselben Stadt unterstand 1810 dem Platzkommandanten und Freimaurer Oberst Friedrich Wilhelm von Mauvillon[92]) die Garnison.[93]) Mit dem Freimaurer Oberst von Melzheimer, dem ehemaligen Stadtkommandanten von Marburg, war von Mauvillon der zweite freimaurerische Departementskommandant. Anfangs Oberst des 2. Linien-Infanterie-Regiments und Chef des Generalstabs im Kriegsministerium, wurde von Mauvillon im September 1809 Chef des Generalstabs der Nord- und Ostseedivision. Bei der Gebietserweiterung Westfalens wurde er, nachdem er zweimal als Stadtkommandant tätig war, Kommandant des Nord-Departements. Nach der Einverleibung dieses Departements in das Kaiserreich Frankreich kam von Mauvillon nach Heiligenstadt und übernahm das Kommando des Harz-Departements.[94]) Als im September 1808 in Braunschweig Unruhen ausgebrochen waren, wurde von Mauvillon beauftragt, dorthin zu rücken und die Ruhe wiederherzustellen. Er konnte diesen Auftrag voll erfüllen. Beim Dörnberg-Aufstand verriet von Mauvillon einen Teil des 1. Kürassier-Regiments, der sich auf die Seite der Aufständischen gestellt hatte.[95]) Als die Truppen der Verbündeten gegen Heiligenstadt

[86]) Vgl. S. 48 f.

[87]) Mitgliederliste der Loge „Ferdinand zur Glückseligkeit" in Magdeburg, 1808. Archiv dieser Loge, Mitgliederverzeichnisse von 1790—1862/63.

[88]) Mitgliederliste der Loge „Zu den drei Hammern" in Halberstadt, 1811. Archiv der Loge „Archimedes zu den drei Reißbrettern" in Altenburg, Listen, 1809—1811, Nr. 107.

[89]) Mitgliederliste der Loge „Augusta zum goldenen Zirkel" in Göttingen, 1813, Nr. 55. Archiv dieser Loge, I. Mitgliederverzeichnisse von 1810 bis incl. 1841.

[90]) Mitgliederliste der Loge „Hieronymus Napoleon zur Treue", 1810, Nr. 14. Archiv der Loge „Archimedes zu den drei Reißbrettern" in Altenburg, a. a. O., Nr. 39.

[91]) Lünsmann, S. 200, Anm. 18.

[92]) Mitgliederliste der Loge „Karl zur gekrönten Säule" in Braunschweig, 1809, Nr. 16. Archiv der Loge „Archimedes zu den drei Reißbrettern", a. a. O., Nr. 21.

[93]) Lünsmann, S. 52.

[94]) ebenda.

[95]) Der Oberst von Mauvillon „zwar von französischer Abkunft, aber in Braunschweig geboren, übte Meineid und Verrat an einem Trupp vom 1. Kürassier-Regiment, der sich nach dem unglücklichen Ausgang des Kampfes gegen die Königlichen, von seinen Offizieren verlassen, nach Fritzlar gewandt, um sich mit dem in der Umgegend stehenden Regimente wieder zu vereinigen." Heusinger, S. 27.

marschierten, ging von Mauvillon zur Berichterstattung nach Kassel. Er wurde daraufhin, „weil er, ohne dazu von feindlicher Übermacht gezwungen worden zu sein, den Posten verlassen" hatte,[96]) abgesetzt. Von Mauvillon war damit aus westfälischen Diensten verabschiedet. Er, der vorher aus holländischen Diensten nach Westfalen gekommen war, wandte sich nunmehr nach Preußen, um dort Dienste zu suchen.

Ein durch seine militärische Stellung bedeutender Offizier war der Oberst Johann Ludwig von Pfuel (Pfuhl). Von 1810 ab gehörte er der Loge „Hieronymus Napoleon zur Treue" an.[97]) Von Pfuel stammte aus einem alten märkischen Geschlecht und kam aus preußischen Diensten. Seit 1809 war er bei der Artillerie der westfälischen Armee. 1811 wurde er mit dem Orden der westfälischen Krone ausgezeichnet und zum Major befördert. 1813 rückte er als Befehlshaber der westfälischen Artillerie gegen die Verbündeten ins Feld. Im August zeichnete er sich bei Dresden derart aus, daß er von Napoleon persönlich zum Offizier der Ehrenlegion ernannt wurde. Jérôme baronisierte ihn und übertrug ihm ein Gut.

Es ist geradezu auffallend, daß man in Kriegszeiten und bei den Aufständen besonders freimaurerischen Offizieren militärische Aufgaben anvertraut hatte. Man brauchte zu solchen Unternehmen politisch zuverlässige Offiziere und nahm dazu entweder Franzosen oder besonders freimaurerische deutsche Offiziere.

Im Dörnberg-Aufstand führten die französischen Generäle d'Albignac und Rewbell die Regierungstruppen gegen die Aufständischen an. Die Führung der Jäger-Karabiniers, die die Kerntruppe der Aufständischen stellen sollten, wurde dem Prinzen von Hessen-Philippsthal, dem Ersten Großvorsteher des „Großorients", übertragen.

Gegen den in Westfalen eingefallenen Schill rückte der Brigadegeneral Freiherr von Uslar vor. Der Gouverneur von Magdeburg, General Michaud, enthob ihn seines Kommandos, weil er ihm nicht schnell genug vorging und übertrug es dem Obersten von Vautier, also einem Franzosen. Als der Herzog von Braunschweig-Oels in Westfalen einbrach, schickte Jérôme die französischen Generäle Rewbell und Michaud und den Obersten von Vautier gegen ihn. Auch der Prinz von Hessen-Philippsthal wurde dabei wieder eingesetzt.

In Spanien wurde das Kommando der westfälischen Truppen nach dem Abgang des Generals von Ochs dem Freimaurer Oberst Zink übertragen. Carl Esajas Zink, der aus hessischen Diensten gekommen war, wurde nach dem Spanien-Feldzug Oberst der Garde-Grena-

[96]) Moniteur, 20. 4. 1813.
[97]) Mitgliederliste der Loge „Hieronymus Napoleon zur Treue", 1810, Nr. 71. a. a. O.

diere und Ritter des Ordens von der westfälischen Krone. 1811 wurde er als Brigadegeneral verabschiedet. Zink hatte 1808 in der Loge „Hieronymus Napoleon zur Treue" das Amt eines Zweiten Steward inne und war Bruder im Meistergrad.[98]) 1813 trat er wieder in hessische Dienste.

Als im Januar 1813 in den Großherzogtümern Berg und Hessen-Darmstadt Unruhen ausgebrochen waren, deren Übergreifen auf westfälisches Gebiet man in Kassel befürchtete, entsandte man den Obersten und Freimaurer Erbprinz zu Salm-Salm an die Grenze dieser Gebiete.

In der Zeit der deutschen Erhebung, als die Verbündeten dauernd durch westfälisches Gebiet streiften und im Königreich die Desertionen an der Tagesordnung waren, stützte sich Jérôme auf die freimaurerischen Generäle von Zandt und von Bastineller.

Von Zandt war aus bayerischen in westfälische Dienste getreten und wurde 1809 Eskadronchef der Chevaux-Légers-de-la-Garde. Anfang 1810 kam er als Major zum 1. Husaren-Regiment und wurde noch im gleichen Jahre zum Oberst befördert. Zu Beginn der kritischen Zeit Westfalens, im Frühjahr 1813, stieg er zum Brigadegeneral und Befehlshaber der Husarenbrigade auf.[99])

Carl Gottlob von Bastineller war seit 1808 Mitglied der Kasseler Loge „Hieronymus Napoleon zur Treue".[100]) Als Bruder im vierten Grad gehörte er ihr während der westfälischen Zeit als Beamter an. Bis 1810 war er Zeremonienmeister der Loge und von da ab deren Substituierter Präparateur.[101]) Von Bastineller kam aus hessischen Diensten und trat 1808 als Leutnant in das Garde-du-Corps der westfälischen Armee ein. 1811 ging er von der Garde zum 2. Kürassier-Regiment, dessen Führung er als Oberst übernahm. Im Februar 1813 baronisierte ihn Jérôme und ernannte ihn noch im gleichen Jahre zum Brigadegeneral und Ehrenstallmeister. Von Bastineller wurde zusammen mit von Zandt mit der Verteidigung der Stadt Kassel gegen die einrückenden Verbündeten beauftragt.

Von Zandt nahm zuerst bei Hannoversch-Münden eine Verteidigungsstellung ein. Er wurde dann aber zur Verstärkung nach Braunschweig vorgeschickt und nahm schließlich eine neue Aufstellung im Harz, um Kassel von Norden her zu decken. Von Bastineller übernahm die Deckung Kassels von Süd-Osten her und stellte sich bei Heiligenstadt auf. Beim Herannahen Tschernischews wurden sie von Jérôme zu erhöhter Hilfsbereitschaft aufgerufen. Als die Stadt in Gefahr war, zogen sie sich bald in Richtung auf Kassel zurück. Im Anmarsch auf die Stadt glaubte Bastineller diese schon genommen

[98]) Mitgliederliste der Loge „Hieronymus Napoleon zur Treue", 1808, Nr. 23; 1810, Nr. 16, a. a. O.

[99]) Über von Zandts Mitgliedschaft siehe S. 88 Anm. 15 und 16.

[100]) Mitgliederliste der Loge „Hieronymus Napoleon zur Treue", 1808, Nr 19.

[101]) Zweiter vorbereitender Bruder, der sich um die Logenanwärter bemüht.

und ergriff mit seinen durch die Desertionen schon stark geschmälerten Heer die Flucht. „Man sprach von einem Kriegsgericht über Bastineller, den viele Franzosen ohne weiteres des Verrats ziehen, doch vergab ihm Jérôme auf einen Brief hin".[102]) Jérôme zweifelte also nicht an der Treue dieses freimaurerischen Generals.

Von Zandt traf nach Tschernischews Abzug in Kassel ein. Die sich bei ihm befindende „für besonders zuverlässig geltende Kompagnie Jäger-Karabiniers"[103]) wurde am Leipziger Tor aufgestellt. Nach der Kapitulation durch den Gouverneur General Allix zog von Zandt mit diesem ab. Von Zandt war es auch, der die nach der Desertion William von Hammersteins übrig gebliebenen Teile der Husaren-Brigade auflöste. Er wurde noch im Oktober dieses Jahres Adjutant des Königs. Nach Abzug der Truppen aus Kassel folgte er Jérôme nach Aachen und gehörte zu den sieben Offizieren, die Jérôme ins Exil begleiteten. Außer drei anderen freimaurerischen Offizieren von Pfuel, von Lepel und von der Malsburg, die bei Jérôme blieben, hatte sich auch der Kapitän und Ehrenstallmeister der Königin, Georg Kleinschmidt, freiwillig entschieden, dem König auf seinem letzten Wege aus dem Königreich zu folgen. Kleinschmidt hatte sich im Jahre 1813 den Orden von der westfälischen Krone und das Kreuz der Ehrenlegion im Kampf gegen die Verbündeten erworben. Jérôme beförderte ihn, der schon 1806 als Kadett in das hessisch-französische Infanterie-Regiment eingetreten war, für seine Gefolgstreue zum Oberstleutnant und Ordonnanzoffizier.[104]) Kleinschmidt war seit 1810 Bruder der Loge „Hieronymus Napoleon zur Treue"[105]) und seit 1812 Freimaurermeister.

Alle Angehörigen dieser Begleitung hofften, später in französische Dienste treten zu können, was der französische Gesandte Baron Reinhard sehr begrüßte.[106])

Bei Betrachtung der Logengeschichte ergab sich, welche Bedeutung man dem Notzeichen in den kriegerischen Zeiten beigemessen hatte. Für die Geschichte des Königreichs Westfalen sind auch einige Zeugnisse überliefert, in denen die maurerische über die staatliche Pflicht gestellt und verwirklicht wurde. Aufzeichnungen aus westfälischer Zeit berichten verschiedene Fälle, in denen Offiziere durch das Notzeichen gerettet wurden. Ein zeitgenössischer Verfasser war selbst Freimaurer[107]) und schrieb in diesem Zusammenhang über den spa-

---

[102]) Kleinschmidt, S. 616.
[103]) Kleinschmidt, S. 620.
[104]) a. a. O., S. 648.
[105]) Mitgliederliste der Loge „Hieronymus Napoleon zur Treue", 1810, Nr. 48, a. a. O.
[106]) „Ils espèrent tous d'entrer au service de S. M. J. et je crois qu'en général l'acquisition sera très bonne." Reinhard an den Herzog Bassano (Maret), Aachen, 10. 11. 1813, Du Casse, Les Rois Frères, S. 474 f.
[107]) Fulda-Hoffmeister (Frmr.), S. 169.

nischen Krieg: „Wenn der feindliche deutsche oder französische Krieger im Augenblick der äußersten Lebensgefahr, wo ein fanatischer spanischer Gegner eben den tödlichen Schlag auf ihn ergehen lassen wollte, als Bruder das Notzeichen gab, so rettete ihn der englische Bruder mit Gefahr seines eigenen Lebens. Viele Tausende von deutschen und französischen[108]) Kriegern haben auf diese Weise im spanischen Kriege unter Napoleons und Wellingtons[109]) Leitung der Freimaurerei und deren Notzeichen ihre Lebensrettung allein zu danken, was niemand für Feigheit oder unwürdige Selbstsucht auslegen wird."[110])

Der anekdotenhaften Schreibweise des Verfassers ist nicht allzuviel Zuverlässigkeit beizumessen. Die Anzahl der geretteten Offiziere dürfte wohl übertrieben sein. Der Verfasser gibt andererseits aber auch konkrete Fälle, obwohl sie wegen Mangel an Namennennungen und Orts- und Zeitangaben nicht als restlos gültig hingenommen werden können. So berichtete er die Rettung von zwölf hannöverschen Offizieren in Spanien. Diese hatten sich erst kurz vor ihrem Abmarsch nach Spanien in die Freimaurerei aufnehmen lassen. Im Augenblick der höchsten Gefahr hatten sie „ihrer maurerischen Verpflichtung gemäß"[111]) das Notzeichen gegeben, „da waren die britischen Offiziere im Galopp unter die Spanier geflogen und hatten — ganz auf Maurerart — mit Gefahr ihres eigenen Lebens die Säbel und Gewehre der Spanier niedergeschlagen und so den Tod der deutschen Offiziere verhindert."[112])

Über diese immerhin etwas unsicheren Zeugnisse hinaus ist ein Fall namentlich aufgezeichnet, in dem ein westfälischer Offizier durch das Notzeichen gerettet wurde. Es handelte sich um den Kapitän Johann Ernst Winkler (auch Vinclair), genannt Bolzenthal. Dieser kämpfte 1809 in Halberstadt als Adjutant des Obersten Meyronnet gegen die „schwarze Schar" des Herzogs von Braunschweig-Oels. Winkler wurde im Straßenkampf gefangen genommen und „wäre von den erbitterten Braunschweigern wahrscheinlich getötet worden, wenn er sich nicht einem von ihnen als Freimaurer zu erkennen gegeben hätte."[113]) Dieser westfälische Offizier war Bruder im Meistergrad in der Loge „Zur gekrönten Unschuld" in Nordhausen.[114]) Am Beispiel der Rettung Winklers hat die Überordnung freimaurerischen Lebens

---

108) Auch englische Offiziere wurden auf diese Weise gerettet, wie der Herausgeber an anderer Stelle zugibt (S. 170).

109) W. war Freimaurer, I. F. L., Sp. 1682 ff.

110) Fulda-Hoffmeister (Frmr.), S. 169.

111) a. a. O., S. 170.

112) ebenda.

113) Worringer, Westfälische Offiziere, Hessenland, 1808, S. 344.

114) Mitgliederliste der Loge „Zur gekrönten Unschuld" in Nordhausen, 1812, Nr. 50. Archiv der Loge „Tempel der Eintracht" in Osterode, a. a. O., J—W, Fach 1, Nr. 3 Vol. 2.

über alles völkische Leben und damit der — wenn auch nicht ausgesprochene — Anspruch der Freimaurerei auf Eigengesetzlichkeit seinen höchsten Ausdruck gegenüber Volk und Staat gefunden.

III. Westfälische Freimaurer im Beamtentum.

Den weitaus größten Teil der Logenmitglieder stellten die Beamten, was bei der ideologischen Verwandtschaft von freimaurerischer Weltanschauung und liberalistischem Staatsdenken auch nicht verwundern kann. Der König von Westfalen war Herrscher in einem liberalen Staat und zugleich Freimaurer, und der erste Minister, ebenfalls Logenbruder, leitete die vom Staate geförderte Freimaurerei. Die Logenbrüder wurden also in mehrfacher Hinsicht angezogen, sich in den Dienst dieses Staates zu stellen. Das Bedeutsame dabei war aber — und damit tritt die Freimaurerei in den Dienst der Politik —, daß man als westfälischer Staatsbeamter im Dienst der „erleuchteten" Gesetze des Königreiches zugleich praktisch für seine freimaurerischen Ideen wirken konnte.

Allein durch ihre große Anzahl gewannen die freimaurerischen Beamten schon politische Bedeutung im Sinne einer Breitenwirkung. Sie waren die Beamten, die durch ihr „Westfalentum" und damit zugleich durch ihre Absage an die deutsche Erhebung die Stützen von Jérômes Königreich darstellten. Die Logen zählten 30—60%[1]) Beamte unter ihren Mitgliedern, so daß sich ein durchschnittlicher Anteil von 45% Beamten unter den Brüdern ergab.[2])

Die wichtigsten Beamtenstellen im Königreich hatten die Mairie- und Präfekturbeamten inne. Maires oder Mairiebeamte waren nur in einer Loge nicht vertreten.[3]) Alle anderen Logen hatten einen bis fünf solcher Beamten in ihrer Mitte. Die Maires wurden wie alle Beamten durch den König ernannt. Ihre berufliche Stellung im westfälischen Staat beschränkte sich nicht auf ihre Tätigkeit im Verwaltungsdienst; sie waren gleichzeitig Träger der politischen Erziehung im Königreich. An den westfälischen Staatsfeiertagen z. B. waren sie die Veranstalter der Feiern und wirkten im westfälischen Geiste. Das politische Gewicht ihres Amtes erhöhte sich noch durch

---

[1]) Eine Ausnahme bildete die Loge „Tempel der Freundschaft" in Heiligenstadt. Sie hatte 1810 78% Beamte unter ihren Mitgliedern. Mitgliederliste dieser Loge von 1810. Archiv der Loge „Tempel der Eintracht" in Osterode, a. a. O., A—H.

[2]) Als Beamte sind immer Staatsbeamte im engeren Sinne, das heißt Verwaltungs-, Gerichts- und Regierungsbeamte gemeint; Pfarrer, Universitätsbeamte oder Lehrer dagegen sind nicht mitgerechnet, weil das Gewicht ihrer unmittelbar politischen Bedeutung geringer ist.

[3]) Die Loge „Des Arts et de l'Amitié" in Kassel (1811).

ihre Mitgliedschaft beim Verwaltungsrat der National-Garde,[4]) durch ihren tätigen Anteil an der Konskription und durch ihre Hilfsdienste für die westfälische Geheimpolizei. Die Wichtigkeit ihrer politischen Stellung und ihre Zuverlässigkeit zeigte sich in ihrem negativen oder passiven Verhalten während des Dörnberg-Aufstandes.[5]) Dem König gingen sogar nach der Niederschlagung dieser Erhebung von allen Maires Treuekundgebungen zu.

Den Bürgermeistern standen die Mairiebeamten und die Munizipalräte zur Seite. Von ihnen waren ebenfalls viele Logenbrüder.

In der Einbecker Loge stellten sie zwei Logenbeamte.[6]) Der Bürgermeister der Stadt war Erster Aufseher der Loge. Beim Zusammenbruch des Königreiches „stürzte sich die wutentbrannte Bevölkerung auf mißliebige Beamte, mißhandelte oder vertrieb sie. .. In Einbeck wurde der Maire, ein ziemlich unbesonnener Mann, fast ermordet,..“[7])

Aus der Loge in Münden wurden drei Beamte, darunter der Meister vom Stuhl und Repräsentant beim „Großorient“, zu Munizipalräten vorgeschlagen.[8])

In Halle gehörten die zwei ersten Beamten der Logenführung zum Munizipalrat: der Justizkommissar Scheuffelhuth und der Ratsmeister Keferstein,[9]) die beide aus der Logengeschichte durch ihr Schreiben an Siméon und den König bekannt sind.

Die Logengeschichte von Nordhausen berichtet, daß beide Logenmeister führende Männer im Stadtregiment waren.[10])

Von der Loge in Heiligenstadt heißt es, daß unter den zahlreichen Beamten der Stadt viele Logenbrüder waren.[11])

Der wichtigste Maire des Königreichs Westfalen war natürlich der von Kassel. Es war der Freiherr Gustav Wilhelm Ferdinand von und zum Canstein, einer der Großwürdenträger der Freimaurerei Westfalens. 1808 war er Erster Vorsteher der Loge „Hieronymus Napoleon zur Treue“ und wurde 1811 deren Deputierter Meister vom Stuhl.[12]) Im „Großorient“ bekleidete er seit 1809 das Amt des Großalmoseniers. Von Canstein war Hochgradbruder und 1809 gleichzeitig noch im

---

[4]) 1813 wurden die Maires mit der Aufstellung von Bürgergarden in Städten ohne Militär oder Gendarmerie beauftragt. Gebauer II, 294.

[5]) So z. B. die beiden Maires Rodemann aus Homberg und Führer aus Felsberg, die beide der Kasseler Loge „Hieronymus Napoleon zur Treue“ angehörten. Vgl. Merkels Rede S. 95 f. Lynker nennt Führer — ohne zu wissen, daß dieser Freimaurer ist — einen „als Franzosenfreund verhaßten Kantonsmaire.“ (S. 121).

[6]) Die Freimaurer Ernst und Isenbart. Anzeige der bei der Loge „Georg zu den drei Säulen“ vorgegangenen Veränderungen von Johanni 1811 bis dahin 1812. Archiv der Loge „Tempel der Eintracht“ in Osterode, a. a. O., A—H.

[7]) Kleinschmidt, S. 628.

[8]) Vorschlag von Munizipalräten im Fulda-Departement, Staatsarchiv Marburg, R 76 a Nr. 249.

[9]) Hertzberg, S. 374.

[10]) Becker (Frmr.), S. 34.

[11]) Otto Merseburger (Frmr.), S. 4.

[12]) Mitgliederliste der Loge „Hieronymus Napoleon zur Treue“, 1808, Nr. 15; 1811, unter Veränderungen.

„Großorient" Repräsentant der Tochterloge „Zur Unsterblichkeit" in Hildesheim. 1813 führte ihn die Loge in Celle als einziges Ehrenmitglied.[13])

Als Bürgermeister der Regierungsstadt hielt es von Canstein für seine heiligste Pflicht, als ihr Repräsentant in seiner Treue und Liebe zum König die der ganzen „guten Stadt" Kassel zum Ausdruck zu bringen. Er war es, der neben dem „Moniteur" die Anhänglichkeit der Kasseler Bevölkerung an ihren König Jérôme trefflich zu organisieren verstand. Als sich Jérôme 1809 an seinem Geburtstag in Paris aufhielt, ließ er ihm von der Stadt Kassel ein Gedicht überreichen. Dieses pries den Monarchen mit seinem „Götterlächeln" und lobte die tiefe Ergebenheit des Volkes. Es ist besonders interessant, weil es Worte und Begriffe freimaurerischer Weltanschauung gebrauchte. Es hieß darin:

„Drum meld' ein Volkston ihm, daß jeder
Heut von dem Allbeherrscher fleht,
Daß gleich der wolkennahen Ceder
Sein Ruhm und Glück sich hoch erhebt."[14])

Der Allbeherrscher ist der „Allmächtige Baumeister aller Welten", der Gott der Freimaurer. „Die Libanonceder wird in der Baulegende wiederholt erwähnt, besonders in den Hochgraden."[15]) Der königliche Bruder sowie der westfälische Staat erlaubten allerdings solche Ausschmückungen einer politischen Huldigung mit freimaurerischen Symbolen und Begriffen.[16]) Der Gebrauch der freimaurerischen Termini berechtigt zu der Annahme, daß das Gedicht von Canstein selber stammt; eine Annahme, die eine Rede von Cansteins noch erhärten wird.

Zusammen mit dem Polizeipräfekten von Kassel organisierte von Canstein die häufig vorkommenden Illuminationen zu Ehren des Königs. Als Jérôme mit der Königin am 1. Juli 1811 von Paris zurückkehrte und wieder in Kassel eintraf, illuminierte die Stadtbevölkerung „auf Befehl des Polizeipräfekten und des Maire."[17]) Dieser war inzwischen zum Ritter des Ordens von der westfälischen Krone ernannt worden. Bald darauf beehrte die „erhabene Mutter der vierten Dynastie"[18]) Jérôme's Königreich mit ihrem Besuch. Am 1. September

---

[13]) Seeger (Frmr.), Anhang, S. 14.

[14]) Angeführt bei Holzapfel, S. 111 f.

[15]) I. F. L., Sp. 262.

[16]) Der Verfasser der „Geschichte Magdeburgs in der westfälischen Zeit" (Holzapfel) übt Seite 112 folgende Kritik an diesem Gedicht: „Leider blieben solche Kriechereien nicht auf die hohen Staatsbeamten und auf die Hauptstadt des Landes beschränkt." — H. Brunner, ein Kasseler Heimatgeschichtler, schreibt hierzu: „Soviel man immer in diesen Versen dem Stil der Zeit zugute halten mag, so muß man doch die Stirn bewundern, mit der dieser Mann die Gefühle mißverstand, die noch jüngst dem hessischen Bauer Axt und Sense zu blutigem Aufstande in die Hand gedrückt hatten." (König Jérôme und seine Residenz, Beilage zur „Allgemeinen Zeitung", München und Stuttgart, Nr. 33 und 34, 1889, S. 490).

[17]) Kleinschmidt, S. 442.

[18]) a. a. O., S. 446.

1811 zog sie im offenen Triumphwagen in Kassel ein. Unter einem Triumphbogen ging ihr der Maire entgegen.

Die Einweihung der Büste Jérômes in Kassel war diesem ergebenen Westfalen erneut Anlaß, seinen König durch eine „überschwengliche Rede“[19]) zu feiern. Diese Büste, die der Oberbaurat Jussow, ein Bruder der Loge „Hieronymus Napoleon zur Treue“, angefertigt hatte, wurde am Tage des heiligen Hieronymus (30. 9.) im Großen Saal der Mairie aufgestellt. In seiner Festrede wandte sich von Canstein an die versammelte Munizipalität und die hohen Beamten des Departements. Hierbei benutzte er freimaurerische Redewendungen. Der „liebreichste Monarch“ wird wiederholt als „der gütige und menschenfreundliche Wohltäter“, als „Beförderer des Nützlichen und Guten“ und als „Vater und Wohltäter seiner Untertanen“ vorgestellt,[20]) Jérôme wird also ganz als Verkörperung des freimaurerischen Staatsideals gesehen, dessen Inhalt und Ziel die Humanität ist. Über das Geschenk der Büste heißt es: „Jérôme Napoleon .. konnte uns kein höheres Glück, kein unschätzbareres Geschenk gewähren, als durch den sanften Abdruck des holdseligen Bildes, wodurch er sich für immer uns vergegenwärtigte.[21]) Jérôme bereite allen den „höchsten Genuß des Entzückens durch den wonnevollen Anblick“. Dieses Entzücken löse „in diesem schönsten Augenblicke“ die Empfindung der „wahrsten und treuesten Anhänglichkeit“ aus. Jérôme, den Canstein Landesvater nannte, genieße die „kindliche Liebe“ und das „unbeschränkte Vertrauen“ seiner „treuen Diener“ und Untertanen.

Der Maire von Kassel wurde nicht müde, dem König bei jedem dazu geeigneten Anlaß die Treue der Stadt Kassel kundzutun. Am 30. November 1811 druckte der „Moniteur“ die Rede ab, die von Canstein vor dem König gehalten hatte, nachdem dieser dem Schloßbrand glücklich entronnen war. Der Maire hatte diese Gelegenheit zum Anlaß genommen, um dem König ein Geschenk darzureichen „als einen schwachen, aber auch als einen einzigen Beweis, den wir von unserer Liebe, unserer ehrerbietigen Anhänglichkeit an Allerhöchst Ihre Person darbringen können.“[22]) Das „schwache“ Geschenk für Jérôme waren 800 000 Francs und für die Königin 400 000 Francs. Jérôme besaß freilich etwas mehr Haltung. Er nahm die Gabe an, um sie sofort wieder weiter zu verschenken. Weitere rührige Dienste für seinen König und Bruder waren dem Maire nicht mehr lange beschieden. Als Tschernischew Kassel eingenommen hatte, wurde eine Regierungskommission gegründet, die von Canstein besonders ausschloß, und beim Abzug der Russen nahm Tschernischew den west-

[19]) a. a. O., S. 449.
[20]) Bei Holzapfel, S. 115.
[21]) ebenda.
[22]) Moniteur, 30. 9. 1811. vgl. S. 80.

falentreuen Maire mit sich fort, weil er im Verdacht der Spionage stand.[23])

Dem Gliederungsprinzip des Königreichs Westfalen in Kantone, Distrikte und Departements, das ganz nach französischem Muster ohne Rücksicht auf natürliche oder geschichtliche Gegebenheiten vorgenommen worden war, entsprachen als leitende Beamte die Maires, die Unterpräfekten und die Präfekten.

Die Besetzung der Distrikte und Departements mit zuverlässigen Beamten war ebenso wichtig wie die der Kantone und Städte. Eine große Anzahl von Unterpräfekten waren daher Logenmitglieder.

Der Loge „Zur gekrönten Unschuld" in Nordhausen gehörte der Unterpräfekt des gleichnamigen Distrikts G. M. von Steinmetzen an. Er war gleichzeitig Repräsentant dieser Loge beim „Großorient".[24])

Im Distrikt Osterode des gleichen Departements war der Unterpräfekt Kuhlmeyer ebenfalls Freimaurer. Er war Deputierter Meister vom Stuhl in der Osteroder Loge „Tempel der Eintracht".[25]) Der Sekretär des Unterpräfekten, J. C. H. Kast, war Zweiter Vorsteher und Schatzmeister dieser Loge.[26])

Im Werra-Departement hatte der Distrikt Eschwege einen Freimaurer als Unterpräfekten: Leopold von Hohenhausen, der vorher Generalsekretär bei der Präfektur dieses Departements gewesen war. Er gehörte der Kasseler Loge „Hieronymus Napoleon zur Treue" an[27]) und trat dann in die im Jahre 1810 gegründete Loge „Eintracht zur Acacia" in Eschwege ein.[28])

Zur Helmstedter Loge gehörte der Unterpräfekt von Weichs, ein alter Freimaurer und Mitgründer dieser Loge.[29]) Er wurde später Zweiter Vorsteher in der Logenführung.

Die Magdeburger Provinzialloge führte 1809 unter ihren Ehrenmitgliedern den Unterpräfekten Clamor Ernst Georg Victor von dem Bussche-Hünefeld.[30]) Er war 1809 bis 1811 Meister vom Stuhl der Loge „Wittekind zur westfälischen Pforte" in Minden, der Stadt seiner Unterpräfektur.[31]) Von dem Bussche-Hünefeld war Domherr und gehörte 1807 zu der westfälischen Deputation für Paris.[32])

---

[23]) Kleinschmidt, S. 631.

[24]) Mitgliederliste der Loge „Zur gekrönten Unschuld" in Nordhausen, 1812. Archiv der Loge „Tempel der Eintracht", a. a. O., J-W.

[25]) Mitgliederliste der Loge „Tempel der Eintracht" in Osterode, 1811. Archiv der Loge „Archimedes zu den drei Reißbrettern" in Altenburg, a. a. O., Nr. 76.

[26]) ebenda.

[27]) Mitgliederliste der Loge „Hieronymus Napoleon zur Treue", 1809, Nr. 38, a. a. O.

[28]) Schminke II, 237.

[29]) Nose (Frmr.), S. 2.

[30]) Mitgliederliste der Provinzialmutterloge „Friedrich zur grünenden Linde" in Magdeburg, 1809, III, Nr. 4. in: Mitgliederverzeichnisse von 1790—1862/63. Archiv der Loge „Ferdinand zur Glückseligkeit".

[31]) Verzeichnis der unter der Aufsicht der Großen Provinzialmutterloge arbeitenden Freimaurerlogen, 1810. Mitgliederlisten von 1809—1811, wie Anm. 30.

[32]) Leth (Frmr), S. 51.

Der Unterpräfekt des Distrikts Hildesheim, Franz Anton Blum, gehörte der Loge „Zum stillen Tempel“ in dieser Stadt an.[33]) Ihm folgte 1812 der Freimaurer und Auditeur im Staatsrat Georg von Hammerstein, Bruder im Meistergrad der gleichen Loge.[34]) Er war ebenfalls Teilnehmer der 1807 nach Paris abgesandten Deputation Westfalens.

Die Loge „Zum weißen Pferd“ in Hannover stellte 1811 ebenfalls einen Unterpräfekten, den Bruder Friedrich Wilhelm Ostermeyer.[35]) Diesem unterstand der Distrikt Verden im neuen Norddepartement, das anläßlich der Einverleibung Hannovers zum Königreich Westfalen gekommen war.

In die neu zu besetztenden Stellen dieser angegliederten Gebiete kamen noch mehrere Freimaurer. Unterpräfekt für den Distrikt Celle des neuen Aller-Departements wurde der aus der Logengeschichte bekannte Bruder Carl Friedrich von Stralenheim. Er war seit 1808 Generalsekretär der Präfektur des Fulda-Departements und Mitglied der Loge „Hieronymus Napoleon zur Treue“ in Kassel. In den Jahren 1808 und 1809 noch Maurer im 3. Grad, stieg er 1810 als Unterpräfekt zum höchsten Grad auf.[36]) Mit seiner Versetzung nach Celle übernahm er dort als Meister vom Stuhl die Führung der Loge „Zum hellleuchtenden Stern“. Hauptsächlich auf sein Betreiben hin war diese dem „Großorient“ unterstellt worden. Die Loge stand bis 1813 unter seiner Hammerführung.[37]) Sekretär des Unterpräfekten wurde von Hodenberg, ein Bruder der gleichen Loge.

Auch im Departement Niederelbe wurde ein Freimaurer eingesetzt: der Präfekt von Schrader aus der Loge „Zum weißen Pferd“ in Hannover.[38]) Über seine Tätigkeit als Präfekt ist nichts bekannt, da dieses Departement nur ganz kurze Zeit bestand. Somit war in jedes der drei neuen Departements ein Freimaurer als führender Verwaltungsbeamter gekommen.

Fast in jeder Loge fanden sich zudem einige Beamte, die den Unterpräfekten und Präfekten zur Seite standen.

Der zweite freimaurerische Präfekt des Königreichs war August Heinrich Freiherr von Trott zu Solz.[39]) Der Freiherr stammte aus hessischem Adel. Er bot sich für westfälische Dienste an und kam 1808 als Unterpräfekt nach Eschwege in westfälische Dienste.[40]) Am 2. Juni

---

[33]) Mitgliederliste der Loge „Zum stillen Tempel“, in Hildesheim, 1808. Archiv der Loge „Zu den drei Pfeilen“ in Nürnberg, Nr. 71.

[34]) Mitgliederliste der Loge „Zum stillen Tempel“ in Hildesheim, 1811. Archiv der Loge „Archimedes zu den drei Reißbrettern“ in Altenburg, a. a. O. Nr. 79.

[35]) Mitgliederliste der Loge „Zum weißen Pferd“ in Hannover, 1811, a. a. O., Nr. 78.

[36]) Mitgliederliste der Loge „Hieronymus Napoleon zur Treue“, 1810, Nr. 104; 1808, Nr. 50; 1809, Nr. 91, a. a. O.

[37]) Mitgliederverzeichnis von 1811—1911 der Loge „Zum helleuchtenden Stern“ in Celle, Nr. 434. Seeger (Frmr.), Anhang.

[38]) Mitgliederliste der Loge „Zum weißen Pferd“ in Hannover, 1811, a. a. O.

[39]) Die Mitgliederliste der Loge „Hieronymus Napoleon zur Treue“ in Kassel — von Trott war Präfekt in Marburg (!) — nennt ihn 1810 unter Nr. 107.

[40]) Kretzschmar, Allgemeine Dtsch. Biogr., Leipzig, 1894, Bd. 38, S. 660.

1809 ernannte ihn Jérôme in Anerkennung seiner Verdienste während des Dörnberg-Aufstandes zum Präfekten des Harz-Departements.[41]) Die Marburger Gegend aber war ein Herd ständiger Unruhe geblieben und brauchte einen zuverlässigen Mann. Von Trott kam also im September des Jahres als Präfekt nach Marburg, „um Stadt und Land nach dem Dörnbergischen Aufstande zu beruhigen."[42]) In Marburg setzte er sich auch tatkräftig dafür ein, die Bevölkerung zu treuen Anhängern Jérômes zu erziehen. In einer Rede anläßlich der Einweihung der Büste des Königs verherrlichte er dessen Person und die Verfassung Westfalens. In ihrem Dienst zu stehen, sei „wahre Hingabe an die Menschheit."[43]) Der westfälische Staat wurde von Trott ganz richtig als Gestaltung der freimaurerischen Staatsidee verstanden. Die Rede war weiterhin reich mit Anschauungen und Worten der freimaurerischen Ideologie durchwoben. Die geschichtslose Staatsauffassung paarte sich darin mit dem negativen Fatalismus, der restlosen Schicksalsergebenheit in die Wege des „Baumeisters aller Welten". So hieß es: Jérôme, „in dessen Hände die göttliche Vorsehung die Leitung der Angelegenheiten unseres Vaterlandes legte, in dessen Dasein das unsrige Dasein verschmolz, unser Wohl und Wehe verwebt ist.."[44]) Vaterland war hierbei wie im liberalistischen Staatsdenken nur auf den Staatsboden bezogen und muß rein staatlich verstanden werden. Die freimaurerische Gott- und Naturauffassung klang aus den Worten: „.. in der (Natur ist) eine Kraft, (die) alles bewegt, erfüllt und belebt. —" Und nicht zuletzt war das Bild des Herrschers als „ein Mensch auf dem Thron" freimaurerischer Vorstellung entlehnt. Die Rede schloß mit den vielsagenden Worten: „Gott segne den König! das Vaterland und den freien Bund, welchen die Treue um sie schließt!" Das war keine zufällige Übereinstimmung von freimaurerischem Wortgebrauch und westfälischer Staatsgesinnung. Der Bruder von Trott gehörte zu denen „die dem Königreich Westfalen aus Überzeugung dienten.."[45])

Von Trott, der inzwischen zum Ritter des westfälischen Kronenordens ernannt worden war, fand noch einmal Gelegenheit, sich für Westfalen einzusetzen. Die durch die Einfälle der Verbündeten in das Königreich beunruhigte und zu Aufständen geneigte Bevölkerung suchte er durch eine Proklamation umzustimmen. Tschernischew war gerade wieder von Kassel abgezogen, da bemühte sich von Trott, die Bevölkerung zu begeisterter Hingabe für das Königreich zu entflam-

---

[41]) „Sein festes und ruhiges Auftreten gegenüber dem Dörnbergschen Aufstande belohnte die Regierung mit der Beförderung zum Präfekten des Harz-Departements." Ebenda.

[42]) ebenda.

[43]) Moniteur, 9. 12. 1811.

[44]) ebenda.

[45]) Kretzschmar, a. a. O., S. 660. — Über von Trotts Wirken für die Durchführung der Judenemanzipation in dem an sein Departement angrenzenden Großherzogtum Hessen-Darmstadt s. S. 165 ff.

men, indem er das Festhalten an Westfalen zu einer Sache der Pflicht stempelte und der deutschen Erhebung die Größe Napoleons entgegenhielt. Die Operation, so hieß es in der Proklamation, die „die Auflösung eines Staates zur Folge haben sollte, welchen das Genie des Kaisers Napoleon gründete und beschützt, ist ein belehrendes Beispiel für alle Kleinmütigen und Leichtgläubigen.“[46]) Die Rede und die Proklamation wurde vom „Moniteur“ abgedruckt, der damit für ihre Verbreitung sorgte. Als einer der Treuesten des Königs bekam der Präfekt nach der Leipziger Schlacht von Jérôme den Befehl, ihm nach Paris zu folgen.[47]) Von Trott war somit der sechste Freimaurer, der seinen königlichen Bruder ins Exil begleitete und den Weg zur deutschen Erhebung nicht finden konnte. Sogar nach der Vernichtung des Königreichs Westfalen betrachtete er sich noch in Jérômes Diensten und forderte erst nach dem Pariser Frieden seine Entlassung. Nach seiner Rückkehr wurde der Freiherr vom Kurfürsten von Hessen „wegen des durch seine leidenschaftliche Anhänglichkeit an das usurpatorische Departement an seinem Vaterland begangenen Verbrechens“[48]) verurteilt. Das Verfahren wurde aber später niedergeschlagen, und von Trott ging in württembergische Dienste.

Der dritte freimaurerische Präfekt war Philipp Ernst Alexander Graf von der Schulenburg-Emden, ein ehemaliger preußischer Landrat und Kürassieroffizier. Ihm unterstand das wichtigste, an Preußen angrenzende Departement der Elbe mit der Hauptstadt Magdeburg.

Von der Schulenburg wurde 1808 von der Loge „Ferdinand zur Glückseligkeit“ in Magdeburg als Ehrenmitglied aufgenommen. 1810 noch ohne jedes Amt in der Loge, trat er 1811 schon als Deputierter Großmeister in deren Führung, nachdem im März des Jahres der von Siméon ergangene Erlaß jede Abhängigkeit dieser Provinzialloge von einer ausländischen Großloge verboten hatte. Am 1. Januar 1812 starb der alte Großmeister Abt Schewe, und von der Schulenburg übernahm jetzt die Führung der Loge. Diese Stelle hatte er bis 1814 inne.[49]) Damit behielt er, nachdem er 1811 wegen Schwierigkeiten mit kaiserlich französischen Beamten als Präfekt suspendiert worden war, noch eine wichtige Stellung im Elbe-Departement. Am Ende der westfälischen Zeit schied er aus der Provinzialloge aus und blieb wiederum nur Ehrenmitglied von deren Johannisloge. Das Ganze ist ein Beweis für die Besetzung der Logenführung mit politisch wichtigen Persönlichkeiten. Der Graf, der übrigens 1807 auch zu der Pa-

---

[46]) Moniteur. 11. 10. 1813.
[47]) Kretzschmar, a. a. O.
[48]) ebenda.
[49]) Mitgliederlisten der Provinzialmutterloge „Friedrich zur grünenden Linden“, Magdeburg, 1808—1813. Acta betr. die Sammlung derjenigen Logenmitglieder der . . de 5779 (1797), sowie sie noch in der Logenregistratur aufzufinden gewesen sind. Archiv dieser Loge.

riser Deputation gehört hatte, wurde 1812 nach seiner Verabschiedung als Präfekt als Staatsrat in die Sektion der Justiz übernommen und zum Ritter des westfälischen Kronenordens ernannt. Für sein freimaurerisches Staatsdenken ist eine Rede kennzeichnend, die er als Präfekt bei der Einweihung der Büste Jérômes in Magdeburg gehalten hatte.[50]) Ebenso wie bei von Trott war auch hier der Begriff Vaterland im Verein mit der Herrschaft Jérômes, also der Fremdherrschaft, gebraucht worden; eine Verbindung, die die politische Instinktlosigkeit eines Staatsdenkens aufdeckt, das in seiner Abstraktheit und in der Loslösung des Staates von Geschichte und Natur nur Beziehungen zur humanitär aufgefaßten Menschheit hat.

Nachfolger von der Schulenburgs als Präfekt wurde der frühere Polizeichef Le Gras de Bercagny, der auch der Freimaurerei angehörte.

Für das gesamte Königreich Westfalen ergibt sich also, daß — die abgetretenen Gebiete von Hannover nicht eingerechnet — drei Freimaurer-Präfekten und neun Freimaurer-Unterpräfekten auf fünf Departements verteilt waren. In den Departements der Fulda, der Leine und der Saale waren keine Freimaurer als Unterpräfekten oder Präfekten vertreten. Das Departement der Fulda hatte durch die Regierungsstadt Kassel allerdings genügend Freimaurer als Beamte. Das Leine-Departement besaß durch die Anwesenheit des Freimaurers und Polizeikommissars Guntz in Göttingen, einen der Hauptagenten der westfälischen Geheimpolizei, sowie durch den Freimaurer und Stadtkommandanten von Osterhausen und den Freimaurer und Prorektor der Universität Pott sichere westfälische Stützen.[51]) Das Departement der Saale schließlich gehörte neben dem der Elbe zum Tätigkeitsbereich des bekannten Freimaurers und Polizeikommissars Moisez, so daß alle Departements hinreichend gesichert waren. Die Präfekten selbst standen auch in enger Verbindung zur Polizei. Die Präfekturgarde war eine Art Hilfspolizei, und eine Zeitlang unterstanden den Präfekten sogar die Generalkommissarien der „Hohen Polizei".

Die beste Bestätigung der politischen Zuverlässigkeit der Präfekten und Unterpräfekten — und damit ihrer Bedeutung für den westfälischen Staat — gab ein Urteil Reinhards. Dieser schrieb einige Tage nach dem Dörnberg-Aufstand an den französischen Außenminister, das westfälische Innenministerium hätte die Haltung dieser Beamten gelobt, und man sollte den deutschen Beamten viel mehr vertrauen, als sie verdächtigen.[52])

---

50) Moniteur, 1. 12. 1811.

51) Knoke, S. 95 und Archiv der Loge „Augusta zum goldenen Zirkel" in Göttingen, Acta Aspiranten und desfallsige Correspondenzen, IX, e.

52) Reinhard an Champagny, Kassel, 25. 4. 1809. Mémoires III, 364.

Nach der westfälischen Verfassung wurde wie in Frankreich ein Staatsrat gebildet. Er war oberster Gerichtshof und konnte die Gesetze entwerfen. Jérôme hatte den Vorsitz. Die Mindestzahl des Staatsrates betrug zehn und seine vorgesehene Höchstzahl sechzehn Mitglieder.

Unter den ersten neun Ernennungen, die Jérôme am 11. Dezember 1807 vornahm, befand sich der Freimaurer und publizistische Vorkämpfer für die Judenemanzipation Christian Wilhelm von Dohm.[53]) Unter den drei nächsten Ernennungen, die am 23. Dezember erfolgten, waren zwei Freimaurer: der bekannte Brigadegeneral Freiherr von Lepel und Graf Werner von Bocholtz. Der Graf war Maurer im 2. Grad und gehörte der Loge „Zu den drei Balken" in Münster an.[54]) Er wurde einer der führenden Staatsräte des Königreichs und arbeitete mit dem Minister Malchus das Programm für die zweite Ständeversammlung (28. 1. 1810) Westfalens aus.

Bei der Übernahme von Hannover wurden in Anerkennung ihrer Verdienste für die Abtretung dieses Landes zu Staatsräten ernannt: der Freimaurer Christoph Louis Albrecht Patje und Caspar Detlef von Schulte. Patje war Freimaurer-Geselle der Loge „Zum weißen Pferd" in Hannover[55]) und von Schulte Meister-Bruder derselben Loge.[56]) Von Schulte war mit dem westfälischen Außenminister Grafen Fürstenstein verwandt. Er wurde sehr bald Ritter des westfälischen Kronenordens und im Mai 1813 Generalschatzmeister dieses Ordens. Als sich das Königreich seiner Auflösung näherte, schwenkte er aber von Jérôme ab. Durch Dekret vom 9. 10. 1813 bekam er die erbetene Entlassung, nicht wegen zu patriotischen Verhaltens,[57]) sondern weil er ebenso wie der Prinz von Hessen-Philippsthal und der Staatsrat Friedrich Ludwig von Hardenberg Jérôme in der letzten Stunde verließ. Ihnen war der schwankende Boden des Königreichs lediglich zu unsicher geworden. Denn innerlich stellten sie sich durchaus nicht auf die Seite der Befreier.

Friedrich Ludwig von Hardenberg, ein Bruder des preußischen Staatskanzlers und ehemaliger Welfe, war in Jérômes Dienste getreten und wurde zum Staatsrat ernannt. Er war Meister in der Loge „Zum weißen Pferd" in Hannover.[58]) Jérôme bestätigte ihn im November 1812 als Baron. Im Herbst 1813 zog sich von Hardenberg aus den schon dargelegten Gründen und wegen einer persönlichen Kränkung eines seiner Verwandten aus dem Staatsrat zurück und bat im Oktober um seine Entlassung.

---

[53]) s. S. 162—167.

[54]) Mitgliederliste der Loge „Zu den drei Balken" in Münster, 1806, III, Nr. 16. Archiv der Loge „Zu den drei Pfeilen" in Nürnberg, a. a. O., Liste Nr. 26. vgl. S. 120.

[55]) Mitgliederliste der Loge „Zum weißen Pferd" in Hannover, 1811, Nr. 104. Archiv der Loge „Archimedes zu den drei Reißbrettern" in Altenburg, a. a. O., Liste Nr. 78.

[56]) a. a. O., Nr. 124.

[57]) Völkel Dunker, S. 308.

[58]) Mitgliederliste der Loge „Zum weißen Pferd" in Hannover, 1811, Nr. 61, a. a. O.

Unter den Ernennungen zu Staatsräten, die laufend weiter stattfanden, war auch die des Freimaurers und ehemaligen Präfekten des Elbe-Departements Graf von der Schulenburg-Emden.

Bei dem großen Anteil des Adels an der Freimaurerei der damaligen Zeit befanden sich naturgemäß viele Logenmitglieder in der Umgebung Jérômes; auch hier, wie bei den Offizieren oder anderen Beamten, vereinzelt in höheren Stellen und in großer Anzahl in unteren Ämtern.

An der Spitze des Hofstaates stand als Großmarschall der Graf Wellingerode (der Franzose Oberst Meyronnet). Ihm folgte im Dezember 1811 der Erste Vorsteher des „Großorients von Westfalen" Prinz Ernst Constantin von Hessen-Philippsthal. Unter den Beamten des königlichen Palastes befand sich der Substituierte Großmeister des „Großorients", Freiherr von Buttlar. Zu ihnen gehörte noch als Quartiermeister des königlichen Palastes Dagon de la Contrie, der Großinspekteur des „Grand Orient de Bade". Gouverneur des königlichen Palastes in Osnabrück war der Kammerherr und Meister vom Stuhl der dortigen Loge „Zum goldenen Rad" Ludwig Clamor Freiherr von Scheele.[59])

An Kammerherren stellte die Loge „Hieronymus Napoleon zur Treue" außer dem Großkammerherrn Prinzen von Hessen-Philippsthal noch drei Brüder. die Freiherrn Carl von Spiegel aus Borlinghausen,[60]) Carl von Bodenhausen[61]) und Gustav von Bischofshausen.[62]) Von Bodenhausen wurde zum erstenmal 1811 in der Liste seiner Loge aufgeführt. Über seine politische Tätigkeit vor seiner Aufnahme als Freimaurer ist nichts bekannt. Erst im August des Jahres 1811 wurde er als diensttuender Kammerherr beim Empfang der Madame-Mère genannt. Bereits im Februar 1812 wurde von Bodenhausen als einer der drei Ordonnanzoffiziere Jérômes zu dessen Begleitung für den russischen Feldzug bestimmt. Nach der Einnahme Moskaus schickte ihn Jérôme zu Napoleon, um in seinem Namen die Glückwünsche zu dessen Siegen zu überbringen.

Der zweite der drei Ordonnanzoffiziere war Ludwig Wilhelm Ernst Graf Oberg.[63]) Der Graf war Meister in der Loge „Zum weißen Pferd" in Hannover.[64]) Er wurde 1810 Kammerherr und seine Gemahlin Palastdame. Als der Freimaurer Graf von der Malsburg Großstallmeister wurde, folgte ihm Oberg als Erster Ehrenstallmeister der Köni-

---

[59]) Verzeichnis der unter Aufsicht der Großen Provinzialmutterloge arbeitenden Freymaurerlogen, 1810. Mitgliederliste der Großen Mutterloge „Friedrich zur grünenden Linde", Magdeburg, 1810, a. a. O.

[60]) Mitgliederliste der Loge „Hieronymus Napoleon zur Treue", 1810, Nr. 100, a. a. O.

[61]) Mitgliederliste der Loge „Hieronymus Napoleon zur Treue", 1811, Nr. 133, a. a. O.

[62]) a. a. O., Nr. 11.

[63]) Diese Offiziere taten in der Hauptsache als Kammerherren Dienst und sind deshalb an dieser Stelle aufgeführt.

[64]) Mitgliederliste der Loge „Zum weißen Pferd" in Hannover, 1811, Nr. 99, a. a. O.

gin. Im Mai 1811, als das Königspaar nach Paris fuhr, gehörte der Graf zur Begleitung. Oberg machte während des Feldzuges von 1812 mehrere Reisen als Ordonnanzoffizier des Königs. Im März 1813 begleitete er mit seiner Gemahlin die Königin auf ihrer letzten Reise von Kassel nach Paris.

Zu den freimaurerischen Kammerherrn gehörte auch der Unterpräfekt von Hildesheim, Georg von Hammerstein. Der westfälische Gesandte in Berlin, der Freimaurer Baron von Linden, war ebenfalls Kammerherr Jérômes. Der Petersburger Gesandte, Clamor Detlef Graf von dem Bussche-Hünefeld, ein Mitglied der Loge „Zum weißen Pferd",[65]) war früher hannöverscher Kammerherr. In westfälischen Diensten wurde er 1812 Kammerherr Jérômes und im Januar 1813 Ehrenkavalier der Königin. Er gehörte ebenso wie der Graf Oberg im März 1813 zu der Begleitung der Königin bei deren letzter Abreise aus ihrem Königreich.[66])

Als Oberzeremonienmeister des Hofstaates fungierte Werner Graf von Bocholtz zu Asseburg. Er war früher Domprobst in Paderborn und wurde eine der glänzendsten Erscheinungen am Hofe Jérômes. Napoleon verlieh ihm beim Fürstenkongreß in Erfurt das Großoffizierskreuz der Ehrenlegion. Auch bei Jérôme stand der Graf in hohem Ansehen. Dieser schenkte ihm 1811 „ein Haus mit Mobiliar im Werte von 100 000 Francs".[67]) Im Jahre 1809 sandte ihn Jérôme in das Hauptquartier Napoleons, um beim bevorstehenden Frieden mit Österreich einen Gebietszuwachs für Westfalen zu gewinnen. Graf Bocholtz bekam im Jahre 1813 den Orden der westfälischen Krone, wurde bald darauf zum Großkomtur dieses Ordens ernannt und im Mai des Jahres zu dessen Großkanzler. Mit dem Freimaurer von der Malsburg begleitete auch er Jérôme am Ende desselben Jahres auf seiner letzten Fahrt von Kassel nach Frankreich.

Sein Bruder Friedrich Wilhelm von Bocholtz, Mitglied der Göttinger Loge „Zum goldnen Zirkel",[68]) erlangte durch seine Gemahlin Berühmtheit am Hofe Jérômes. Sie war eine geborene Reichsfreiin Weichs und trat als Dame d'atour in den Hofstaat, dem sie später als Oberhofmeisterin vorstand.

Ehrenstallmeister der Königin wie von der Malsburg und Oberg war auch Wilhelm von dem Bussche, genannt Münch, Meister in der Loge „Zum weißen Pferd" in Hannover. Er gehörte zu den wenigen vom hannöverschen Adel, die eine Stelle im Hofstaate Jérômes nicht ausgeschlagen hatten.[69])

---

[65]) a. a. O., Nr. 32.

[66]) Das sind immerhin noch zwei Freimaurer, die in engster Verbindung zum Hofe standen und an Jérômes Königtum noch festhielten, als alle anderen Deutschen zum Kampfe für ihre Freiheit antraten.

[67]) Kleinschmidt, S. 71.

[68]) Verzeichnis aller Brüder-Mitglieder. (Angefangen 1773), Nr. 214. Archiv dieser Loge I C 5.

[69]) Mitgliederliste der Loge „Zum weißen Pferd" in Hannover, 1811, Nr. 33 a. a. O.

Die königliche Loge „Hieronymus Napoleon zur Treue" zählte zu ihren Mitgliedern außer den aufgeführten Angehörigen des Hofstaates noch sieben Brüder, die am königlichen Hofe tätig waren. Der Inspekteur der königlichen Gärten, Friedrich Christian Kautz,[70]) Meistermaurer, sein Unterinspektor Heinrich Umbach[71]) und der Inspektor von Napoleonshöhe, Johann Thomas Steitz,[72]) hüteten und pflegten Haus und Garten des königlichen Bruders Jérôme. Die königlichen Bauten betreute der Inspektor der Krongebäude, Georg Ludovici. Er gehörte als Hochgradbruder und Repräsentant der Tochterloge in Osterode dem „Großorient" an.[73]) In der Loge „Hieronymus Napoleon zur Treue" versah er das Amt des Zweiten Substituierten Vorstehers.[74]) Der Direktor der Krongebäude war der frühere Generalinspektor der Brücken, Chausseen und öffentlichen Gebäude, Heinrich Christoph Jussow. Er war Maurer im Meistergrad.[75]) Jussow entwarf den Triumphbogen, „der die königlichen Kardinaltugenden darstellte"[76]) und durch den Jérôme im Dezember 1807 seinen Einzug in Kassel hielt. Im Januar 1810 rückte Jussow zum Ersten Hofbaumeister Seiner Majestät und zum Direktor der Krongebäude auf. Er war es auch, der 1811 die Büste Jérômes angefertigt hatte.

Von den Hofärzten waren Richard Marie Harnier und der getaufte Jude August Theodor bzw. Abraham Zadig Mitglieder der Loge „Hieronymus Napoleon zur Treue". Harnier war Meisterbruder und Präparateur.[77]) Der Jude Zadig war Geselle.[78]) 1808 gehörte er zu den „ordinären" Ärzten des Königs. 1809 rückte er bereits zum ersten Arzt der Königin auf, und Ende des Jahres war er bei der persönlichen Begleitung der Gemahlin Jérômes, als diese nach Paris reiste. Der Jude Zadig wurde 1812 schließlich erster Arzt des Königs und sogar Ritter des Ordens von der westfälischen Krone.

Von den Ministern war nachweislich nur Siméon Logenmitglied. Bei einigen anderen bestanden aber Beziehungen zur Freimaurerei, die sie durchaus als freimaurerfreundlich erscheinen lassen. Joseph Jérôme Vicomte de Siméon war Erstes Ehrenmitglied der Loge „Hieronymus Napoleon zur Treue". Seine Stellung als Großmeister des „Großorients von Westfalen" und als dessen Verbindungsmann zum „Grand Orient", dessen Großkonservator er war, ist bekannt.[79])

---

[70]) Mitgliederliste der Loge „Hieronymus Napoleon zur Treue", 1810, Nr. 47, a. a. O.
[71]) a. a. O., Nr. 108.
[72]) a. a. O., Nr. 102.
[73]) Mitgliederliste der „Großen Mutterloge von Westfalen", 1810, Nr. 16. Archiv der Loge „Archimedes zu den drei Reißbrettern" in Altenburg, a. a. O., Liste Nr. 39.
[74]) Mitgliederliste der Loge „Hieronymus Napoleon zur Treue", 1810, Nr. 55.
[75]) a. a. O., Nr. 45.
[76]) Kleinschmidt, S. 20 f.
[77]) Mitgliederliste der Loge „Hieronymus Napoleon zur Treue", 1810, Nr. 35.
[78]) a. a. O., Nr. 114.
[79]) s. S. 24.

Siméon war als kaiserlicher Staatsrat bereits im August 1807 nach Westfalen gekommen, um mit den Staatsräten Beugnot und Jollivet die Regentschaft über das künftige Königreich zu übernehmen. Als Professor der Rechte hatte er sich in Frankreich durch seine bedeutende Mitarbeit am Code Napoléon einen Namen gemacht. Bei der Niederlegung der Regentschaft, im Dezember 1807, übernahm er die Ministerbereiche der Justiz und des Innern. Er war zweifellos der bedeutendste und fähigste Mann für den Aufbau des neuen Staates. Seine Benennung als „Cambacérès von Westfalen"[80]) trifft in doppeltem Sinne zu, weil er ja nicht bloß in der Gesetzgebung von Bedeutung war, sondern auch die Freimaurerei Westfalens unter seiner Führung vereinigte. Kleinschmidt sagt über Siméon, daß der „liberale Mann ... unstreitig die Hauptsäule des jungen Thrones" war.[81]) Siméon blieb, seit 1808 nur als Justizminister, bis zum Ende des Jahres 1813 im Dienste Westfalens. Als erster Staatsmann des Königreichs und politischer Leiter des „Großorients" nahm er in der Verbindung von Freimaurerei und Politik die bedeutendste und entscheidendste Stellung in Westfalen ein.

Das Ministerium des Innern übertrug Jérôme am 31. Dezember 1808 dem ehemalig braunschweigischen Minister Gustav Anton von Wolffradt. Dieser war als Preußengegner bekannt und schon im Dezember 1807 in westfälische Dienste getreten. Er wurde einer der treuesten Diener Jérômes und einer der eifrigsten Bewunderer Napoleons.[82]) Seine liberale Gesinnung bekundete er nicht nur durch seinen Einsatz für die Gleichstellung der Juden und die strikte Durchführung der Verwaltungsordnung nach französischem Muster,[83]) sondern vor allem auch durch seine Förderung der Freimaurerei.

Als im Jahre 1810 Göttinger Freimaurer um die Errichtung einer Loge nachsuchten, wurde ihnen vom Präfekten zur Bedingung gemacht, die Studenten von der Aufnahme auszuschließen. Diese Maßnahme war mit dem aufrührerischen Verhalten der Studenten begründet worden. In Kassel glaubte man nämlich an einen politischen Hintergrund dieser Unruhen und schloß auf eine antiwestfälische Einstellung der Studenten, die in weiten Kreisen auch wirklich vorhanden war. Für Siméon und den Präfekten war das Grund genug, diese unsicheren Elemente nicht in die Logen eintreten zu lassen, die doch Vereinigungen von westfalentreuen Staatsbürgern waren. Der Innenminister Wolffradt aber war anderer Meinung. Er vertraute auf die

---

[80]) Angeführt bei Kleinschmidt, S. 11.

[81]) Kleinschmidt, S. 149.

[82]) „Il est un des plus fidèles serviteurs du roi de Westphalie.. Il est un des plus grands admirateurs de l'empereur." Bulletin Reinhards, Kassel 29. 12. 1812, Du Casse, Les Rois Frères, S. 428 f.

[83]) „M. de Wolffradt parlant des travaux que les Allemands ont fait sur le Code Napoléon, avait dit en bon Allemand: 'C'est notre Mérite de transplanter sur notre sol et de nous approprier toutes les bonnes productions, même étrangères." Reinhard an Champagny, Kassel, 22. 2. 1810. Mémoires IV, 369.

Kraft der politischen Erziehung der Freimaurerei und empfahl die Zulassung zur Aufnahme. „Er hätte aus politischen Gründen gern gesehen, daß die Studenten .. Aufnahme in die Loge fänden.“[84]) Am 27. Mai 1810 schrieb er an den Präfekten, daß er „von der Existenz der vormaligen Loge daselbst für die Studierenden selbst die besten.. Seiten gesehen habe.“[85]) Im weiteren sagte Wolffradt noch: „Ich weiß daher nicht, ob es ratsam sei, die Studierenden von einem gewissen Alter gänzlich davon auszuschließen. Der ihrem Alter eigentümliche Hang zu geheimen Verbindungen verleitet sie leicht auf bekannte Abwege, die sie vermeiden, wenn sie Gelegenheit haben, in eine vom Staate autorisierte Gesellschaft zu treten, worin sie sich gewissermaßen unter der Aufsicht und Leitung erfahrener und würdiger Männer befinden.“[86]) Wolffradt hatte also die positive politische Bedeutung der Freimaurerei für Westfalen erkannt und glaubte, daß die Logenmitgliedschaft die Studenten zu treuen westfälischen Staatsbürgern machen würde.

Westfälischer Unterrichtsminister war Johannes von Müller, der sich als Schweizer Historiker einen Namen gemacht hatte. Von Müller stand sein ganzes Leben hindurch mit bedeutenden Freimaurern und Illuminaten[87]) in freundschaftlicher und beruflicher Verbindung. Durch seine Mitarbeit an der „Allgemeinen Deutschen Bibliothek“, die der Illuminat und Freimaurer Christoph Friedrich Nicolai herausgab und verlegte, und durch seine Beiträge für die „Jenaer Literatur-Zeitung“ des Freimaurers und Philosophen K. L. Reinhold hatte er für die Aufklärung gewirkt. Während seiner Kasseler Zeit, in den 80er Jahren des 18. Jahrhunderts, hatte von Müller durch Vermittlung des Freimaurers Wilhelm von Dohm die Gelehrten und Illuminaten-Freimaurer Casparson, Georg Forster und Sömmering kennengelernt, die ihn beruflich weiterbrachten. Von Müller selbst ist nie Logenmitglied gewesen, obwohl ihn der Freiherr von Knigge persönlich für die Illuminaten zu gewinnen versucht hatte. Nach seiner Tätigkeit in Wien und Berlin, wo ihn Napoleon in einer Audienz von einem glühenden Anhänger der preußischen Kriegspartei zu einem begeisterten Napoleonsverehrer bekehrt hatte, erhielt von Müller durch Vermittlung des Göttinger Professors und Freimaurers Spittler einen Ruf an die Tübinger Universität. Er zog es aber vor, dem in der Wartezeit gemachten Angebot Napoleons zu folgen und in westfälische Dienste zu treten. Hier wurde ihm bald das Unterrichtsmi-

[84]) Kleinschmidt, S. 333.

[85]) Wolffradt an den Präfekten des Leine-Departements Frantz, Kassel, 27. 5. 1810. Staatsarchiv Hannover, XV, A, 37, Präfektur des Leine-Departements acta specialia betreffend die Freimaurerloge und die Freimaurer in der Stadt Göttingen.

[86]) Wolffradt an Frantz, 27. 5. 1810, a. a. O. s. S. 31.

[87]) Die Illuminaten umfaßten in der zweiten Hälfte des 18. Jahrhunderts führende aktive Freimaurer, die, nach Art der Jesuiten organisiert, den gewaltsamen Umsturz des europäischen Staatensystems erstrebten, um auf seinen Trümmern eine Weltbürgerrepublik zu errichten. Ihre politische Bedeutung hat Roßberg eingehend behandelt.

nisterium übertragen. An dieser Stelle wirkte von Müller für die kulturelle und politische Verschmelzung von Deutschen und Franzosen. Er glaubte sogar, daß im Rahmen dieser Bestrebungen gerade die „westfälische Nation", die heranzubilden er als seine größte Aufgabe ansah, eine deutsche Sendung habe. Mit dieser Verkennung der geschichtlichen und natürlichen Gegebenheiten eines Volkes zeigte von Müller ein der freimaurerischen Weltanschauung eng verwandtes politisches Denken.

Dem Bedürfnis einer wissenschaftlichen Durchdringung der neuen westfälischen Staatseinrichtungen kamen manche Professoren schon von sich aus entgegen und ließen es an Unterwürfigkeit nicht fehlen, wie der Illuminat[88]) Meiners in Göttingen.[89]) Der Bruder der Göttinger Loge Professor Tychsen[90]) ließ es sich auch nicht nehmen, 1812 die Geburtstagsrede für Jérôme zu halten, obwohl er gar nicht dafür zuständig war.[91]) Der Bruder derselben Loge Professor Heeren, ein Freund von Müllers, hielt Vorlesungen über die Statistik des Königreichs Westfalen. In gleicher Richtung wirkte ein führendes Mitglied derselben Loge, der Tribunalrichter G. H. Osterley, der Veröffentlichungen über das westfälische Staatsrecht herausgab. Er verfaßte außerdem einen „Commentar über das westfälische und französische Gesetzbuch" und „Praktische Erläuterungen über die westfälische Prozeßordnung". Auch der Verfasser der „Annalen über das Königreich Westfalen" war Freimaurer. Es war der Meistermaurer und Substituierte Redner der Loge „Hieronymus Napoleon zur Treue", Ehrhard Leth.[92]) Der Marburger Professor Georg Friedrich Karl Robert, einer der Mitgründer der dortigen Loge, hielt als Professor der Rechte Vorlesungen über die „Theorie des bürgerlichen Prozesses des Königreichs Westfalen". Er hatte als Abgeordneter der Prälaten von Hessen an der Pariser Deputation Westfalens teilgenommen und später über die Verhandlungen dieser Abordnung ein Buch herausgegeben.[93])

Eine Persönlichkeit, die weniger durch ihre aktive politische Tätigkeit als vielmehr durch ihre Repräsentation große politische Bedeutung hatte, war der ehemalige preußische General Martin Ernst Graf

[88]) Illum. maj. Sein Name war „Dicäarch", Archiv der Großen Landesloge, Schwedenkiste, Band X. Reverse, Lebensläufe und Tabellen, c Tabellen, b Mitgliederverzeichnisse, IV Provinz Cleolis, Andres Göttingen, Nr. 317.

[89]) Kleinschmidt, Zur Geschichte der Universität Göttingen unter Jérôme, Zeitschrift d. Histor. Vereins f. Niedersachsen, 1892, S. 201.

[90]) Mitgliederliste der Loge „Augusta zum goldenen Zirkel" in Göttingen, 1812, Archiv der Loge „Tempel der Eintracht" in Osterode, a. a. O.

[91]) Geheimes Staatsarchiv Berlin-Dahlem, Westfalen R 7, A Nr. 5 Vol. II.

[92]) Mitgliederliste der Loge „Hieronymus Napoleon zur Treue", 1809, Nr. 50, a. a. O.

[93]) Verhandlungen der Deputirten des Königreichs Westphalen zu Paris, in den Monaten August und September des Jahres 1807.

von Schlieffen. Als Minister des Landgrafen Friedrich von Hessen war er von der Freimaurerei als deren Protektor angesprochen worden.[94]) Von Schlieffen war auch wie von Müller mit den Freimaurern von Dohm und Georg Forster bekannt und ebenfalls Mitarbeiter an der „Berliner Monatsschrift".

Nach dem Dörnberg-Aufstand hielt er am 2. Mai 1809 bei Hofe eine Ansprache, in der er Jérôme „als großen Helden" pries und „sowohl mit Karl XII. wie mit Augustus" verglich.[95]) Am 7. Mai 1809 führte er die Abordnung der Stände des Fulda-Departements an, die Jérôme nach dem Aufstand eine Treuekundgebung brachten und gleichzeitig verräterische Untertanen angaben.[96]) Von Schlieffen drückte im Namen des Fulda-Departements die „innige Betrübnis" aus, die sie empfanden, „daß unter denen, welche sie vertreten, einige Verräter waren", und versicherte dem Souverän erneut „ihre Treue und herzliche Anhänglichkeit".[97])

Der Graf wurde bei den aus Anlaß der Geburt des Königs von Rom erteilten Ehrungen im März 1811 zum Kommandeur des westfälischen Kronenordens ernannt. Der betagte General hatte sich „trotz seines Alters .. in die Fremdherrschaft sehr leicht gefunden, versäumte selten eine Kur, kam oft nach Napoleonshöhe zu Lever und Coucher und erschien stets mit dem westfälischen Orden".[98]) Von Schlieffen bewährte sich außerordentlich in Zeiten der Gefahr. Als Jérôme beim Herannahen Tschernischews seine Generalität um sich versammeln wollte, stellte sich von Schlieffen sofort ein. Er bot Jérôme seine Dienste an und bat, da er sich wegen seines hohen Alters (84 Jahre) nicht so für ihn einsetzen könnte, wie er wünsche, der König möge ihm erlauben, bei Gefahr in seiner Nähe bleiben zu dürfen. Er könnte den Jungen damit ein Beispiel der Treue geben und dem König mit Rat zur Seite stehen.[99]) Jérôme mußte von Schlieffen nötigen, daheim zu bleiben, da er doch zu alt wäre und sich nicht mehr einzusetzen brauchte.[100]) — Der König selbst sah sich gezwungen, Kassel zu verlassen. Bei seiner Rückkehr beglückwünschte ihn von Schlieffen zu seiner Wiederankunft, und Jérôme ernannte ihn zum Großkomman-

---

[94]) Kolbe (Frmr.), S. 127.
[95]) Kleinschmidt, S. 258.
[96]) Murhard-Hassel, I, Mai, S. 36.
[97]) Moniteur, 9. 5. 1809.
[98]) Kleinschmidt, S. 409, Anm. 2.
[99]) „Un trait fait pour figurer dans l'histoire, est celui du vieux général Schlieffen, qui, malgré son âge de quatre-vingt-quatre ans, se rendit auprès de moi, dès qu'il entendit le premier coup de canon, sur la place du vieux château, et me dit: 'Sire, je regrette que mon âge ne me permette plus de pouvoir servir mon roi avec autant d'activité que je le désirerais, mais comme il y a du danger, je prie Votre Majesté de me permettre de rester auprès d'Elle; je donnerai au moins aux jeunes gens l'exemple de la fidélité et j'aiderai Votre Majesté de mes conseils, si Elle daigne me le permettre." Jérôme an die Königin Katharina, Montabaur, 1. 10. 1813, Mémoires VI, 348.
[100]) Ein Zeitgenosse urteilte hierüber: „Die Dienstbeflissenheit Schlieffens bei dem Angriff Kassels war weder verlangt, noch war sie für einen ehemaligen hessischen und preußischen Minister und General anständig!" Strombeck, S. 203.

deur des Ordens von der westfälischen Krone. Das war die höchste Auszeichnung, die er verleihen konnte.

Der freimaurerische „Moniteur“ wußte dieses Auftreten von Schlieffens in bewegten Worten zu schildern: „Am Tage des feindlichen Angriffs auf die Stadt hatte dieser ehrwürdige Greis, seine 84 Jahre vergessend, sich mit dem lobenswürdigsten Eifer allenthalben, wo Gefahr war, hinbegeben und dergestalt sowohl das Beispiel der Ergebenheit an den König als auch aller militärischer Tugenden gegeben.“[101]) Wenige Tage darauf eilte von Schlieffen, angetan mit seiner früheren Uniform und dem alten hessischen Zopf, zum Empfang des Kurfürsten.[102])

Als Beispiel für das politische Zusammenwirken einzelner Freimaurer kann die Übernahme Hannovers gelten. Das Land war mit Ausnahme des Herzogtums Lauenburg durch einen Vertrag vom 14. Januar 1810 Jérôme übertragen worden. Der Vertrag sollte bis zur Besitzergreifung geheimgehalten werden. — Das Land war Jérôme noch nicht übergeben worden, als sich schon unter der Anführung des Freimaurers Patje[103]) eine Abordnung zur Huldigung nach Kassel aufmachte. Patje, „eine sehr geschmeidige Persönlichkeit“,[104]) war von dem französischen Generalgouverneur de la Salcette zum Vorstand der Regierungskommission für das besetzte Hannover ernannt worden. Jérôme weigerte sich jedoch, die voreilige Deputation zu empfangen, weil er noch keine Bestätigung Napoleons in der Hand hätte. Die Hannoveraner selber waren über diese Unterwürfigkeit Patjes so tief beleidigt, daß sie ihm nach seiner Heimkehr die Fenster einwarfen, was in Kassel peinlich empfunden wurde.[105]) Als die Übernahme dann wirklich stattfand, war Patje erneut Repräsentant der Abordnung. Der „Moniteur“ gab die Huldigungsrede Patjes wieder, in der dieser Jérôme „namens des glücklichen Volkes“[106]) „die ehrfuchtsvollsten Zeugnisse ihrer Unterwerfung“[107]) zu Füßen gelegt und ihn als Bruder Napoleons verehrt hatte. Er würde Hannover zu neuen Höhen führen. „Sire, diese Ihren Tugenden, Ihren hohen Eigenschaften vorbehaltene politische Wiedergeburt ist vor allem des erhabenen Namens würdig, den Sie tragen“, rief Patje aus. Am Schluß bekannte er sich zum freimaurerischen Ideal eines Königs, indem er Jérôme als Wohltäter aller seiner Untertanen pries.

---

[101]) Moniteur, 19. 10. 1813.

[102]) Strombeck, S. 212. Dieser schrieb dazu: „So schnell ändern sich bei Revolutionen die Kostüme.“

[103]) Mitgliederliste der Loge „Zum weißen Pferd“ in Hannover, 1811, Nr. 104, a. a. O.

[104]) Kleinschmidt, S. 364. Zwei andere für die Abordnung vorgesehene Mitglieder lehnten ihre Beteiligung ab.

[105]) Kleinschmidt, S. 364.

[106]) a. a. O., S. 167.

[107]) Moniteur, 15. 3. 1810.

Patje, der sich um die Einverleibung Hannovers so eifrig bemüht hatte, wurde bald dafür belohnt und zum Präsidenten der General-Regierungs-Kommission für Hannover ernannt. Er wurde damit provisorisch leitender Minister für dieses Gebiet Westfalens. Beim Besuch des Königspaares in der Stadt Hannover befleißigte sich Patje, einen begeisterten Empfang zu organisieren. Beim Einzug des Herrscherpaares wurden Jérôme und Katharina zwei Gedichte überreicht, die der Dichter und Freimaurer Dr. Wilhelm Blumenhagen verfaßt hatte. Dieser war Meister in der Loge „Zum schwarzen Bären" in Hannover[108]) und später lange Zeit deren Meister vom Stuhl (1826—1839).

Jérôme wurde in diesem Gedicht[109]) als „Schicksalskönig" gefeiert, der letztlich nichts anderes als das Werkzeug der ewig waltenden Mächte des Alls sei, d. h. Werkzeug des „Baumeisters aller Welten". Dem All aber müsse man sich einordnen. In den Versen hieß es:

„Es zieht das Loos der Nationen
Hoch droben eine ew'ge Macht;
Dem Würdigen reicht sie die Kronen,
Und salbt sein Haupt in heil'ger Nacht!"

Es entsprach auch ganz dem geschichtlichen Unverständnis und der politischen Instinktlosigkeit, wenn Jérôme, also der König einer Fremdherrschaft, mit der Tradition verbunden und als Mehrer des Königreichs gepriesen wurde.

„Du warst der hehren Schickung wert,
Mit Hermanns Binde dich zu kränzen
Ein braves Volk aus langer Nacht zu heben
Und alten Ruhm und Glanz ihm rückzugeben."

Dieses Gedicht klang in einem feierlichen Treuegelöbnis, aus, „des besten Fürsten bestes Volk zu sein".

Das Gedicht an Katharina[110]) schilderte diese als Mutter, der sich die verlassenen Waisen (die Hannoveraner) in kindlicher Treue hingaben und der sie ein aus „Wonnetränen geschlungenes Diadem" weihten. Die Vermischung von Humanität, Anbetung der Fremdherrschaft und Treue zur Tradition war hierin ebenfalls zu finden.

Derselbe Freimaurer Blumenhagen, der dem Bruder Napoleons so unterwürfig und begeistert gehuldigt hatte, nannte Napoleon am 20. Oktober 1814 in einer Logenrede „den Feind der Wahrheit, den Säemann des Irrtums und der Laster", eine „schwarze Hand, die alles Licht verlöschen wollte, um allein als blendender, verheerender Ko-

[108]) Mitgliederliste der Loge „Zum schwarzen Bären" in Hannover 1812, Archiv der Loge „Tempel der Eintracht" in Osterode, a. a. O., A—H.

[109]) Abgedruckt bei Jugler, S. 143 f.

[110]) ebenda.

met über eine zertrümmerte Welt hinzufahren in Selbstsucht und bösem Stolz."[111]) —

Anläßlich der Huldigung wurden viele Ernennungen vorgenommen. Patje erhob man zum Ritter des westfälischen Kronenordens und zum Baron. Noch im gleichen Monat wurde er zum Präsidenten der Oberrechnungskammer bestimmt. Damit gehörte jetzt der ehemalige Anhänger Englands, der einer der „ergebensten und treuesten Diener Jérômes"[112]) geworden war, zu den führenden Beamten des Königreichs und wurde weiterhin mit wichtigen Aufgaben betraut.

Im Jahre 1811 hielt Patje eine Geburtstagsrede für Jérôme, die im „Moniteur" abgedruckt wurde.[113]) Darin stellte er Westfalen als einen Völkerstaat dar.[114]) Der eine König, zu dem alle in gleicher Anhänglichkeit aufblickten, und der Staat waren ihm die Grundlagen für die Einheit der in ihm wohnenden Völker und Menschen. Gemäß dem freimaurerischen und aufklärerischen Glückseligkeitsstreben war auch das gemeinsame Glück ein wesentliches gemeinschaftsbildendes Moment. Dieses Glück konnte natürlich nur durch die an den Grundsätzen der Humanität ausgerichtete Verfassung des Staates herbeigeführt werden. In einer Verbindung von freimaurerischem Staatsbegriff und freimaurerischem Schicksalsgedanken rühmte Patje: „Sire! Der Geburtstag Ew. Majestät war der Geburtstag des Glückes der Völker, die Sie zu regieren bestimmt waren. — Die Völker waren verschieden durch Herkunft, Schicksal, Gesetze und Gewohnheiten. Gemeinsames Glück hat nunmehr diese Verschiedenheit verwischt. — Gemeinsame Gefühle haben alle diese Völker in einer einzigen Familie vereinigt. Diese Gefühle sind Anhänglichkeit an die erhabene Person Ewr. Majestät, Dankbarkeit für die Wohltaten, welche E. M. über Ihre Völker verbreiten, heiße Wünsche für den Ruhm und die Wohlfahrt einer Regierung, die Ihre Gerechtigkeit, Sire, und Ihre Tugenden verherrlichen."

Der Wohlfahrtsstaat, die staatliche Familie, in der die Landeskinder in Liebe zu ihrem königlichen Vater aufblicken, ist in dieser Rede dargestellt. Gemeinsames Glück, Einheit der Völker im Staat gehen aber auf eine Wurzel zurück, die Humanität.

---

[111]) Dank für eine Begrüßung, 20. 10. 1814. Archiv der Loge „Augusta zum goldenen Zirkel", Göttingen, Reden, H. 96, E. 4, besondere Gelegenheiten ad Nr. 82 Lit. C.

[112]) Thimme, II, 86 — „Les manières insinuantes et la connaissance parfaite du pays lui attiraient la faveur et la bienveillance de tous les généraux et des autorités français . . métamorphose totale qui s'opéra sur les systèmes politiques qu'il avait adopté fidèlement jusqu'alors. D'un très fidèle partisan anglais, M. Patje devint tout à coup l'ennemi déclaré du gouvernement des insulaires." Bulletin Reinhards, Kassel, 29. 12. 1812, Du Casse, Les Rois Frères, S. 436 f.

[113]) Moniteur, 17. 11. 1811. Rede des Präsidenten der Oberrechnungskammer. s. S. 80

[114]) Wenn das auch nicht im heutigen Sinne des Begriffes Volk zu verstehen ist, so fehlten doch die Grundlagen zu einer völkischen Staatsbetrachtung.

IV. Freimaurerei und westfälisch-napoleonischer Nachrichtendienst.

Unter den Beamten, die im diplomatischen Dienst des Königreiches Westfalen tätig waren, befanden sich besonders viele Logenmitglieder. Ihre große Zahl verwundert insofern nicht, als die Freimaurer durch ihre Zugehörigkeit zu einer überstaatlichen Organisation für diese politische Stellung ganz besonders gut geeignet waren.

Bei der Abhängigkeit Westfalens von Frankreich war es an sich merkwürdig, daß sich Westfalen überhaupt eigene diplomatische Vertreter halten konnte. Daß die Gesandten aber Beauftragte einer westfälischen Außenpolitik waren, ist gänzlich undenkbar. Denn Jérôme konnte als König eines französischen Nebenstaates keine selbständige Außenpolitik treiben. Sogar die Wahl der westfälischen Gesandten war Napoleon selbst vorbehalten. Außerdem war es für diesen eine Selbstverständlichkeit, daß Jérômes Vertreter mit seinen eigenen Gesandten eng zusammenzuarbeiten hatten. Die westfälischen Diplomaten können also nur als Assistenten von Napoleons Gesandten angesehen werden. Es blieb ihnen daher bei dieser Stellung und bei der außenpolitischen Bedeutungslosigkeit Westfalens kaum ein Arbeitsfeld wirklicher politischer Tätigkeit.

Ihr eigentliches Arbeitsgebiet mußte also in einem anderen Bereich liegen. Einen guten Einblick in die Aufgaben der westfälischen Gesandten geben die für den freimaurerischen Gesandten in Baden, Freiherrn von Buttlar, aufgestellten Instruktionen. Im Abschnitt „Politik“ stand als erste und wichtigste Aufgabe der Dienst für Frankreich. Westfalen nahm einen untergeordneten Platz ein, der auch nur in Beziehung zu Frankreich gedacht war. Es hieß dort: „Vergessen Sie nicht, daß die Politik des Königreiches Westfalen der Frankreichs untergeordnet ist, und daß wir sorgfältig alles vermeiden müssen, was S. M. (Jérôme) in Gegensatz zu seinem erhabenen Bruder bringen könnte. — Die Pflicht Westfalens ist, alles, was den Interessen des Kaisers von Frankreich und seiner Verbündeten, dem Rheinbund und der Kontinentalsperre gegen England zuwiderlaufen könnte, zu überwachen. — Endlich müssen Sie besonders darauf achten, daß sich die Regierung, bei der Sie sind, nicht zu eng an Diejenigen anlehnt, mit denen sich S. M. in Feindschaft befinden könnte, wie Preußen, Sachsen und die Fürsten des Rheinbundes aus der Nachbarschaft des Königreiches.“[1])

Nach diesen Instruktionen erweist sich die Hauptaufgabe der westfälischen Diplomaten mehr oder weniger als eine französisch-westfä-

[1]) Ernennung des Barons von Buttlar zum Westphälischen Gesandten am Hofe zu Carlsruhe und dessen Instruction, VIII de la politique. Geheimes Staatsarchiv Berlin-Dahlem, Westfalen R 1 B Baden, Nr. 9.

lische Beobachtungstätigkeit. Wenn man dann hinzunimmt, daß die westfälischen Gesandten häufig nicht nur mit eigenen, sondern auch mit Agenten des napoleonischen Nachrichtendienstes zusammenarbeiteten, so wird immer klarer, daß sie hauptsächlich Helfer des napoleonischen Nachrichtendienstes waren. Wenn ihre Berichte dem französischen Gesandten Westfalens, Baron Reinhard, oder Jérôme selbst für Napoleon wichtig genug erschienen, so gelangten sie an den Kaiser Frankreichs. Die westfälischen Gesandten bei den deutschen Staaten waren für die Zwecke des napoleonischen Nachrichtendienstes auch ganz besonders gut geeignet. Sie brachten einmal von vornherein viel mehr Kenntnisse über die Verhältnisse dieser Staaten mit als die Gesandten Napoleons. Außerdem waren sie fast ausnahmslos Deutsche und hatten als solche und darüberhinaus als Vertreter eines Staates, der irgendwie doch als deutsch galt, viel bessere Verbindungen zu den deutschen Staaten. An deren Höfen konnte ihnen auch mehr Vertrauen entgegen gebracht werden als den Gesandten Napoleons, was wiederum ihre Arbeit für Napoleon erleichtern mußte.

Unter den westfälischen Gesandten waren die Freimaurer an besonders wichtigen Stellen eingesetzt. So waren die Gesandtschaftsposten der eigentlichen Feindstaaten, Österreich und Rußland, aber auch die von Sachsen und den angrenzenden Großherzogtümern Frankfurt und Hessen-Darmstadt lange Zeit von Freimaurern besetzt. In Preußen aber, dem gefährlichsten Staat, war fast die ganze Zeit über ein Freimaurer als Gesandter.

Der als „Vertrauensmann Jérômes" bekannte Freimaurer Brigadegeneral und Generaladjutant Hans Graf von Hammerstein vertrat 1811 die westfälische Regierung am dänischen Hof in Kopenhagen. Diese Stelle wurde damals zum ersten Male von westfälischer Seite besetzt. Nach von Hammersteins Abberufung zu anderweitiger Verwendung folgte ihm der Ordonnanzoffizier und Kammerherr des Königs, Baron Bigot de Villandry, der ebenfalls Logenmitglied war.

Der Freimaurer Baron Ludwig von Trott gehörte als Gesandtschaftssekretär bis zur Einverleibung Hollands in das französische Kaiserreich zur westfälischen Gesandtschaft in Amsterdam. Von Trott war Gentilhomme de la chambre des Königs und Auditeur im Staatsrat.[2])

Unter den freimaurerischen Vertretern Westfalens bei den Rheinbund-Staaten waren: Für Baden der Palastpräfekt und Substituierte Großmeister des „Großorients", Freiherr Treusch von Buttlar-Brandenfels (1813); für Sachsen der Staatsrat Christian Wilhelm von Dohm in Dresden (1808—1810); für die Großherzogtümer Frankfurt und Hessen-Darmstadt der Baron von Linden (1808—1809). Dieser kam dann im April 1809 als Franzosenfreund und Preußenhasser

[2]) Mitgliederliste der Loge „Hieronymus Napoleon zur Treue", 1810, Nr. 106, a. a. O.

nach Berlin, um dort während der ganzen westfälischen Zeit Jérômes Königreich zu vertreten.

Am russischen Hof in Petersburg vertrat der Freimaurer Detlef Clamor Graf von dem Bussche-Hünefeld das Königreich Westfalen (1809—1812). Einer seiner Mitarbeiter war der Freimaurer P. F. C. von Bolschwing aus der Loge „Karl zur gekrönten Säule" in Braunschweig.[3])

Der Graf von dem Bussche-Hünefeld trat seinen Gesandtschaftsposten im Januar 1809 in Petersburg an. Schon im Dezember 1807 hatte es Napoleon als Notwendigkeit angesehen, einen Gesandten Jérômes in Petersburg zu halten. Damals bestand die Frage, ob man einen Deutschen dazu verwenden könnte. Sicher aber war schon, und das drückte Napoleon seinem Bruder Jérôme klar und bestimmt aus, daß der westfälische Gesandte für seine Interessen arbeiten und dem französischen Gesandten völlig sekundieren sollte.[4]) Jérôme schrieb Napoleon anfänglich, daß er für diese „wichtige" Stellung keinen Deutschen wüßte, dem er genug vertrauen könne.[5]) Die Wahl fiel dann zuerst auf den Grafen Wintzingerode. Nach dessen Petersburger Gesandtenzeit folgte der Freimaurer Graf von dem Bussche-Hünefeld, der Jérôme und Napoleon für diesen politisch wichtigen Posten also zuverlässig genug erschien. Der Graf war früher „Engländer", das heißt, Hannoveraner, und man war über seine Abreise nach Petersburg allgemein erstaunt. Er erfüllte seinen Auftrag indessen außerordentlich gut.[6])

Eine der ersten Feststellungen des Grafen war, daß Rußland, das sich seit dem Tilsiter Frieden der Kontinentalsperre angeschlossen hatte, noch in Handelsbeziehungen zu England stünde.[7]) Eine seiner Hauptaufgaben sah von dem Bussche-Hünefeld in der Erkundung der öffentlichen Meinung. Gleich im Anfang schrieb er, daß die allgemeine Stimmung in Petersburg gegen Frankreich sei. Und etwas später[8]) erwähnte er noch einmal die Freude der Bevölkerung über einige Fortschritte Österreichs im Kriege gegen Napoleon. Außerdem seien Rüstungsvorbereitungen im Gange, und das Offizierskorps würde mit antifranzösischen Generälen besetzt. Er versäumte dabei

---

[3]) Mitgliederliste der Loge „Carl zur gekrönten Säule" in Braunschweig, 1808, Nr. 95, Archiv der Loge „Zu den drei Pfeilen" in Nürnberg, Listen, A, Nr. 66 — Gesandtschaftsberichte von den freimaurerischen Gesandten Bigot de Villandry, Hans von Hammerstein und Freiherr von Buttlar sind nicht überliefert.

[4]) „. . . et votre ministre ne peut m'être utile à Saint-Pétersbourg qu'autant qu'il sera attaché à mes intérêts et qu'il secondera parfaitement mon ambassadeur." Napoleon an Jérôme, Venise, 7. 12. 1807. Mémoires III, 108.

[5]) Jérôme an Napoleon, Kassel, 6. 3. 1808. Mémoires III, 249.

[6]) „Il avait été jadis très-bon Anglais aussi tout le monde fut-il étonné de son départ de Saint-Pétersbourg, il remplit cependant fort bien sa mission en Russie." Mémoires III, 183.

[7]) Depesche des westfälischen Gesandten von dem Bussche an den westfälischen Außenminister Graf Fürstensteien, Petersburg, 3. — 15. 2. 1809. Geheimes Staatsarchiv Berlin-Dahlem, Westfalen R I B Rußland Nr. 12 Vol. I. — Im Folgenden abgekürzt: Depesche von dem Bussches an Fürstenstein, Petersburg, Datum.

[8]) Depesche von dem Bussches an Fürstenstein, Petersburg, 5. — 17. 9. 1809.

nicht, von den sich in Rußland aufhaltenden Westfalen nach Kassel zu berichten. Als Schwarzenberg sich im Februar 1809 in Petersburg aufhielt, versuchte der Graf, durch Beobachtung die Gründe von dessen Mission aufzudecken, was ihm aber nicht gelang.[9]) Erstaunlich aber war seine Kenntnis über Aufenthalt und Tätigkeit der Kuriere fremder Diplomaten. So wußte er zu Beginn des Jahres 1810 zu berichten, daß der Preußische Gesandte in Petersburg den Major Schoeler als Kurier nach Berlin gesandt hatte.[10]) Ein Jahr später meldete er die Ankunft eines österreichischen[11]) und zweier russischer[12]) Kuriere in Petersburg.

Der politischen Lage entsprechend richtete von dem Bussche sein Hauptaugenmerk auf das Verhältnis zwischen Rußland und Frankreich. Deren Beziehungen hatten sich durch die Weigerung Rußlands, einer strengen Durchführung der Kontinentalsperre nachzukommen, und dadurch, daß Napoleon das Land des Herzogs von Oldenburg eingezogen hatte,[13]) mehr und mehr verschlechtert. Rußlands Antwort auf die Einverleibung Oldenburgs war der Zolltarif vom 31. Dezember 1810, der Napoleons Forderungen zuwiderlief. Darin sah Napoleon eine Hinwendung Rußlands zu England, seinem ärgsten Feind, und machte Krieg oder Frieden von Rußlands weiterer Haltung abhängig. Die Aufgabe von dem Bussches war es nun, etwaige Rüstungen oder diplomatische Vorbereitungen Rußlands auszukundschaften. Im Januar 1811 berichtete er, daß die öffentliche Meinung in Rußland eine starke Zuneigung für Österreich zeige.[14]) In seinen nächsten Berichten meldete er Stärke, Standorte und Führer der russischen Heeresteile.[15]) Im nächsten Monat wußte er zu berichten, daß der Zar von dringenden und wichtigen Arbeiten überhäuft wäre, und daß russische Kuriere nach Paris, Wien, Kopenhagen und Stockholm abgesandt seien.[16])

Um noch Näheres zu erfahren, schickte der Graf im Einvernehmen mit dem französischen Gesandten seinen Sekretär von Arnim unter einem harmlosen Vorwand nach Kronstadt, um dort Beobachtungen anstellen zu lassen.[17]) Der Zar, der den französischen Gesandten mit Vorsicht und Zurückhaltung behandele, — so berichtete von dem Bussche — habe sich zu einem Besuch der Truppen an die Grenze begeben.[18]) Von dem Bussche erfuhr danach von einem Kurierwechsel

[9]) Depeschen von dem Bussches an Fürstenstein, Petersburg, 3. — 15. 2., 1. — 13. 5. 1809.
[10]) Depesche von dem Bussches an Fürstenstein, Petersburg, 22. 2. — 6. 3. 1810.
[11]) Depesche von dem Bussches an Fürstenstein, Petersburg, 20. 2. — 1. 3. 1811.
[12]) Depesche von dem Bussches an Fürstenstein, Petersburg, 7. — 19. 3. 1811.
[13]) Der Herzog von Oldenburg war ein naher Verwandter des Zaren.
[14]) Depesche von dem Bussches an Fürstenstein, Petersburg, 22. 1. — 3. 2. 1811.
[15]) Depesche von dem Bussches an Fürstenstein, Petersburg, 27. 1. — 8. 2. und 7. 2. — 19. 2. 1811.
[16]) Chiffrierte Depesche von dem Bussches an Fürstenstein, Petersburg, 17. 3. — 29. 3. 1811.
[17]) Chiffrierte Depesche von dem Busches an Fürstenstein, Petersburg, 31. 3. — 12. 4. 1811.
[18]) Chiffrierte Depesche von dem Bussches an Fürstenstein, Petersburg, 21. 4.—31. 5. 1811.

zwischen Petersburg und Wien. Ein österreichischer Kurier habe die Nachricht gebracht, es sei die Meinung der österreichischen Regierung, daß Rußland nicht in einen Krieg mit Frankreich eintreten solle. Der westfälische Gesandte vermutete aber, daß eine österreichische Unterstützung dennoch zu erwarten sei.[19]) Im August und September 1811 meldete er nach Kassel, die Ansicht der führenden politischen Kreise in Petersburg sei, daß ein Krieg unvermeidlich sei. Das zu wissen war für Napoleon von ungeheurer Wichtigkeit, da er den Krieg mit Rußland ernstlich nicht wünschte. Die Kopie dieser Depesche wurde daher von Jérôme an Napoleon gesandt.[20]) Der westfälische Gesandte meldete weiter, russische Truppen seien schon in Polen,[21]) und es seien Truppenbewegungen nach der Donau hin beobachtet worden.[22])

In dem entstehenden französisch-russischen Konflikt galt es, besonders die Haltung Preußens zu klären. Die Anwesenheit bedeutender Preußen in Petersburg und die eines früheren Schillschen Offiziers als Adjutanten des Herzogs von Oldenburg waren dem Grafen Zeugnisse preußischer Rußlandfreundlichkeit.[23]) — Wie würde sich Preußen bei Ausbruch eines französisch-russischen Krieges verhalten? Von dem Bussche konnte einiges über die diplomatischen Verbindungen von Rußland und Preußen berichten. Aus Berlin waren zwei preußische Kuriere angekommen, von Schöpping bei der Regierung und ein anderer bei Herrn von Schladen, dem preußischen Gesandten in Petersburg. Der zweite Kurier hätte seine Depesche der russischen Regierung mitgeteilt.[24]) Noch gespannter wurde die Lage, als der preußische Gesandte in Petersburg seinen Abschied nahm und direkt nach Wien reiste.[25])

Inzwischen gingen die russischen Kriegsvorbereitungen weiter. Im Dezember berichtete von dem Bussche, daß jedes Regiment um ein Bataillon verstärkt würde.[26]) Einen Monat darauf konnte er seiner Regierung sogar den Plan der russischen Kriegsführung mitteilen. Man wollte den Feind in das Innere des Landes hineinziehen lassen, damit er sich dort totlaufe.[27])

[19]) Depesche von dem Bussches an Fürstenstein, Petersburg, 27. 4. — 9. 5. 1811.

[20]) Es handelt sich um die Depesche von dem Bussches an Fürstenstein vom 27. 8. — 8. 9. 1811 — Jérôme schrieb bei ihrer Übersendung an Napoleon u. a.: „Sire, je m'empresse de faire passer à Votre Majesté la copie d'une dépêche de mon ministre de Russie; quoique le fait qui y est rapporté ait déjà communiqué par lui à l'ambassadeur de Votre Majesté à Saint Pétersbourg, je l'ai jugé assez important pour en donner de suite connaissance à Votre Majesté, dans le cas où elle n'en serait pas encore instruite.“ Jérôme an Napoleon, Napoleonshöhe, 20. 9. 1811. Mémoires V, 132 f.

[21]) Depesche von dem Bussches an Fürstenstein, Petersburg, 27. 8. — 8. 9. 1811.

[22]) Chiffrierte Depesche von dem Bussches an Fürstenstein, Petersburg, 19. 9. — 1. 10. 1811.

[23]) ebenda.

[24]) Chiffrierte Depesche von dem Bussches an Fürstenstein, Petersburg, 30. 9. — 12. 10. 1811.

[25]) Chiffrierte Depesche von dem Bussches an Fürstenstein, Petersburg, 17. 10. — 29. 10. 1811.

[26]) Depesche von dem Bussches an Fürstenstein, Petersburg, 4. 12. — 16. 12. 1811.

[27]) Depesche von dem Bussches an Fürstenstein, Petersburg, 30. 1. — 11. 2. 1812.

Im Anfang des Jahres 1812 konnte der westfälische Gesandte die Haltung Preußens noch weiter klären. In Petersburg war der Oberst von dem Knesebeck angekommen und hatte den Wunsch seiner Regierung überbracht, Rußland möchte den Krieg verhindern. Das mußte auch bedeuten, Preußen wollte oder konnte nicht am Kriege teilnehmen. Das aber war von dem Bussche sehr unwahrscheinlich, und er fügte in seinem Bericht nach Kassel die Warnung hinzu, daß Preußen sich mit dem „machiavellistischen System des Berliner Kabinetts" bestimmt auf Rußlands Seite stellen würde.[28]) — Tatsächlich war durch den Oberst von dem Knesebeck, der im Auftrage Friedrich Wilhelms III. nach Petersburg gekommen war, auch nur nach außen hin der Schein erweckt worden, daß man Rußland zum Frieden bewegen wollte. Der eigentliche Inhalt seiner Mission war, Rußland die bevorstehende Allianz Preußens mit Frankreich (22. 2. 1812) mitzuteilen, dabei gleichzeitig aber Rußland der weiteren Freundschaft Preußens zu versichern und um Hinausschiebung des Kriegsausbruches zu bitten.[29])

Mit den letzten Meldungen, daß die russische Garde in Marsch gesetzt sei[30]) und der Zar Absichten auf die Krone Polens habe,[31]) mußte der freimaurerische Gesandte Westfalens seine Tätigkeit abschließen. Nachdem er mitgeholfen hatte, Napoleon eine Sachlage aufzuklären, die er jetzt mit den Waffen entscheiden wollte, verließ von dem Bussche im August 1812 die russische Hauptstadt.

Am sächsischen Hofe vertrat der als Publizist bekannt gewordene Freimaurer Christian Wilhelm von Dohm die westfälische Regierung. Dohm hatte sich nach anfänglichem Theologiestudium der Geschichte zugewandt. Nach einer kurzen Tätigkeit als Pagenhofmeister in Berlin folgte er einem Rufe als Professor an das Carolineum nach Kassel. Hier trat er demselben Freundeskreis bei wie später Johannes von Müller. Außer von Schlieffen gehörten seine Freunde wie er selbst der Loge „Zum gekrönten Löwen" an. Besonders eng war er mit Georg Forster und dem Oberstleutnant von Mauvillon[32]) verbunden. Als Mitglied der Kasseler literarischen Gesellschaft „Société des Antiquités" lernte Dohm den späteren Fürstprimas des Rheinbundes, Karl Theodor von Dalberg, kennen. Dieser faßte besonderes Vertrauen zu Dohm und bat ihn, ihm monatlich politische Berichte zuzusenden.[33])

---

[28]) Chiffrierte Depesche von dem Bussches an Fürstenstein, Petersburg, 6. 2. — 18. 2. 1812.

[29]) Dunker: Aus der Zeit Friedrichs des Großen und Friedrich Wilhelms III. Die Mission des Obersten von dem Knesebeck nach Petersburg. Leipzig, 1876, S. 551 ff.

[30]) Chiffrierte Depesche von dem Bussches an Fürstenstein, Petersburg, 9. 3. — 21. 3. 1812.

[31]) Depesche von dem Bussches an Fürstenstein, Petersburg, 31. 3. — 12. 4. 1812.

[32]) Jakob von M., gest. 11. 1. 1794; Militärschriftsteller und Lehrer der Kriegsbaukunst in Kassel.

[33]) Gronau, S. 58. — vgl. S. 140.

Bestrebt einen größeren Wirkungskreis zu finden und angezogen durch eine schon früh gefaßte Zuneigung für Preußen trat von Dohm 1779 als Geheimarchivar in preußische Dienste. Durch mittelbare Veranlassung Mendelssohns verfaßte er während seiner Berliner Zeit die Schrift „Über die bürgerliche Verbesserung der Juden". 1781 trat er mit einer Abhandlung „Über den deutschen Fürstenbund" an die Öffentlichkeit. Als Mitglied der „Berliner Mittwochsgesellschaft", deren „gleichsam esoterische Benennung" ‚Gesellschaft von Freunden der Aufklärung' war, verkehrte er in einem Kreis von eifrigen Verfechtern der Aufklärungstheorien. Hierzu gehörten der Verleger und Freimaurer Friedrich Nicolai[34]) wie auch die Herausgeber der im Dienste der Aufklärung wirkenden „Berlinischen Monatsschrift" Gedike[35]) und Biester,[36]) die beide bekannte Freimaurer waren. Mit Moses Mendelssohn trat Dohm in enge freundschaftliche Verbindung. In dieser Gesellschaft lernte er den 1786 in Berlin sich aufhaltenden Grafen Mirabeau kennen, der „fast täglich bei Dohm war".[37]) Dohm stand damit in einem Kreis von Freimaurern und Illuminaten, die als Aktivisten der Aufklärung deren Gedankengut vertieften und in Wort und Schrift verbreiteten.

Von 1786 bis 1795 fand Dohm Verwendung als preußischer Gesandter am kurkölnischen Hof. Infolge der kriegerischen Wirren mußte er Köln verlassen und wurde 1797 als Vertreter Preußens auf den Friedenskongreß zu Rastatt geschickt. Nach dem Reichsdeputationshauptschluß von 1803 regelte er als Präsident der Kriegs- und Domänenkammer für das Eichsfeld dessen Übergabe an Preußen und seine vorläufige Verwaltung. Nachdem die Franzosen nach der Schlacht bei Jena das Eichsfeld besetzt hatten, wurde Dohm, der nicht fliehen wollte, von ihnen zum Chef aller Zivilbehörden in der Provinz Eichsfeld, Erfurt und Grafschaft Hohnstein ernannt. Er reiste bald darauf in das französische Hauptquartier und erlangte in einer Audienz bei Napoleon die Milderung der Kriegslasten für sein Gebiet. Bei seiner Rückkehr ins Eichsfeld bekam er aber im Verkehr mit dem französischen Intendanten Daru soviel Unannehmlichkeiten, daß er den Entschluß faßte, sich aus dem politischen Leben zurückzuziehen. Diese Entscheidung wurde noch dadurch bestärkt, daß er schon vor seiner Heiligenstädter Zeit, Anfang 1804, daran gedacht hatte, aus gesundheitlichen Rücksichten nach sechs bis acht Jahren aus dem Staatsdienst auszuscheiden.[38]) Als die französischen Behörden nun aber mit seinem Entschluß nicht einverstanden waren, verblieb er nach einigen Änderungen im Dienst. Inzwischen war im Tilsiter Frie-

---

[34]) vgl. S. 123.
[35]) I. F. L., Sp. 550.
[36]) A. H. F., I, 108.
[37]) Gronau S. 126 — vgl. Roßberg.
[38]) Gronau, S. 409.

den das Königreich Westfalen ausgerufen worden, und als man im Eichsfeld Deputierte für Paris wählte, wurde auch Dohm dazu ausersehen.

In Paris hatte man ihn dem König Jérôme für den westfälischen Staatsdienst vorgeschlagen. Dohm erfuhr, daß man ihn mit dem Amt des Minister-Staats-Sekretärs betrauen wollte. Diese Stelle wurde jedoch Johannes von Müller angetragen. Dohm äußerte jetzt mehrmals, er wünsche einen verantwortungsvollen Posten.[39]) Als er längere Zeit nichts Endgültiges erfahren konnte, wurde er unwillig und dachte wieder ernstlich daran, seinen Abschied zu nehmen, zumal ihm bekannt geworden war, daß von Wolffradt und von Bülow bedeutende Stellen erhalten hatten. Trotz dieser persönlichen Mißhelligkeiten zog sich Dohm aber noch nicht zurück. Er ging sogar, nachdem Johannes von Müller als Minister-Staats-Sekretär zurückgetreten war und vor der Übernahme des Generaldirektoriums für den öffentlichen Unterricht stand, aus seiner abwartenden Haltung heraus und bemühte sich nun seinerseits aktiv um seinen Einsatz im westfälischen Staat. Er schlug von Müller vor, bei der Regierung eine Teilung des Unterrichtsministeriums in Universitätswesen und Schul- und Kirchenwesen zu erwirken. Er selbst wollte dann gern das zweite übernehmen.[40])

Unterdessen wurde Dohm die Direktion für die direkten Abgaben angeboten, und noch ehe er sich entschieden hatte, trug ihm Jérôme die Gesandschaft in Dresden an. Dohm lehnte anfangs ab, weil er aus gesundheitlichen Gründen im Innern beschäftigt werden wollte, sagte aber in einer nochmaligen Unterredung mit Jérôme zu, da dieser erklärt hatte, daß er für den wichtigen Hof in Dresden einen Mann von besonderer Vertrauenswürdigkeit brauche.[41]) Dohm trat darauf diese Stelle an, deren Annahme ihm auch seine Freunde angeraten hatten und die er irgendwie als Schicksalsbestimmung betrachtete.[42])

Der Beginn von Dohms Gesandtschaftstätigkeit fiel in die Zeit der ersten Kriegsvorbereitungen Österreichs. Dohm fühlte sofort, daß hier sein Aufgabenfeld lag und setzte sich mit allen Kräften für Westfalen bzw. Frankreich ein. Er, der vor 1806 noch als „antifrançais" galt,[43]) wollte dem Bruder Napoleons nicht mit unbestimmten Meldungen dienen. Er unternahm also unter dem Vorwande, die Bäder von Tep-

[39]) Gronau, S. 449.

[40]) Dohm an Müller, Kassel, 7. 1. 1808, a. a. O., Nr. 51, S. 412.

[41]) Gronau, S. 468.

[42]) Der Schwiegersohn und Biograph Dohms, W. Gronau, hat an keiner Stelle die in der Literatur vertretene Ansicht erwähnt, daß Dohm auf Müllers Antrieb in westfälische Dienste getreten sei. Den Rat Müllers, den Gesandtschaftsposten anzunehmen, kann man dafür nicht anführen, da die Unterhandlungen wegen seines Eintritts in westfälische Dienste schon viel früher, nämlich in Paris, eingesetzt hatten. — Wie weit sich die von Gronau vielfach verfochtene Ansicht, daß Dohm das Bestreben hatte, fremden Einfluß aus Westfalen zu verdrängen und „in deutschem Sinne zu handeln" (S. 445, 456 und 458) vertreten läßt, wird sich aus Dohms Gesandtentätigkeit erschließen lassen.

[43]) Mémoires III, 169.

litz zu besuchen, eine Reise nach Böhmen, um sich dort genaue Nachrichten über die österreichischen Kriegsvorbereitungen zu verschaffen.[44]) Es gelang ihm auch, einiges festzustellen und sogleich nach Kassel weiterzuleiten. Er gab zunächst ein Bild von dem Aufbau des österreichischen Heeres, von der Neugründung der Reserve und Miliz und ihrer Stärke und verglich diese österreichische Armee mit einer „levée en masse“. In der Folgezeit behielt er ein wachsames Auge für die österreichischen Rüstungsmaßnahmen und berichtete laufend darüber nach Kassel. Der Beobachtung von Truppenbewegungen widmete er besondere Aufmerksamkeit. Als bei Eger und Schönhoff Truppen zusammengezogen wurden, machte er sofort Meldung.[45])

Wie sehr Dohm in den Dienst für den westfälischen Staat hineingewachsen war, zeigten seine Vorschläge für Gebietserweiterungen des Königreiches, die auf dem Fürstentag zu Erfurt vorgebracht werden sollten. Er sprach sich, hauptsächlich aus wirtschaftlichen Gründen, für die Einverleibung der Herzogtümer Berg, Cleve und Westfalen (Bistum Köln) aus. Den Fürstentag in Erfurt sah er dabei als einen entscheidenden Punkt in der von Napoleon geschaffenen politischen Neuordnung Europas an.[46]) Am Schluß seiner Vorschläge glaubte Dohm seine Pläne für die Vergrößerung Westfalens als Kuriosität eines patriotischen — das will sagen, „westfälischen“ — Bürgers entschuldigen zu müssen.[47]) Zum Neujahrstag 1809 brachte Dohm seinem König eine begeisterte Huldigungsgratulation dar und stellte mit Genugtuung, fest, daß S. M. mit seinem Eifer zufrieden wäre.[48])

Zu Anfang des neuen Jahres wußte von Dohm wieder über die österreichischen Kriegsvorbereitungen zu berichten. So meldete er im Februar nach Kassel, daß man in Sachsen den Bruch mit Österreich für unvermeidlich halte.[49]) Im März gab er Einzelheiten über die in Böhmen stehenden österreichischen Heeresteile bekannt und berichtete, daß die Feindseligkeiten gegen Bayern beginnen sollten, was nach dem österreichischen Kriegsplan auch wirklich vorgesehen war.[50]) Vor allem galt es festzustellen, ob wirklich ein Krieg ausbrechen werde. Ob der Kurfürst von Hessen ein Reservekorps der öster-

---

[44]) „Souhaitant de m'informer avec plus de précision sur cet objet j'ai fait une course de quelque jours en Bohême sous prétexte, d'examiner, si les bains de Toeplitz pourraient convenir à ma santé, et en observant toute la discrétion nécessaire j'ai recueilli des renseignements, que je crois assez intéressants pour les mander à Votre Exellence.“ Depesche des westfälischen Gesandten von Dohm an den westfälischen Außenminister Graf Fürstenstein, Dresden, 20. 8. 1808. Geheimes Staatsarchiv Berlin-Dahlem, R 1 B Sachsen Nr. 9. — Im Folgenden abgekürzt: Depesche Dohms an Fürstenstein, Dresden, Datum.

[45]) Depesche Dohms an Fürstenstein, Dresden, 24. 8. 1808.

[46]) „grand fondateur d'un nouvel ordre des choses.“ ebenda.

[47]) „C'est la curiosité d'un citoyen patriotique, que Votre Excellence voudra bien excuser.“ ebenda.

[48]) Depesche Dohms an Fürstenstein, Dresden, 31. 12. 1808.

[49]) Depesche Dohms an Fürstenstein, Dresden, 12. 2. 1809.

[50]) Depesche Dohms an Fürstenstein, Dresden, 1. 3. 1809.

reichischen Armee befehligen sollte, konnte Dohm noch nicht mit Sicherheit aussagen. Als sich die österreichischen Truppen der sächsischen Grenze näherten, gab er sofort die Nachricht nach Kassel, daß man die Absicht habe, in Franken, Thüringen und Westfalen einzufallen.[51]) Am 12. April meldete Dohm die Kriegserklärung Österreichs (9. 4. 1809), österreichische Truppenbewegungen von Böhmen nach Bayern, sowie die Vereinigung österreichischer Truppen an der sächsischen Grenze.[52]) Zugleich gab er bekannt, daß österreichische Agenten im Lande umherliefen und daß er sich deshalb mit dem Präfekten in Magdeburg, dem Grafen von der Schulenburg-Emden, in Verbindung setzen würde, um gegen diese vorgehen zu können.[53]) Als Bernadotte gegen Böhmen marschierte, meldete Dohm, daß die Österreicher in Stärke von 7 — 8000 Mann zwischen Eger und Böhmisch-Leipa ständen.[54]) Der Kurfürst von Hessen läge mit 10 000 Mann bei Prag, und der Herzog von Braunschweig-Oels mit 2000 Mann bei Nachod. Beide wollten in einigen Tagen aufbrechen.[55])

Inzwischen war Dohm von dem westfälischen General Bongars über den Aufstand Dörnbergs unterrichtet worden.[56]) Er wurde angehalten, die Verhaftung des geflohenen Obersten zu veranlassen, wenn er sich auf sächsischem Gebiet zeigen sollte. Dohm leitete den Auftrag sofort an den sächsischen Kabinettsminister Grafen Bose weiter[57]) und bat, er möchte beim König von Sachsen einen Befehl erwirken, öffentliche Anschläge anbringen zu lassen. Noch am gleichen Tage schrieb Dohm über die Erledigung seines Auftrages nach Kassel. Er vergaß dabei nicht, Dörnberg als Verräter und seine Tat als schwarzes Verbrechen zu brandmarken. Als Schill in Westfalen einbrach, entspann sich zwischen den Freimaurern Dohm, Linden und von der Schulenburg-Emden ein reger Nachrichtenaustausch, der ein gemeinsames Vorgehen möglich machen sollte. Dohm erfuhr, daß Magdeburg von den französischen Besatzungstruppen entblößt war und verwandte sich bei der sächsischen Regierung, um Truppen gegen Schill mobil zu machen.[59]) Der Unterpräfekt von Halle wurde ebenfalls zur Erkundung und Übermittlung von Nachrichten herangezogen. Der westfälische Gesandte in Berlin, Baron von Linden, bat Dohm um Auskunft über die österreichischen Truppenbewegungen. Dohm berichtete Linden darüber und wünschte eine engere Zusam-

[51]) Depeschen Dohms an Fürstenstein, Dresden, 8. 3. und 12. 4. 1809.
[52]) Depesche Dohms an Fürstenstein, Dresden, 16. 4. 1809.
[53]) ebenda.
[54]) Depesche Dohms an Fürstenstein, Dresden, 21. 4. 1809.
[55]) Depesche Dohms an Fürstenstein, Leipzig, 8. 5. 1809.
[56]) Bongars an Dohm, Kassel, 1. 5. 1809. Geheimes Staatsarchiv Berlin-Dahlem, Westfalen R 1 D II Nr. 7.
[57]) Dohm an Bose, Leipzig, 8. 5. 1809 (Konzept) a. a. O.
[58]) Dohm an Bongars, Dresden, 8. 5. 1809 (Konzept), a. a. O.
[59]) Dohm an v. d. Schulenburg, Leipzig, 8. 5. 1809 und 10. 5. 1809 (Konzepte). Geheimes Staatsarchiv Berlin-Dahlem, Westfalen R 1 D II, Nr. 9.

menarbeit mit ihm.[60]) Linden tat von sich aus alles, um mit Unterstützung der westfälischen Regierung Preußen zu einem Vorgehen gegen Schill zu zwingen. Von der Schulenburg schrieb Dohm, daß seine Unternehmungen nicht umsonst gewesen wären. Schill hätte von Sachsen keinen Zuzug bekommen und sich auch nicht dorthin wenden können. Er würde nach Norden abrücken. Das alles sei zu einem guten Teil auch dem Gesandten von Linden zu verdanken, der ihn oft benachrichtigt habe.[61]) Dohm versäumte nicht, von der Schulenburg seine Freude über dieses Gelingen zum Ausdruck zu bringen. Für den Abzug Schills hatte er folgende Worte: „Ich wünsche mit Ihnen recht sehr, daß es den ausgesandten Truppen bald gelingen möge, dem Schillschen Unfug ein Ende zu machen.“[62]) Am Schluß des Briefes schrieb Dohm noch, daß der Kurfürst von Hessen und der Herzog von Braunschweig-Oels mit ihren Truppen in Bewegung seien und daß sie auf Sachsen und Westfalen marschieren wollten.

Diese letzte Nachricht hatte Dohm schon einen Tag vorher nach Kassel berichtet. Er hatte hierbei hinzugefügt, der König von Sachsen hoffe, daß Jérôme alle verfügbaren Truppen gegen diesen Einfall bereithalten könne.[63]) Der westfälische Außenminister Graf Fürstenstein war über die Übermittlung dieser wichtigen Nachricht, die er sofort dem König unterbreitet hatte, natürlich sehr erfreut und bedankte sich herzlich bei Dohm. Jérôme leitete den Inhalt der Depesche sofort an Napoleon weiter[64]) und traf schon von sich aus Gegenmaßnahmen, indem er den Marschall Kellermann beauftragte, gegen die anrückenden Truppen des Herzogs von Braunschweig-Oels vorzugehen.[65]) Dohm leistete nun Kassel für eine gemeinsame Aktion westfälischer und sächsischer Truppen gegen den „schwarzen Herzog“ außerordentliche Hilfsdienste. Er gab zunächst eine genaue Aufstellung der sächsischen Truppen und meldete, daß der Erzherzog Ferdinand in Petrikau mit dem Herzog von Braunschweig-Oels eine Unterredung gehabt habe.[66]) Jérôme wurde auch von den Inhalt dieser Meldung unterrichtet.[67]) Dohm machte dann im einzelnen noch nähere Angaben über den Vormarsch dieser beiden deutschen Fürsten. Seine Nachrichten wurden in dem gefährdeten Westfalen mit Dankbarkeit aufgenommen.

---

[60]) Dohm an Linden, Leipzig, 15. 5. 1809 (Konzept), a. a. O.
[61]) V. d. Schulenburg an Dohm, Magdeburg, 14. 4. 1809, a. a. O.
[62]) Dohm an v. d. Schulenburg, Leipzig, 19. 5. 1809, a. a. O.
[63]) Depesche Dohms an Fürstenstein, Leipzig, 18. 5. 1809 (Konzept), Geheimes Staatsarchiv Berlin-Dahlem, R 1 B Sachsen Nr. 9.
[64]) Fürstenstein an Dohm, Kassel, 22. 5. 1809, a. a. O. — Jérôme an Napoleon, Kassel, 20. 5. 1809, Mémoires IV, 69. — Unabhängig davon gelangten diese Nachrichten Dohms noch einmal über den französischen Gesandten Reinhard nach Frankreich (Reinhard an Champagny, Kassel, 27. 5. 1809. Mémoires IV, 86).
[65]) Mémoires IV, 69.
[66]) Depesche Dohms an Fürstenstein, Leipzig, 20. 5 .1809. Geheimes Staatsarchiv Berlin-Dahlem, R 1 B Sachsen, Nr. 9.
[67]) In: (Fürstenstein) an Dohm, Kassel, 22. 5. 1809, a. a. O.

Der bei Halberstadt liegende General Bongars baute diesen Nachrichtendienst Dohms weiter aus. Als er dringend Näheres über die österreichischen Truppenbewegungen wissen mußte, sandte er den Gendarmeriebrigadier Müller zu Dohm.[68]) Ob Dohms Nachrichten eine westfälische Truppenverschiebung veranlaßt haben, ist schwer festzustellen. Aber es ist überliefert, daß durch die Mitteilungen Dohms vom 10. und 11. Juni 1809 der westfälische Kriegsplan geändert wurde. In diesen Berichten hatte Dohm gemeldet, daß österreichische Truppen bei Leitmeritz, Teplitz und Saaz zusammengezogen wären und daß die Österreicher, deren genaue Stärke er feststellen konnte, in Sachsen eingebrochen seien. Auf diese Nachricht hin wurde der westfälische General d'Albignac, der mit seinen Truppen bei Braunschweig stand, nach Gotha befohlen, um von hier unter gleichzeitiger Deckung der Hauptstadt Westfalens den von Sachsen eindringenden Scharen des Herzogs von Braunschweig-Oels entgegenzutreten.[69])

Gegen Ende des Jahres 1810 schied von Dohm wegen schwerer Erkrankung aus westfälischen Diensten aus und zog sich auf sein Gut Pustleben zurück. Er hatte durch seine Nachrichtentätigkeit der napoleonischen Politik wertvolle Hilfsdienste geleistet.

„Eine der Säulen der westfälischen Diplomatie"[70]) war der Baron Heinrich Joseph von Linden,[71]) der 1809 unter den abwesenden und Ehrenmitgliedern der Frankfurter Judenloge „Zur aufgehenden Morgenröte" genannt wurde.[72]) Die Loge bezeichnete ihn als ihren Deputierten beim „Grand Orient de Berlin". Damit war die „Große National-Mutterloge Zu den drei Weltkugeln" gemeint. Von Linden, als dessen Wohnsitz die Logenliste Berlin angab, war also mit Übernahme seiner Berliner Gesandtschaft Vertreter seiner Frankfurter Loge bei der bekanntesten Berliner Großloge.

Der Baron sollte ursprünglich Geistlicher werden. Bei der Gründung des Königreiches Westfalen trat er aber als hessischer Kammerjunker in Jérômes Dienste über. Im Februar 1808 wurde von Linden Kammerherr und durch Dekret vom 5. 7. 1808 Gesandter bei dem Illuminaten und Freimaurer Fürstprimas Karl Theodor von Dalberg in Frankfurt am Main und beim Großherzog Ludwig I. (X.) von Hessen-

---

[68]) Bongars an Dohm, Halberstadt, 29. 5. 1809. Geheimes Staatsarchiv Berlin-Dahlem, R 1 D II Nr. 9.

[69]) „Monsieur. Vos lettres des 10 et 11 m'étant parvenues à la fois, ce matin, je me suis rendu de suite chez le Roi et les ai mises sous ses yeux. Sa Majesté a aussitôt expédié un Courrier au Général d'Albignac qui se trouve à Brunswick avec 5000 hommes, pour lui porter l'ordre de se rendre à marche forcées à Gotha, . ." Fürstenstein an Dohm, Kassel, 13. 6. 1809, a. a. O. — Vgl. dazu Rößler II, 14.

[70]) Reinhard an Champagny, Kassel, 3. 2. 1809, Du Casse, Revue historique, XV, 408.

[71]) Nach Kleinschmidt Hugo Heinrich von Linden.

[72]) Mitgliederliste der Loge „Zur aufgehenden Morgenröte" in Frankfurt a. M., 1809, Membres honnoraires ou absents: Nr. 23. Archiv der Loge „Zu den drei Pfeilen" in Nürnberg, Listen, B, 1809—1811, Nr. 15.

Darmstadt, der ebenfalls Freimaurer war.[73]) Als von Linden seine Tätigkeit in Frankfurt antrat, hatte die neue politische Ordnung Europas durch Errichtung des Rheinbundes und durch die Gebietsänderungen nach dem Tilsiter Frieden allmählich ein festeres Gefüge erhalten. Der Fürstentag in Erfurt hatte Napoleon zum Höhepunkt seiner Machtstellung geführt. Preußen war militärisch geschlagen und zu politischer Bedeutungslosigkeit herabgesunken. Auch Rußland hatte sich in das französische System einfügen müssen. Es galt nun, diese Ordnung zu erhalten, weiter auszubauen und jeden Widerstand, der auszubrechen drohte, zu ersticken.

Nach 1806 erhob sich in ganz Deutschland ein Wille zu neuem nationalen Leben. Österreich und Preußen fühlten sich als Vertreter des deutschen Volkes für die Wiedergeburt der deutschen Nation verantwortlich. In Österreich war der Minister Graf Stadion Führer der nationalen Erneuerung und einer Volkserhebung gegen Napoleon, der sich zum Feind aller nationalen Freiheit gemacht hatte. Durch Entwicklung eines „nationalen Bürgersinnes" sollte mit einem Volk in Waffen das Werk der Befreiung gelingen. Am 12. Mai 1808 wurde in Österreich die Landmiliz errichtet, die als Ersatz des Heeres jederzeit einberufen werden konnte. Im Juni darauf erfolgte die Aufstellung der Landwehr.

Diese politische Lage stellte Linden seine Aufgaben. Laufend meldete er von den Kriegsvorbereitungen Österreichs nach Kassel. Er selbst glaubte, daß ein Krieg zwischen Österreich und Frankreich schon deshalb nahe sei, weil die österreichischen Papiere stark gefallen waren. Linden versäumte dabei nicht, auch die Haltung des Würzburger Hofes als verdächtig hinzustellen, da er ihn unter zu großem Einfluß des Wiener Hofes glaubte.[74]) Das Großherzogtum Würzburg war im Frieden von Preßburg (1805) für das damals Österreich zugeteilte Salzburg dem früheren Großherzog von Toscana, Erzherzog Ferdinand Joseph Johann von Österreich, zugesprochen worden. Dieser war ein Bruder des österreichischen Kaisers Franz I. Auch den Aufenthalt des Kurfürsten von Hessen in den Bädern von Karlsbad konnte sich Linden nicht ohne politische Hintergründe denken. Ironisch schrieb er nach Kassel, daß der Kurfürst wohl an die Heilsamkeit der Bäder glaube, nachdem er mit der österreichischen Regierung eine Disposition getroffen habe.[75])

Von Linden arbeitete bei seiner nachrichtendienstlichen Tätigkeit mit einem französischen Geheimagenten namens Bacher zusammen. Dieser empfahl von Linden wiederum für seine Gesandtschaft einen

---

[73]) I. F. L., Sp. 548.

[74]) Depesche des westfälischen Gesandten von Linden an den westfälischen Außenminister Graf Fürstenstein, Frankfurt, 19. 7. 1808, Geheimes Staatsarchiv Berlin-Dahlem, Westfalen, R I B Frankfurt Nr. 4. Im Folgenden wie üblich abgekürzt.

[75]) Depesche Lindens an Fürstenstein, Frankfurt, 17. 8. 1808.

Mitarbeiter, der am besten über die Ereignisse in Deutschland unterrichtet sei.[76]) Bacher machte von Linden auch die interessante Mitteilung, daß man überall in Deutschland das Königreich Westfalen als vorbildliches Modell für die Organisation der eigenen Staaten ansehe. Die Absicht Napoleons, Westfalen als Musterbeispiel auf die deutschen Nachbarstaaten wirken zu lassen, hatte also schon guten Erfolg gehabt.

Eine Gräfin Byland benachrichtigte den Baron im September 1808 von einem Aufstand, der von Holland und Nordwestdeutschland aus gegen die französische Herrschaft geplant war. Die Dame verriet diesen Plan gegen Zusicherung der Amnestie für ihren Gatten, der ihn an Österreich weiterleiten sollte. Der Urheber, der den Plan dem Grafen schon übergeben hatte, war ein alter, ehemaliger englischer Offizier namens Emmerich.[77]) Der Mittelpunkt des Aufstandsgebietes sollte in Emden liegen, und man wollte bei Minden über die Weser gehen, gegen Göttingen ziehen und die Könige von Westfalen und Holland gefangen nehmen. Mitwisser waren hohe Offiziere von Spanien und andere Offiziere aus verschiedenen Teilen Norddeutschlands. Dieser Emmerich hielt sich in Frankfurt auf und hatte von Linden schon einmal um eine Empfehlung für Westfalen oder für den Marschall Kellermann gebeten, die ihm damals verweigert wurde. Der westfälische Gesandte berichtete darüber nach Kassel und gab auch Bescheid, daß er diesen Emmerich beobachten würde.[78]) Emmerich selbst kam am 13. Dezember des Jahres zu von Linden, um sich einen Paß für Kassel ausstellen zu lassen. Gleichzeitig mit dieser Nachricht empfahl von Linden der Kasseler Regierung, Emmerich beobachten zu lassen. Er selbst hielt ihn für harmlos. Sein Alter gab er mit 68 Jahren an.[79])

Kurz nach dem Dörnberg-Aufstand machte Emmerich in der Marburger Gegend einen Aufstand. Obwohl er Beziehungen zu Dörnberg, Schill und zum alten hessischen Kurfürsten hatte, gewann sein Un-

---

[76]) „. . , étant cependant en premier instruit de tout ce qui se passe en Allemagne." Depesche Lindens an Fürstenstein, Frankfurt, 27. 8. 1808. — Daß Bacher französischer Geheimagent war, beweist eine Angabe im Inhaltsverzeichnis der Berichte, wo er unter Nr. 25 (12. 10. 1808) als „agent français" bezeichnet wird. — Der westfälische „Moniteur" meldete am 17. 6. 1809, Bacher sei französischer diplomatischer Agent beim Rheinbund und seit Napoleons Einzug in Wien dort Minister und Generalpolizeidirektor.

[77]) Nach Lynker (S. 172) ein englischer Oberst; nach Kleinschmidt (S. 296) ein hessischer Oberst, der von einer englischen Pension lebte.

[78]) Depeschen Lindens an Fürstenstein, Frankfurt, 14., 18., 24. und 30. 9. 1808; 14. 12. 1808. Aus einer Beilage dieser letzten Depesche ist zu entnehmen, daß der Polizeichef Westfalens, Bercagny, die Beobachtung Emmerichs auch veranlaßt hatte. (Bercagny an Linden, Kassel, 22. 12. 1808.).

[79]) Lynker und damit Kleinschmidt geben sein Alter mit 75 Jahren an, während Reinhard (Reinhard an Champagny, Kassel, 1. 7. 1809, Du Casse, Rev. hist., XVII, 104) dessen zeitgenössische Ausführungen einen höheren Quellenwert besitzen, dem von Linden angeführten Alter Emmerichs (68 Jahre) mit 64 Jahren weit näher steht. Der Name stimmt mit dem Frankfurter Emmerich überein, Alter und Beruf sind ähnlich. Dieser Emmerich aus Marburg wurde ebenfalls als ungefährlich bezeichnet. Obwohl Bercagny Linden die angeordnete Überwachung mitgeteilt, hatte ihn die westfälische Polizei als harmlosen Mann schließlich unbeobachtet gelassen.

ternehmen doch keine politische Bedeutung. Der Aufstand wurde sofort niedergeschlagen und Emmerich in Kassel erschossen. Baron von Linden hatte dazu beigetragen, ihn der westfälischen Polizei auszuliefern.

Von Linden muß eine ganze Reihe Helfer gehabt haben, denn der westfälische Polizeichef Bercagny wandte sich an ihn, um einige kennen zu lernen, die für den Dienst in der geheimen Polizei geeignet wären. Der Baron schlug dem westfälischen Polizeichef zwei Kandidaten vor. Den zweiten, einen Kaufmann aus Mainz mit Namen Noisten, hielt er für am besten geeignet, weil er gewandt, beredt und franzosenfreundlich sei, ganz besonders aber, weil er freimaurerische Verbindungen habe.[80]) Von Linden glaubte, daß dieser Mann wegen seiner Verschuldung und durch seinen leidenschaftlichen Drang, etwas darzustellen, eine Anstellung in der westfälischen Geheimpolizei bestimmt annehmen werde.[81]) Dieser freimaurerische Anwärter hatte noch den Vorzug, daß er schon einiges Wissenswerte mitbringen würde, wie von Linden hinzufügte.[82]) Das ist ein klarer Beweis für die Absicht des napoleonischen Nachrichtendienstes, besonders Freimaurer in seine Dienste zu nehmen.[83])

Der Nachrichtendienst der französischen Geheimagenten war so ausgezeichnet, daß sie sogar die feindlichen Agenten kannten und über ihre Tätigkeit Bescheid wußten. So konnte von Linden nach Kassel berichten, daß österreichische Agenten die Rheinbundstaaten bereisten, um die dortige politische Stimmung zu erkunden.[84]) In Würzburg, Baden und Hessen-Darmstadt traten solche österreichischen Agenten als Händler auf, um Leute für die österreichischen Truppen anzuwerben. Von Linden wußte sogar die Namen von einigen Agenten und die Orte, wohin sie ihre angeworbenen Männer zum Sammeln schickten.[85]) Im Dezember des Jahres gelang es dem Baron, den Inhalt einiger Briefe zu erfahren, die aus Wien kamen und an den früheren russischen Gesandten in London, Alopeus — der übrigens Dörnbergs Pläne unterstützt hatte — gerichtet waren. Man hatte aus Wien geschrieben, daß der Krieg zwischen Frankreich und Österreich im Frühling des nächsten Jahres ausbrechen werde.[86]) Auch Napoleon hatte im Dezember 1808 Nachrichten über eine Annäherung von

---

80) „il serait par son esprit — ses goûts — ses liaisons maçonnes — plus qu'un autre à même de servir dans cette carrière . ." Depesche Lindens an Fürstenstein, Frankfurt, 24. 9. 1808.

81) „Il accepterait certainement la proposition et pourrait être à Kassel sitôt qu'on exige." ebenda.

82) „je n'oserais le proposer, s'il a des sécrets à vendre." ebenda.

83) Daß sie dort auch Dienst getan haben, wird durch Linden und die anderen westfälischen Gesandten sowie durch die weitere Darstellung gezeigt. Ob dieser Freimaurer Noisten als Geheimagent angestellt wurde, ist leider nicht zu erschließen.

84) Depesche Lindens an Fürstenstein, Frankfurt, 12. 10. 1808.

85) Depesche Lindens an Fürstenstein, Frankfurt, 23. 10. 1808.

86) Depesche Lindens an Fürstenstein, Frankfurt, 1. 12. 1808.

Wien und London bekommen. Er griff daher seinerseits zu ernsthafteren Rüstungsvorbereitungen gegen Österreich.

Als der Ausbruch des österreichischen Krieges in immer bedrohlichere Nähe rückte, brauchte Jérôme einen geeigneten Mann für den Wiener Hof. Nach Napoleons Wünschen sollte es ein Franzose sein, um durch einen französischen Vertreter Westfalens das Deutschtum in Österreich vernichtend zu treffen. Als der dazu ausersehene Kammerherr d'Esterno wegen Familienrücksichten in Urlaub gegangen war, betraute Jérôme den Baron von Linden mit diesem Auftrag. Es war dabei gar nicht daran gedacht, daß von Linden in Wien die übliche Tätigkeit eines Gesandten übernehmen sollte. Der eigentliche Inhalt seines Auftrages war, Kundschafterdienste zu leisten, und zwar weniger für Westfalen als vielmehr für Napoleon. So teilte der Baron Reinhard, Napoleons persönlicher Verbindungsmann für Westfalen, dem französischen Außenminister Champagny hierüber mit, von Linden habe sich unter dem Vorwand, einen Prozeß zu Ende zu führen, nach Wien begeben. Sein Auftrag sei in Wirklichkeit geheim.[87]) Kleinschmidt schrieb über von Lindens Wiener Zeit, daß er „Napoleon als Auskundschafter in Wien vortreffliche Dienste leistete, bis der Krieg mit Österreich seine Mission beendete."[88])

Linden reiste noch im Dezember 1808 nach Wien. In einer seiner ersten Depeschen, jetzt chiffriert und ohne Unterschrift, berichtete er über das System der neuen Organisation des österreichischen Heeres. Die neue Zusammensetzung von Armee, Landmiliz und — er schrieb Reserve — Landwehr hatte er richtig erkannt. Der Baron hatte sogar erfahren, daß im Kriegsfalle die Reserve als 4. Bataillon zugeteilt würde. Außer weiteren Meldungen über Kriegsvorbereitungen gab er genaue Einzelheiten über die finanzielle Lage Österreichs bekannt. Von einem Herrn, der in enger Verbindung zu Graf Stadion stand, wußte er, daß der Krieg ganz sicher ausbrechen würde.[89]) Diese Mitteilung war besonders wichtig, da man bisher in Frankreich noch keine volle Gewißheit über die Kriegsabsichten Österreichs hatte. In Wien selbst war die Entscheidung erst am 8. Februar gefallen.[90]) Reinhard, dem Fürstenstein diese Depesche von Lindens zu lesen gegeben hatte, sandte deren Inhalt an den französischen Außenminister weiter.[91]) Napoleon hatte damit endgültige Klarheit bekommen und konnte nun ganz bestimmt vorgehen. Linden muß bei seiner nachrichtendienstlichen Tätigkeit immer aus guten Quellen geschöpft haben.

---

[87]) „Il s'y est rendu sous le prétexte de terminer un procès. Sa mission est secrète." Reinhard an Champagny, 3. 2. 1809. Du Casse, XV, 408.

[88]) Kleinschmidt, S. 211.

[89]) „. .un homme très lié avec Stadion me fait voir la guerre comme certaine." Chiffrierte Depesche Lindens an Fürstenstein, Wien, 26. 1. 1809. vgl. S. 146.

[90]) Mayerhoffer Vedropolje, S. 3.

[91]) Reinhard an Champagny, Kassel, 3. 2. 1809. Du Casse, Revue historique, XV, 408.

Er kannte z. B. die genaue Anzahl der nach dem Frieden von Preßburg hergestellten Kanonen und Gewehre[92]) und wußte von einem Zwiespalt zwischen Armee und Miliz, der im Kriegsfalle Frankreich zustatten kommen könne.

Linden selbst fühlte sich wegen seiner Kundschaftertätigkeit zeitweise persönlich sehr unsicher. Er schrieb, daß er die Depeschen weniger deshalb chiffriert habe, um die Wichtigkeit der Nachrichten zu schützen als vielmehr, um den Verfasser zu verbergen. Er möchte viel lieber von Wien abreisen. Schließlich schlug er vor, einige wichtige Dinge dem Legationsrat von Trott, „einem sehr eifrigen Mitarbeiter", mitzuteilen, damit dieser seine Arbeit fortsetzen könne. Von Trott war Mitglied der königlichen Loge „Hieronymus Napoleon zur Treue".[93]) Er war damals Sekretär bei der westfälischen Gesandtschaft in Wien und hatte von sich aus schon immer Berichte über die österreichischen Kriegsvorbereitungen nach Kassel geschickt.[94])

Wenn es galt, die österreichische Regierung als franzosenfeindlich hinzustellen, führte Linden sogar Belanglosigkeiten an. So berichtete er, daß die Regierung einem Architekten, dem das Kreuz der Ehrenlegion verliehen worden war, immer noch nicht mitgeteilt habe, ob er es tragen dürfe.[95]) In der gleichen Depesche stellte er fest, daß die österreichische Regierung den neuen König von Spanien, Napoleons Bruder Joseph, noch nicht anerkannt habe. Stein halte sich ebenso wie der alte Kurfürst von Hessen in Prag auf. Der Kurfürst habe sogar noch einen alten Geschäftsträger in Wien.

Es kam Linden immer besonders darauf an, festzustellen, ob sich der Krieg über Österreich hinaus ausbreiten werde. Das Verhältnis Preußens und der übrigen deutschen Staaten faßte er dabei in erster Linie ins Auge. Offiziere aus anderen deutschen Staaten, die in österreichische Dienste traten, wie ein Baron von Seckendorf und ein Graf von Westphalen, waren ihm Anzeichen für eine bevorstehende deutsche Erhebung.[96]) Von Linden versuchte, auch die politische Haltung Rußlands zu ergründen. Eine diplomatische Tätigkeit zwischen diesem Land und Österreich war immerhin festzustellen. Ein russischer Kurier aus Paris nahm z. B. seinen Weg nach Petersburg über Wien.[97]) Tatsächlich hatte man auch in Wien versucht, Rußland auf Österreichs Seite zu ziehen. Das gesuchte Bündnis war allerdings gescheitert; aber es war erreicht worden, daß Rußland, obwohl mit Frankreich verbündet, sich nicht ernstlich am Kriege beteiligen wollte.

---

92) Chiffrierte Depesche Lindens an Fürstenstein, Wien, 27. 1. 1809. Geheimes Staatsarchiv Berlin-Dahlem, Westfalen R I B Österreich Nr. 6. Im Folgenden wieder abgekürzt.

93) Depesche Lindens an Fürstenstein, Wien, 2. 2. 1809.

94) Geheimes Staatsarchiv Berlin-Dahlem, Westfalen R 1 B Österreich Nr. 7.

95) Depesche Lindens an Fürstenstein, Wien, 2. 2. 1809.

96) ebenda.

97) Chiffrierte Depesche Lindens an Fürstenstein, Wien, 30. 1. 1809.

Die zuverlässigen Erkundigungen über das österreichische Heer setzte von Linden mit genauen Angaben über den Sold des Heeres und über die Beendigung der Festungsbauten in Kormoran fort. In einer der nächsten chiffrierten Depeschen meldete er seiner Regierung von einer Zusammenkunft, die er mit einem Vertrauensmann Stadions gehabt hatte.[98]) Er hatte dabei erfahren, daß der Graf den Beginn des Krieges auf das Frühjahr angesetzt habe. Er beabsichtige, Bayern und Württemberg zu entwaffnen. Tatsächlich begann der Krieg auch in Bayern, nachdem der von Österreich ergangene Aufruf an die deutschen Fürsten, am Kriege gegen Napoleon teilzunehmen, ungehört verhallt war. Wichtig war, daß dieser Vertrauensmann Stadions dem Baron anvertraut hatte, Österreich hätte sich mit Rußlands Neutralität begnügt, und diese wäre ihm sicher.[99]) Das stimmte durchaus mit dem überein, was man von österreichischer Seite in Petersburg erreicht hatte. Linden teilte in der Depesche sogar den Namen dieses Vertrauensmannes mit: es handelte sich um den Baron Steigentesch.[100])

In derselben Depesche gab Linden die genaue Stärke der österreichischen Armee mit 358 000 Mann an.[101]) Den Erzherzog Karl bezeichnete er als die Hoffnung Österreichs. Dieser war es dann auch, der Napoleon bei Aspern und Eßlingen zum ersten Mal schlug. Linden verdächtigte Österreich, auch mit Spanien in Verbindung zu stehen. Die Spanier hätten die Absicht, bei der Kriegserklärung Österreichs an drei verschiedenen Stellen in Frankreich einzubrechen.

In einer Nacht ließ der Baron Steigentesch von Linden ein Billett zukommen, wonach der Zeitpunkt des Kriegsausbruches doch entfernter sei, als man glaubte. Man hätte Fehler gemacht, die die Dinge hinausschieben würden.[102]) Die Kenntnis dieser Verzögerung, die in der Tat wegen der sehr schwer zu erreichenden Sollstärke des österreichischen Heeres eingetreten war, wog umsomehr, als Napoleon schon selbst die Absicht gefaßt hatte anzugreifen. Österreich aber mußte ihm, wenn es Bayern und Württemberg für sich gewinnen wollte, mit seinem Angriff zuvorkommen. Dieses Unsicherheitsmoment Österreichs zu kennen, war für Napoleon natürlich äußerst wichtig. Dazu kam noch, daß Schwarzenberg versuchte, Rußland und Preußen doch noch

---

98) „. . ayant renoué connaissance avec un individu, un des intimes de Stadion, et dont Stadion s'est servi en différentes occasions . ." Chiffrierte Depesche Lindens an Fürstenstein, Wien, 6. 2. 1809.

99) „Ce même me dit: on ne demande de la Russie que la neutralité et cela se fera." ebenda.

100) „. . je suis autorisé à croire que ce baron Steigentesch est bien informé sans l'être officiellement de tous détails." ebenda. vgl. S. 144.

101) Die tatsächliche Stärke belief sich auf 265 000. Veranschlagt waren 283 000. Lindens Angaben stimmen hier nur ungefähr.

102) „Je reçus cependant dans cette nuit un billet de l'individu duquel j'ai eu l'honneur de parler à Votre Excellence dans le nro 6 (6. II. 09) qui me dit, on fait la sottisse de trainer, et le moment n'est point tout à fait si près qu'on devrait le croire. Depesche Lindens an Fürstenstein, Wien, 12. 2. 1809.

für Österreich zu gewinnen, wie Linden weiter mitteilte.[103]) Auch der preußische Gesandte Graf Finkenstein sei durch dieselbe Person wie er von der österreichischen Lage unterrichtet worden, berichtete Linden.[104]) Er hoffe, alles weitere, was von Stadion an Finkenstein gehen werde, durch Bestechung erfahren zu können.[105]) Im übrigen mache er darauf aufmerksam, daß durch die nationalen Selbständigkeitsbestrebungen der Polen und Ungarn für Österreich weitere Unsicherheitsfaktoren gegeben seien.[106])

In der gleichen Depesche konnte Linden den österreichischen Aufmarschplan bekanntgeben. 60 000 Mann sollten in Sachsen einfallen, 120 000 gegen Bayern und 100 000 gegen Italien marschieren. Die jetzt angegebene Gesamtheeresstärke von 280 000 entsprach auch den Tatsachen. In der nächsten Depesche wußte Linden noch die Führer der einzelnen Heeresteile anzugeben: für Deutschland den Erzherzog Karl, für Italien den Erzherzog Johann und für Böhmen den Erzherzog Ferdinand.[107]) Der Verlauf des österreichischen Krieges bestätigt die Richtigkeit dieser Nachrichten. Unterdessen hatte der westfälische Gesandte ausgerechnet, daß die Truppen zwischen dem 8. und 12. März die Grenzen erreichen würden. Sogar der erweiterte Kriegsplan Stadions war dem Baron bekannt. Stadion hoffe auf die Erhebung in Spanien und in der Schweiz und auf „einige Elende in Deutschland".[108]) Wieviel Wahrheit besonders für Deutschland hierin lag, beweisen die Erhebungsversuche in Norddeutschland unter Dörnberg, Schill und dem Herzog von Braunschweig-Oels. Linden glaubte nicht an eine große Beteiligung an diesen Aufständen, da das „Volk moralisch unterlegen" sei. Damit hatte der „Westfale" von Linden den verfassungspolitischen Vorsprung Frankreichs und der Rheinbundstaaten gegenüber den alten Staaten gemeint und damit den Liberalismus als Kampfmittel wieder deutlich gemacht. Voll Stolz schloß dieser deutsche Baron seine Depesche: „Zwei Dinge sind gewiß, der Krieg und die Niederlage Österreichs."[109])

Jérôme sandte Napoleon am 23. Februar zwei chiffrierte Depeschen Lindens. Nach den Zeitangaben und nach dem besonders wichtigen Inhalt der beiden letzten Depeschen muß es sich dabei um die vom 12. und 18. Februar 1809 gehandelt haben. Napoleon war dadurch auf das genaueste über die militärische und politische Lage Österreichs unterrichtet. Besonders die Kenntnis des österreichischen Aufmarschplanes mußte für ihn schon einer gewonnenen Schlacht gleich-

---

[103]) ebenda.

[104]) „le Ministre prussien Comte de Finkenstein, tout anglais, informé de cette disposition du cabinet autrichien par la même personne qui m'en a fait part, . ." ebenda.

[105]) ebenda.

[106]) Depesche Lindens an Fürstenstein, Wien, 12. 2. und 18. 2. 1809.

[107]) Chiffrierte Depesche Lindens an Fürstenstein, 18. 2. 1809.

[108]) ebenda.

[109]) ebenda.

kommen. Jérôme nahm dabei Gelegenheit, Napoleon gegenüber die Verdienste von Lindens zu loben. Der Baron sei kein Agent zweiten Ranges, sondern ein Mensch, der ihm völlig ergeben sei und dazu über die besten Beziehungen zu den bedeutenden Personen in Wien verfüge.[110]) Auch Reinhard hatte den Inhalt eines der letzten Berichte Lindens über Truppenstärke und Heerführung der Österreicher an den französischen Außenminister weitergeleitet.[111])

Von Lindens Tätigkeit war unterdessen bemerkt worden, und er wurde des Landes verwiesen. Er teilte dies in seiner nächsten Depesche mit, die er bereits aus Bamberg absandte. Der französische Gesandte habe ebenfalls unter dem Vorwand, auf Urlaub zu fahren, Österreich verlassen, weil der Ausbruch des Krieges unmittelbar bevorstehe.[112]) In Bayreuth gab Linden einen Brief dieses französischen Gesandten (Andréossy) an den sich dort aufhaltenden französischen General Friaud ab. Auch mit dem holländischen Gesandten in Österreich, Graf Hogendorp, hatte Linden zusammengearbeitet. So hatte er diesem zur Nachrichtenübermittlung seinen eigenen Kurier zur Verfügung gestellt.[113]) Er hatte damit nicht nur die Zusammenarbeit zwischen westfälischen und französischen Gesandten, sondern auch mit denjenigen der napoleonischen Vasallenstaaten bewiesen.

Aus den Truppenbewegungen schloß Linden, den Kriegsbeginn auf Ende März ansetzen zu können. Vom französischen Gesandten in Wien wußte er, daß die Verteidigung der Hauptstadt in den Kriegsplan der Österreicher nicht einbegriffen war. Für den Baron war es daher klar, daß die Hauptstadt, die dann nur von der Miliz verteidigt werden konnte, eingenommen werden könnte.[114]) Tatsächlich marschierte Napoleon auch auf Wien und konnte es am 13. Mai besetzen. Der Baron schloß die Depeschen seiner österreichischen Mission mit einer Empfehlung an seinen König. Seine Ergebenheit für ihn faßte er in die Worte: „Seine Majestät möchten überzeugt sein, daß es keinen Tropfen Blut in ihm gäbe, der nicht Sr. Majestät gehöre.“[115]) Am 18. März meldete Linden den Empfang seiner Bestätigung als westfälischer Gesandter in Berlin. Seine erfolgreiche österreichische Mission war beendet. Anfang April (9. 4. 1809) erfolgte die Kriegserklärung Österreichs. Lindens Tätigkeit hatte Napoleon zu einem weiteren

110) „Sire, j'envoie à Votre Majesté par courrier extraordinaire, deux dépêches chiffrées que j'ai recues hier non pas d'un agent secondaire mais d'un homme jouissant d'un grand fortune en ce pays qui m'est entièrement dévoué et qui a des relations intimes avec les personnes les plus distinguées à Vienne.“ Jérôme an Napoleon, Kassel. 23. 2. 1809. Du Casse Rev. hist., XVI, 133 ff.

111) Reinhard an Champagny, Kassel, 28 2. 1809. Du Casse, a. a. O. S. 139.

112) Depesche Lindens an Fürstenstein, Bamberg, 5. 3. 1809.

113) ebenda.

114) „. . , l'occupation de la Capitale anéantira d'un coup le vertige de la milice.“ ebenda.

115) „. . que Sa Majesté est convaincu qu'il n'y a pas de goûts de sang dans mes veines qui n'appartiennent à mon Roi.“ Depesche Lindens an Fürstenstein, Bamberg, 6. 3. 1809.

Siege, Österreich und damit Deutschland zu einer weiteren Zeit der Unfreiheit verholfen.

Der Gesandtschaftsposten in Berlin war der wichtigste für Westfalen, besonders in dieser Zeit. Denn jetzt galt es, Preußens Haltung gegenüber Napoleon zu erkunden. Linden war in einem Augenblick nach Berlin geschickt worden, als Kassel hinter dem eben zusammengebrochenen Aufstand des preußischen Leutnants Katte das Teilunternehmen eines von Preußen ausgehenden Aufstandes gegen Westfalen vermutete. Auch der Major von Schill hatte durch seinen kühnen Zug das Volk zum Aufstand aufgerufen. Er rückte am 28. April mit seinen Truppen aus Berlin aus und zog gegen Magdeburg, um mit den Aufständischen in Westfalen zusammenzutreffen. Für Linden kam es nun darauf an, das Verhalten der preußischen Regierung gegenüber Schill aufzudecken. In zahlreichen Berichten meldete er nach Kassel, die preußische Regierung sei nicht mehr gewillt, ernsthaft gegen Schill vorzugehen. Ganz im Gegenteil: sie fördere sein Unternehmen heimlicherweise und schicke ihm sogar noch Truppen nach.[116]) Da Linden über die Marschroute Schills im Bilde war, empfahl er Fürstenstein, Magdeburg, das gerade ohne französische Garnison war, außer Gefahr zu bringen. Um seine Nachrichten ganz sicher nach Westfalen gelangen zu lassen, erreichte er nach mehrfachen Bemühungen, daß sie von einem preußischen Kurier bis Magdeburg mitgenommen wurden.[117]) Auf Grund von Lindens Depesche sandte Jérôme sofort einen Bericht über die Haltung der preußischen Regierung an Napoleon und fragte, was er gegen Preußen unternehmen solle.[118]) Unabhängig davon schickte Reinhard die Kopie von Lindens Depesche am nächsten Tage an den französischen Außenminister.[119]) Damit war bereits das erste wichtige Ergebnis aus der Berliner Tätigkeit Lindens bis zu Napoleon gelangt. Der Präfekt von Magdeburg, mit dem Linden in nachrichtlicher Verbindung stand, gab ihm die Maßnahmen bekannt, die er gegen einen Einfall Schills getroffen hatte. Der Freimaurer von der Schulenburg-Emden hatte auch angedeutet, daß Schill sich vielleicht nach Sachsen wenden würde. Darauf schrieb Linden sofort an den Dresdener Gesandten von Dohm, um die dortige Regierung zu veranlassen, „diesen Räuber zu vernichten".[120]) Als Linden von dem Aufstand Dörnbergs erfuhr, versäumte er nicht, seinem König eine Huldigung darzubringen. Gegen die preußische Regierung ging er von neuem vor und übermittelte die Forderung Jérômes auf Abgabe einer öffentlichen Erklärung gegen

116) Chiffrierte Depesche Lindens an Fürstenstein, Berlin, 27. 4. 1809. Geheimes Staatsarchiv Berlin-Dahlem, Westfalen, R 1 B Preußen Nr. 34, Band 1. (Im Folgenden wieder abgekürzt).
117) Linden an Fürstenstein, Berlin 29. 4. 1809. Mémoires III, 415.
118) Jérôme an Napoleon, Kassel, 2. 5. 1809. Mémoires III, 416 f.
119) Reinhard an Champagny, Kassel, 3. 5. 1809. Mémoires IV, 33.
120) Vgl. S. 138 f.

Schill. Er selbst befürwortete in Kassel die Rückkehr Friedrich Wilhelms III. nach Berlin und setzte sich nachdrücklich für die Entfernung der franzosenfeindlichen Partei ein. Dabei kam es ihm besonders darauf an, die Absetzung des Berliner Gouverneurs General L'Estocq und des Kommandanten von Berlin, Graf Chasôt zu betreiben, den er für einen Mitwisser des Schill'schen Aufstandes hielt.[121]) Es dauerte auch nicht lange, so wurde L'Estocq seines Amtes enthoben und Chasôt entlassen. Nun konnte die preußische Regierung am 16. Mai 1809 ihre Mißbilligung des Schill'schen Unternehmens veröffentlichen, das inzwischen in Stralsund sein Ende gefunden hatte.

Neben dieser Wühlarbeit gegen Schill und die preußische Regierung lenkte Linden seine Beobachtungstätigkeit auf die Geschehnisse, die mit dem österreichischen Krieg in Zusammenhang standen. So galt seine erhöhte Aufmerksamkeit der Überwachung des österreichischen Gesandten in Berlin, dessen Kuriere ihm bekannt waren,[122]) und in dessen Post er zeitweilig Einblick gewann.[123]) Zur Beobachtung der militärischen Vorgänge in Böhmen schickte er einen Réfugié namens Faure dorthin. Diesen hatte er vorher den in Berlin weilenden Kurprinzen von Hessen beaufsichtigen lassen. Später verschaffte er ihm eine Anstellung in der westfälischen Geheimpolizei. Über die Ereignisse in Böhmen erfuhr Linden von Dohm, daß sich die Truppen des Kurfürsten von Hessen und des Herzogs von Braunschweig-Oels an der sächsischen Grenze vereinigten. Als Dohm nicht mehr in Leipzig weilte und Linden annahm, daß Fürstenstein ohne Nachricht aus Böhmen wäre, schrieb er nach Kassel, der Herzog von Braunschweig-Oels habe die Absicht, in das Departement der Oker einzufallen, weil er dort auf Anhänger hoffe.[124]) (Tatsächlich war der Angriff des Herzogs auch hauptsächlich auf dieses Gebiet gerichtet, und er konnte am 31. Juli in Braunschweig einziehen.) Linden meldete ferner, Blücher und L'Estocq wären Heerführer der Truppen in Böhmen.[125]) Er verstärkte daher seine Beobachtungstätigkeit gegen die preußische Regierung und meldete immer häufigere Fälle von einer Hinneigung Preußens zu Österreich und von einer preußischen Aufrüstung. Auch die preußische Reform war ihm sehr verdächtig.[126]) Seine Hinweise auf westfälische Staatsbürger, die durch die Geheimpolizei Westfalens zu überwachen wären, nahmen immer mehr zu. Als Träger der preußischen Kriegspartei sah er den „Tugendbund" an, den er auch für den

---

121) Chiffrierte Depesche Lindens an Fürstenstein, Berlin, 6. 5. 1809 und Depesche Lindens an Fürstenstein, Berlin, 6. 6. 1809.

122) Depesche Lindens an Fürstenstein, Berlin, 1. 5. 1809.

123) Depesche Lindens an Fürstenstein, Berlin, 23. 9. 1809.

124) Depesche Lindens an Fürstenstein, Berlin, 15. 6. 1809.

125) Chiffrierte Depesche Lindens an Fürstenstein, Berlin, 23. 5. 1809. (— Vgl. S. . . .) und Depesche Lindens an Fürstenstein, Berlin, 17. 6. 1809.

126) Depesche Lindens an Fürstenstein, Berlin, 9. 6. 1809.

Urheber aller Aufstände in Preußen und Norddeutschland hielt.[127]) Im übrigen glaubte Linden, in dem Verhalten der österreichischen Agenten den sicheren Beweis für den Kriegseintritt Preußens zu sehen.

Es waren auch von Österreich Schritte unternommen worden, Friedrich Wilhelm III. für einen gemeinsamen Krieg gegen Napoleon zu gewinnen. Linden war unterrichtet, daß der ständige Agent des Grafen Stadion, Oberst von Steigentesch, in Königsberg eingetroffen war, wo sich der preußische König aufhielt. Linden, der dahinter Verhandlungen über Preußens Beitritt zum Kriege vermutete, bedauerte, in diesem Augenblick nicht dort sein zu können, da er gewiß war, jedes Geheimnis von diesem Offizier für Geld kaufen zu können.[128])

Tatsächlich hoffte man in Österreich schon länger auf die preußische Waffenhilfe, wenn Friedrich Wilhelm III. auch immer schwankend geblieben war. Als durch den Prinzen von Oranien im Auftrag des Königs von Preußen in Wien eine grundsätzliche Zusicherung preußischer Hilfe abgegeben worden war, hatte Graf Stadion den Entschluß gefaßt, den gerade zwischen dem preußischen Außenminister Grafen von der Goltz und dem österreichischen Gesandten in Berlin, Freiherrn von Wessenberg, geführten Verhandlungen eine militärische Abmachung zuvorkommen zu lassen, und deswegen hatte er den Obersten Steigentesch nach Königsberg gesandt. Steigentesch hatte für seine Mission Briefe von Kaiser Franz, Erzherzog Karl und vom Prinzen von Oranien an den preußischen König bei sich. Am 15. Juni hatte er mehrere Unterredungen mit Friedrich Wilhelm III. und der Königin Luise, mit Scharnhorst und Gneisenau und mit dem Geheimen Legationsrat Nagler. Ein Hilfeversprechen konnte ihm nicht gegeben werden.

Das Erstaunliche ist nun, daß nicht nur der Aufenthalt Steigenteschs in Königsberg, sondern sogar der Wortlaut seiner Unterredungen mit dem preußischen König, der Königin und allen in den Berichten an Stadion genannten Personen überraschend schnell zur Kenntnis Napoleons gelangten, und zwar durch eine Depesche Lindens an den westfälischen Außenminister Grafen Fürstenstein.[129]) Steigentesch hatte seine Rückreise nach Wien in Berlin unterbrochen und dort Linden gegenüber „einige bedenkliche, nicht zu rechtfertigende Indiskretionen" begangen,[130]) denn dieser sagte selbst, „er habe die Mitteilungen aus Unterredungen mit Steigentesch gewonnen."[131]) Linden hatte Fürstenstein in der Depesche mitgeteilt, daß er die Kopien

---

127) ebenda.

128) „Si je pouvais, sans être connu, me trouver dans ce moment à Koenigsberg, je ne doute pas qu'avec de l'argent, on achèterait le secret de cet officier." Depesche Lindens an Fürstenstein, Berlin, 24. 6. 1809.

129) Vgl. Major Eberle, S. 380.

130) Ebenda.

131) a. a. O., S. 381. — Die besagte Depesche Lindens an Fürstenstein ist nicht in die Gesandtschaftsakten aufgenommen. Sie befindet sich nicht einmal in den Konzepten zu den Berichten. Ihr genauer Text ist jedoch in der Literatur mehrfach überliefert. In: Correspon-

zweier Briefe beifüge, die genügend Aufschluß über den Stand der österreichisch-preußischen Verhandlungen gäben und seine Schilderungen über die Stimmung des preußischen Hofes und der Bevölkerung in Preußen bestätigen würden. Es handelte sich um den Brief des Kaisers Franz an Friedrich Wilhelm III. von Preußen (Wolkersdorf, 8. 6. 1809) und um ein Schreiben des österreichischen Außenministers Grafen Stadion an den österreichischen Gesandten in Berlin Freiherrn von Wessenberg (Wolkersdorf, 9. 6. 1809).[132]) Beide Schriftstücke sprachen von dem in Aussicht stehenden preußisch-österreichischen Bündnis und von der Absendung des Obersten Steigentesch zu seiner beschleunigten Vollziehung.

Steigentesch hatte Linden außerdem anvertraut, daß nach seiner Überzeugung die Freundschaft des Zaren Alexander mit Frankreich wenig solide sei.[133]) Diese Mitteilung und die grundsätzliche Bejahung eines österreichisch-preußischen Bündnisses von seiten Friedrich Wilhelms III. veranlaßten Linden zu der Behauptung, daß ein Krieg mit Preußen unvermeidlich sei, wenn Rußland sich von Frankreich trennen oder wenn Österreich einen großen Sieg erringen würde. Zuletzt hatte Steigentesch noch hinterlassen, daß er mit den Anführern der Aufstandsbewegungen in Norddeutschland in Verbindung treten werde.[134]) Linden hatte sofort alle Nachrichten St. Marsan, dem französischen Gesandten in Berlin, übermittelt und gleichzeitig den Wunsch geäußert, er möge dem Kaiser Napoleon auch berichten, daß er diese Aufklärungen einem westfälischen Staatsdiener verdanke.

Linden hatte wieder einmal gute Arbeit geleistet. Jérôme, der sich in Sachsen bei der Armee befand, sandte Lindens Depesche sofort an Napoleon.[135]) Dieser hielt allerdings sehr wenig von Lindens Nachrich-

---

dance inédite officielle et confidentielle de Napoléon Bonaparte, Paris 1820, VII, 395—407. Die Übersetzung befindet sich in: Lebensbilder, S. 258—266.

„Monsieur le comte, j'ai eu l'honneur de parler à Votre Excellence dans le rapport, no 23, de l'arrivé du colonel Steigentesch à Koenigsberg, en qualité de negociateur autrichien, qui est le même individu dont j'ai parlé quelques fois dans mes rapports traités à Vienne.

Un heureux hasard l'a depuis amené à Berlin et je tiens de sa confiance, de sa légèrté et peut-être aussi de ses vues plus éloignées la confidence de plusieurs details que je crois assez importants pour vous les faire parvenir, . ." Copie des dépêches du baron de Linden, ministre du roi de Westphalie, à Berlin, en date du (26. juin) 1809, au comte de Fuerstenstein à Cassel, Correspondance inédite VII, 395.

[132]) Beide Briefe in: Lebensbilder, S. 266—275.

[133]) „M. de Steigentesch me disait, dans un moment d'effusion, qu'il était persuadé que l'amitié de l'empereur Alexandre était peu solide avec la France." Correspondance inédite, S. 402.

[134]) Erst nach Abschluß des Manuskriptes lerne ich Rößlers neue Darstellung kennen, nach der Steigentesch dies Linden alles absichtlich mitgeteilt habe, um im Auftrage Stadions den preußischen König durch Kompromittierung zum Kriegseintritt zu zwingen. Das stellt wohl Steigentesch in ein anderes Licht, mindert aber keineswegs Lindens Bedeutung als französischer Agent.

[135]) Jérôme schrieb am 6. Juli von Chemnitz an Napoleon: „J'envoie un courrier à Votre Majesté pour lui transmettre les dépêches très importantes que je reçois par courrier extraordinaire de mon ministre de Berlin. Je prie Votre Majesté de lire d'un bout à l'autre celle no 1; elle est adressée à mon ministre des relations extérieures. Celle no 2 est une lettre de l'empereur d'Autriche au roi de Prusse et celle no 3 des instructions données par le ministère autrichien." Mémoires IV, 262.

ten. Die Einschätzung Rußlands sei gänzlich falsch, der Charakter des preußischen Hofes wohl richtig gekennzeichnet, aber längst bekannt. (Allerdings auch erst hauptsächlich durch Linden). Außerdem sei Preußen durch Verträge an ihn gebunden, und im übrigen habe alles schon ein Ende gefunden.[136]) Dieses Urteil Napoleons mindert jedoch die Bedeutung von Lindens Leistung in keiner Weise; auch nicht den Wert, den der Inhalt seiner Depesche hatte. Napoleon konnte nur so sprechen, weil er die entscheidende Schlacht bei Wagram (5. und 6. 7. 1809) schon geschlagen und eben den Waffenstillstand zu Znaim abgeschlossen hatte. Nach der Niederlage bei Aspern (22. 5. 1809) dagegen hatte er durch seinen Außenminister Champagny den französischen Gesandten in Berlin instruieren lassen, Preußen jetzt zuvorkommend zu behandeln, um sich in ihm nicht noch einen Feind zu schaffen.[137]) Immerhin hatte Lindens Nachricht Napoleon eindeutig bestätigen können, daß es im Kriege mit Österreich auf eine für ihn siegreiche und den Feldzug bestimmende Schlacht ankommen müsse. Hier lag die Entscheidung. Napoleon hatte danach gehandelt; — und Linden hatte eine bedeutende Rolle in der großen Politik gespielt.

Als Österreich während des Waffenstillstands auf die Wiederaufnahme der Feindseligkeiten durch preußische Hilfe hoffte, erhöhte Linden wiederum seine Beobachtungstätigkeit. Er meldete, daß eine allgemeine von der Regierung begünstigte Desertion im Gange sei, um auf diese Weise das österreichische Heer zu verstärken. Er berichtete von preußischen Truppenzusammenziehungen und bat Fürstenstein um eine Liste aller nach Preußen reisenden westfälischen Staatsbürger. Diese wollte er dem Polizeikommissar von Magdeburg, dem Freimaurer Moisez, übergeben, um deren Überwachung zu veranlassen. Die westfälische Regierung beauftragte Linden darauf, die militärischen Ausgaben Preußens zu erkunden und die Rückkehr Friedrich Wilhelms III. nach Berlin zu betreiben. Linden war nicht nur in der Lage, die militärischen Ausgaben in genauen Summen anzugeben, sondern auch mehrere sorgfältig ausgearbeitete Übersichten über die Zusammensetzung, Stärke und Führung des preußischen Heeres, einen Plan von der Festung Kolberg und Pläne von mehreren Manövern zu liefern.[138])

In der Folgezeit berichtete er auch fortlaufend über die franzosenfeindlichen preußischen Politiker und Militärs und half damit ihren Sturz vorbereiten. Den „Tugendbund", dem sie nach seiner Ansicht

[136]) „La lettre de votre ministre de Prusse ne signifie rien. — Ce qu'on vous dit de la Russie est faux, c'est mal connaître le caractère de l'empereur Alexandre. Ce qu'on vous dit du caquetage de la cour de Koenigsberg est vrai. Pour la mauvaise volonté et de la mauvaise foi il y en a beaucoup; mais la Prusse est liée avec moi par des traités; d'ailleurs, aujourd'hui, tout est fini." Napoleon an Jérôme, Schönbrunn, 14. 7. 1809. Mémoires IV, 269.

[137]) Bailleu, S. 458 f.

[138]) Depeschen Lindens an Fürstenstein, Berlin, 9. 9. 1809; 27. 9. 1810; 9. 10. 1810; 21. 9. 1811; 12. 10. 1811.

alle angehörten, ließ er von bestimmten Leuten beobachten. Im Sommer 1810 schieden alle von Linden Angefeindeten, wie Scharnhorst, der Innenminister Graf Dohna und der Polizeichef Sack aus ihrer Stellung aus. Hardenberg, der nach der Umbildung der Regierung die Leitung übernahm, wurde als tragbar, ja sogar als judenfreundlich und als Anhänger einer Zusammenarbeit mit Westfalen geschildert. Die Agenten der Gegenseite blieben Linden nicht unbekannt. So wußte er von Angehörigen der preußischen Geheimpolizei und von Agenten des „Tugendbundes". — Die Agenten des französischen Geheimdienstes kannte er selbstverständlich auch.

Im März 1812 gab Linden einen Bericht über das preußische Kontingent für Napoleons russischen Feldzug. Auch jetzt wurde seine Überwachungstätigkeit wieder verstärkt, und als er erfuhr, daß der Prinz von Hessen-Philippsthal-Barchfeld in preußische Dienste getreten war, setzte er alles daran, daß dieser wieder verabschiedet wurde. Kurz darauf reiste Linden nach Glogau zu Jérôme, der sich dort bei der Armee aufhielt. Zur nächsten Geburtstagsfeier des Königs wurde auch er eingeladen.

Inzwischen hatte sich Napoleons Schicksal auf den weiten Schneefeldern Rußlands gewendet. York hatte mit Diebitsch die Konvention von Tauroggen geschlossen. Friedrich Wilhelm III. hatte sich Ende Januar nach Breslau begeben und erließ dort am 3. Februar den Aufruf zur Bildung freiwilliger Jägerbataillone. Das preußisch-russische Bündnis von Kalisch war aber noch nicht abgeschlossen worden (28. 2. 1813). Napoleon mußte also unbedingt wissen, was Preußen jetzt zu tun beabsichtige. Linden bekam daher am 18. Februar eine Aufforderung von Kassel, die Rüstungsmaßnahmen und die allgemeine Stimmung in Preußen schärfstens zu beobachten. Er sollte im Auftrage des Königs von Westfalen nach Breslau reisen, um dort in der Nähe des preußischen Königs dessen Absichten besser erkunden zu können.[139]) Doch dem Baron war es nicht mehr beschieden, auch diesen Auftrag zu erfüllen. Er wurde auf seiner Reise nach Breslau verhaftet.[140]) Über das weitere Schicksal Lindens, der, wie Kleinschmidt schreibt, immer „seiner undeutschen Gesinnung treu geblieben"[141]) war und von den Geldern für geheime Ausgaben „wie ein Krösus lebte",[142]) ist nur bekannt, daß er von Kosaken in das Innere Rußlands verschleppt wurde.

In welchem Maße Linden sich durch seine freimaurerische Weltanschauung in den Dienst Napoleons getrieben fühlte, ist leider nicht dokumentarisch bezeugt. Die Stellung in seiner Loge in Frankfurt

---

[139]) „Vous sonderez les dispositions secrètes du Cabinet Prussien, . ." Depesche Fürstensteins an Linden (Konzept). Kassel, 18. 2. 1813, Geheimes Staatsarchiv Berlin-Dahlem, Westfalen R 1 B Preussen Nr. 121.

[140]) Schreiben an General Bongars, Kassel, 25. 3. 1813 (ohne Absender). ebenda.

[141]) Kleinschmidt, S. 337.

[142]) a. a. O., S. 470.

und sein Amt als deren Vertreter bei der Großloge „Zu den drei Weltkugeln“ in Berlin zeigen ihn jedoch als Freimaurer von höheren Würden. — Seine Eigenschaft als Freimaurer und Agent des französischen Nachrichtendienstes, seine freimaurerischen Beziehungen, die er in der Stadt seiner Tätigkeit unterhielt, und seine geplante Besetzung von Agentenstellen mit Freimaurern haben in Linden die Beziehungen von Freimaurerei und napoleonischem Nachrichtendienst besonders nachdrücklich erwiesen.

Aus Lindens Berichten konnte des öfteren entnommen werden, daß er bei der Empfehlung zur Überwachung verdächtiger Personen mit der Geheimpolizei Westfalens in Verbindung getreten war. Er hatte dabei zu deren Generaldirektor oder auch zu einzelnen Generalkommissaren oder aber auch zu den Präfekten Beziehungen angeknüpft. Unter den Angehörigen der westfälischen Geheimpolizei befanden sich, besonders an leitenden Stellen, auffallend viele Freimaurer. Erster Generaldirektor der „Hohen Polizei“ war durch Dekret vom 18. 9. 1808 der frühere Generalsekretär der Präfektur von Brüssel, Legras de Bercagny. Sein Amtsbereich erstreckte sich über das ganze Königreich. Sämtliche Beamten der Geheimpolizei wurden von ihm angestellt und waren ihm untergeordnet. Bercagny, den Kleinschmidt den „Typus eines Spürhundes“ nennt, war schon in Brüssel wegen Amtsüberschreitungen und Mißbrauch seiner Macht bekannt gewesen.[143]) Mit dem Tage seines Amtsantrittes kam alles Schriftwesen unter seine Aufsicht. Er führte sein Amt mit einer solchen Schärfe und mischte sich derart in alle Gebiete ein, daß nicht einmal die Minister vor ihm sicher waren, weil für ihn kein Postgeheimnis bestand. Die Geheimpolizei entwickelte unter ihm eine solche Schnüffelei, daß jedes Vertrauen untergraben wurde. Im Volksmunde hieß Bercagny der „Großinquisitor“. Seine Agenten trieben ihr Unwesen so weit, daß Siméon empfahl, sich mehr der Maires und Friedensrichter statt der vielen und schlechten Agenten zu bedienen.[144]) Die Zeitungen blieben unter Bercagnys Überwachung, und in Zusammenarbeit mit Linden in Berlin meldete er diesem auch jeden nach Preußen reisenden Westfalen.

Bercagny gehörte zu der intriganten Hofpartei, die den Sturz des als Preußen verschrieenen Finanzministers von Bülow herbeiführte. Da er von Bülow auf jede Weise zu kompromittieren versuchte, ließ er dessen amtliche Papiere durchwühlen. Selbst Jérôme fand das so unmöglich, daß er ihn seines Amtes enthob. Bercagny wurde darauf Polizeipräfekt von Kassel. Eine Generaldirektion der Polizei wurde zunächst nicht wieder errichtet. Die Generalkommissare unterstanden während dieser Zeit den Präfekten. Bercagny, der sich bald auch

143) a. a. O., S. 135.
144) a. a. O., S. 138.

in seinem neuen Amt als untauglich erwiesen hatte, wurde im Juli 1811 wiederum abgesetzt, aber zum Kammerherrn ernannt; denn er war keineswegs in der Gunst Jérômes gesunken und blieb mit ihm in direktem Verkehr. An seinem Geburtstag erhob ihn Jérôme im gleichen Jahre zu seinem Palastpräfekten und Intendanten der königlichen Schauspiele. Bercagny stieg in dieser Stellung noch bis zum Oberintendanten auf. Schließlich ersetzte er im Mai 1812 den Grafen von der Schulenburg-Emden als Präfekt des Elbe-Departements.

Bercagny, den Thimme einen Deutschenhetzer nennt,[145]) und von dem eine Schrift über die Geheimpolizei Westfalens sagt, daß das Wort: „Il faut créer des crimes"[146]) von ihm stamme, war in der Magdeburger Loge „Ferdinand zur Glückseligkeit" Ehrenmitglied und Maurer im Meistergrad. Er war dort noch im Januar 1814 (!) als Meister affiliiert worden. (Magdeburg blieb bis zum ersten Pariser Frieden von den Franzosen besetzt). Seine Eigenschaft als Bruder im Meistergrad beweist, daß er schon länger der Freimaurerei angehört hatte.[147])

Die Organisation der „Hohen Polizei" erfuhr am 20. April 1811 eine Umänderung. Aus gegebenen Gründen hatte sich Kassel veranlaßt gesehen, die Geheimpolizei wieder zu verselbständigen. Sie wurde jetzt mit der Generalinspektion der Gendarmerie vereinigt. Damit unterstand sie nicht mehr dem Ministerium der Justiz, sondern dem Kriegsministerium. In Wirklichkeit aber war sie eine selbständige Institution. Die Generalkommissare unterstanden direkt dem Generalinspekteur der Gendarmerie, Jean François Marie Baron Bongars. Dieser gehörte als Palastmarschall von Anfang an zum Hofstaate Jérômes. Er wurde bald Brigadegeneral und Kapitän im Garde-du-Corps. Als er die Direktion der Geheimpolizei übernahm, entwickelte er sofort eine rege Tätigkeit. Die Maires wurden angehalten, jede verdächtige Person zu verhaften. — Der französische Gesandte Baron Reinhard stellte Bongars und seiner Tätigkeit ein vernichtendes Urteil aus.[148]) Bongars wurde ein Jahr nach seinem Amtsantritt als Chef der westfälischen Geheimpolizei in der königlichen Loge „Hieronymus Napoleon zur Treue" als Meister zum Ehrenmitglied ernannt.[149]) Sein Beitritt war zweifellos politisch begründet gewesen.

Durch die Logenmitgliedschaft Bongars, und durch seine Doppelstellung als Chef der Gendarmerie und der Geheimpolizei stand auch die Gendarmerie in enger Verbindung zur Geheimpolizei und zur

---

[145]) Thimme, II, 172.
[146]) Die entlarvte .. geheime Polizei, S. 47.
[147]) Vgl. S. 49.
[148]) Reinhard an Bassano, 10. August 1812. Du Casse, Revue historique, XXI, 103.
[149]) Protokoll des „Großorients von Westfalen" vom 9. 4. 1812. Archiv der Loge in Einbeck, a. a. O. — Mitgliederliste der Loge „Hieronymus Napoleon zur Treue", 1812, Nr. 38. Archiv der Großloge von Hamburg, Logenkorrespondenz auf die Jahre 1812—1814.

Freimaurerei. In den Logen fanden sich daher vielfach Angehörige der Gendarmerie.

Unter den Mitgliedern der Magdeburger Loge gehörten z. B. folgende Freimaurer der Gendarmerie an: Kapitän der Gendarmerie von Sonneberg,[150]) Leutnant der Gendarmerie August Friedrich Stann,[151]) Hauptmann der Gendarmerie W. A. von Hendorf[152]) und Oberstleutnant und Kommandant der 3. Gendarmerie-Division Charles de la Grée,[153]) der 1811 bis 1813 — meist als Erster Offizier — zum Stabe des Generalinspekteurs Bongars gehörte.

Die Loge „Hieronymus Napoleon zur Treue" hatte 1811 den Kapitän der Gendarmerie Rudolph von Tschudi als Meistermaurer unter ihren Brüdern.[154]) Von Tschudi wechselte 1812 zur Alfelder Loge über und stieg dort um einen Grad in seiner maurerischen Würde.[155]) Er war von 1810 bis 1813 Adjutant-Major beim Stabe des Generalinspekteurs Bongars. Georg Ludwig Eitel von Gilsa gehörte als Eskadronchef der Gendarmerie ebenfalls zum Stabe Bongars. Er wurde 1811 Oberst im 1. Kürassier-Regiment und wird in diesem Jahre zum ersten Male als Mitglied der Loge „Hieronymus Napoleon zur Treue" aufgeführt.[156]) Ein weiterer Freimaurer dieser Kasseler Loge war der Kapitän Anton Franz von Klenke.[157]) Er kam als Offizier aus preußischen Diensten und trat am 12. 9. 1810 in die Gendarmerie ein.

Die Halberstädter Loge „Zu den drei Hammern" hatte 1811 unter ihren Mitgliedern den Oberstleutnant der Gendarmerie Ph. Hartert.[158]) Von 1811 bis 1813 war er als Eskadronchef ebenfalls beim Stabe Bongars. Der schon als Mitglied der Loge in Nordhausen bekannte Franzose Jules Dudon d'Envales gehörte 1810 als Kapitän auch zur Gendarmerie. Die Kapitäne der Gendarmerie unterstanden jeweils den Präfekten ihres Departements.

Die westfälische Geheimpolizei war in ihrem Aufbau nicht nur ein getreues Abbild der französischen Geheimpolizei. Praktisch stand sie auch in einem direkten Abhängigkeitsverhältnis zu ihr, so daß die französische Geheimpolizei die westfälische jederzeit in ihren Dienst einspannen konnte.[159])

Zu den Mitarbeitern der westfälischen Geheimpolizei zählten außer der Gendarmerie die Generalkommissare, die Polizeikommissare und

---

150) Chronologisch geordnetes Generalverzeichnis, Nr. 748. a. a. O.
151) a. a. O., Nr. 262.
152) a. a. O., Nr. 112.
153) a. a. O., Nr. 774.
154) Mitgliederliste der Loge „Hieronymus Napoleon zur Treue", 1811, Nr. 122, a. a. O.
155) Mitgliederliste der Loge in Alfeld, 1812. Archiv der Loge „Tempel der Eintracht" in Osterode, a. a. O., A—H.
156) Mitgliederliste der Loge „Hieronymus Napoleon zur Treue", Nr. 128, a. a. O.
157) a. a. O., 1810, Nr. 49.
158) Mitgliederliste der Loge „Zu den drei Hammern" in Halberstadt, 1811. Archiv der Loge „Zu den drei Pfeilen" in Nürnberg, Listen B, Liste Nr. 107.
159) „Die französische Polizei konnte sich ziemlich unbeschränkt der westfälischen zu ihren Zwecken bedienen." Thimme, S. 138.

deren Untergebene, sowie mehr oder weniger die Präfekten, Maires und Friedensrichter und natürlich die Geheimagenten.[160])

Die Präfekten, Maires und Friedensrichter konnten nicht nur von den Geheimagenten und Kommissaren zu Hilfeleistungen herangezogen werden,[161]) sondern sie hatten auch selbst „heimliche und öffentliche Polizeibediente genug."[162])

Die personelle Verbindung zwischen der westfälischen Geheimpolizei und der Freimaurerei wurde durch die Polizeibeamten gebildet, die Mitglieder einer Loge waren.

In Braunschweig gehörten die Polizeikommissare H. C. Hoffmann sen.,[163]) C. F. von Schmidt-Phiseldeck und Geitel[164]) der Loge „Carl zur gekrönten Säule" an. Hoffmann war schon in vorwestfälischer Zeit Mitglied dieser Loge. Geitel kam 1808 in die Loge und wurde bereits 1809 Meister vom Stuhl. Er war also erst als Angehöriger der westfälischen Polizei in die Loge eingetreten. Der Polizeikommissar H. M. Zeitz war Mitglied der Loge in Halberstadt.[165]) In Göttingen war der Kommissar Chr. F. W. Ulrich Meisterbruder und Sekretär der Loge.[166]) Noch 1814 hatte er dieses Amt inne. In Halle war der Logenbruder C. F. R. Heller Polizeiinspektor der Stadt.[167]) In Helmstedt hatte sich der Polizeikommissar Friedrich Julius Klemmen seit Gründung der Loge um die Freimaurerei seiner Stadt besonders verdient gemacht. Die Hildesheimer Loge „Pforte zur Ewigkeit" wurde beim Großorient durch den Hochgradbruder Polizeikommissar J. H. Firnhaber vertreten.[168]) Er war schon 1783 in die Loge aufgenommen worden und blieb auch nach der westfälischen Zeit in hohen maurerischen Würden.

Die Logenmitgliedschaft des Generalkommissars Mertens beweist am deutlichsten, wie Polizeibeamte nur aus polizeipolitischem Interesse in die Logen eintraten. Mertens tauchte 1811 zum ersten Mal in der Loge „Friedrich zum weißen Pferd" auf.[169]) Zu dieser Zeit war er

---

[160]) Welche Geheimagenten — von denen übrigens „ein verhältnismässig sehr grosser Prozentsatz" Juden waren — der Freimaurerei angehörten, konnte auf Grund des lückenhaften Personenmaterials und der diesem Material eigenen Ungenauigkeit der Personalangaben nicht festgestellt werden. (Thimme — Polizei, S. 122).

[161]) Geheimes Staatsarchiv Berlin-Dahlem, Westfalen R 2 II Nr. 4, Vol. I. Bemerkungen Casparis, Nr. 66.

[162]) Bericht der Generalpolizeidirektion Nr. 99 vom 20. 2. 1809. Geheimes Staatsarchiv Berlin-Dahlem, a. a. O., Vol. III; Bl. 32. — Ihre Bedeutung ergibt sich aus der schon dargestellten Berührung von Freimaurerei und Beamtentum.

[163]) Mitgliederliste der Loge „Carl zur gekrönten Säule" in Braunschweig, 1808. Archiv der Loge „Zu den drei Pfeilen" in Nürnberg, Listen A, Liste Nr. 66.

[164]) Lachmann (Frmr.), S. 129.

[165]) Mitgliederliste der Loge „Zu den drei Hammern" in Halberstadt, 1811, a. a. O.

[166]) Mitgliederliste der Loge „Augusta zum goldenen Zirkel" in Göttingen, 1811. Archiv dieser Loge, I. Mitgliederverzeichnisse . . von 1810 — incl. 1841.

[167]) Eckstein (Frmr.), S. 287, Nr. 490.

[168]) Mitgliederliste der Loge „Pforte zur Ewigkeit" in Hildesheim, 1811, Archiv der Loge „Zu den drei Pfeilen" in Nürnberg, Listen B, Nr. 96.

[169]) Mitgliederliste der Loge „Friedrich zum weißen Pferd" in Hannover, 1811, Nr. 89. a. a. O., Nr. 78.

Lehrling. Im Jahre 1813 kam Mertens als Generalkommissar für die Departements der Leine und des Harzes nach Göttingen. Die Mitgliederliste der Loge dieser Stadt führte ihn bereits als Gesellen.[170]) 1814 wiederum, im ersten Jahre nach Jérômes Abzug, fand sich Mertens nicht mehr unter den Brüdern dieser Loge.[171]) Kleinschmidt schreibt über Mertens: „Wie schmerzlich empfanden die Studenten bei ihrem jugendlichen Freiheitsdrange den täglich fühlbaren Druck der Polizei, die beständigen Plackereien! ein Greuel war den Göttingern der Generallkommissar Mertens".[172])

Unter den anderen Generalkommissaren, deren Anzahl zwischen vier und sechs schwankte, fanden sich noch zwei Freimaurer: Theobald Guntz und Jean-Baptiste Moisez.

Guntz war Meister der Göttinger Loge „Augusta zum goldenen Zirkel".[173]) Bis 1812 war er in Göttingen Generalkommissar für das Departement der Leine. 1813 wurde er als Generalkommissar des Oker-Departements nach Braunschweig versetzt. In den für Westfalen besonders kritischen Jahren 1812 und 1813 ließ Guntz durch seine Agenten unaufhörlich der politischen Gesinnung der Bevölkerung nachspüren. Ihre Berichte gaben aber zugleich ein gutes Bild vom westfalenfeindlichen Geist der Bevölkerung seines Departements.[174])

Jean-Baptiste Moisez war seit 1810 Meister der Magdeburger Loge „Ferdinand zur Glückseligkeit".[175]) Er war 1810 bis 1812 Generalkommissar für das Elbe-Departement in Magdeburg und danach Generalkommissar für die Departements der Elbe und der Saale mit dem Sitz in Halberstadt. Während seiner Tätigkeit als Generalkommissar hatte Moisez im Oktober 1808 die Absicht, eine Person beaufsichtigen zu lassen, die der Freimaurerei angehörte. Er wollte als Beobachter dazu keinen Freimaurer wählen, weil er meinte, daß es in diesem Falle ein Freimaurer nicht wagen dürfe, „die surveillance zu übernehmen". Die Regierung würde dann ihren Zweck nicht erreichen.[176]) Aber schon am nächsten Tage schlug Moisez dem Polizeikommissar Friese vierzehn Freimaurer vor, die sich dazu eignen würden und denen man einen entsprechenden Antrag stellen könne. Man fand dann noch zwei Freimaurer, die auch dafür in Frage kamen, so daß sich die Zahl der Kandidaten auf sechzehn erhöhte. Unter diesen befanden sich neun deutsche Logenbrüder. Unter den vier Brüdern, die

---

170) Mitgliederliste der Loge „Augusta zum goldenen Zirkel" in Göttingen, 1813, Nr. 51, a. a. O.

171) Mitgliederliste derselben Loge, 1814, a. a. O.

172) Kleinschmidt, S. 338.

173) Mitgliederlisten der Loge „Augusta zum goldenen Zirkel" in Göttingen, 1810 bis 1812, a. a. O.

174) Die Papiere des Generalkommissars der „Hohen Polizei" Guntz befinden sich im Staatsarchiv Hannover unter: Hannover Des 51 XV Nr. 51.

175) Vgl. S. 49.

176) Moisez an den Maire von Blumenthal, o. O., 23. 10. 1808. Geheimes Staatsarchiv Berlin-Dahlem, Westfalen, R 2 II Nr. 4, Vol. III, Bl. 13.

in die engere Wahl kamen, und „es vermutlich gern" übernahmen, waren drei Deutsche.[177]) Der erste der vier aussichtsreichsten freimaurerischen Kandidaten war der Kaufmann Jähningen. Hinter seinem Namen stand die Bemerkung „denn er bedarf Geld und ist für Geld zu allem zu gebrauchen."[178]) Der zweite Freimaurer war der Proviantkommissar Küsel. Ihn hatte man näher gekennzeichnet: „Denn er sucht die Gunst des französischen Gouvernements, um angestellt zu werden."[179]) Der dritte Deutsche von den vier Freimaurern war der Theologiekandidat Naue, der eine Anstellung als Prediger wünschte. Unter denjenigen Deutschen, die nicht zur engeren Auswahl gehörten, aber mit vorgeschlagen waren, befanden sich der Freimaurer Platzmajor von Malinowsky und ein Bote aus Klosterbergen mit Namen Schüttel. Dieser war als Geheimagent des Abtes Schewe angegeben. Schewe war lange Jahre Großmeister der Magdeburger Provinzialloge. Die Liste war angeführt von dem Adjoint Bonte, der als regierungsergeben bezeichnet wurde.

Am Anfang des Jahres 1809 plante Moisez, mit Berlin Verbindung aufzunehmen. Er wollte einen Korrespondenten gewinnen und wandte sich deshalb nach Burg. Er hoffte, dort „sehr gut bedient zu werden."[180]) In der gleichen Angelegenheit hieß es in einem Bericht an den Polizeikommissar Friese einige Tage später: „Herr Adjoint B. (nach den Anmerkungen Bonte) hat mich ersuchen lassen, seinen Bruder als Freund mit hierher zu bringen; dies soll geschehen, und ich zweifle nicht, daß dieser Herr zu unseren Absichten die Hand bieten werde."[181]) Der Freimaurermeister, Adjoint Bonte, hatte also die Verbindung zur Geheimpolizei aufgenommen.

Aus einem anderen Bericht geht hervor, daß auch der Freimaurer Präfekt von der Schulenburg als Geheimagenten Freimaurer angestellt hatte. Es heißt da: „Ein sehr angesehener Mann, dessen Vertrauen ich genieße, wollte mich gestern heilig versichern, daß der Herr Präfekt (gemeint ist von der Schulenburg) die Herren Weinschenk, Gärtner, Lindemann, d i e s e d r e i s i n d F r e i m a u r e r, ..zu geheimen Polizeiaufsehern.. angestellt habe."[182]) Der Präfekt selber hatte sehr enge dienstliche Beziehungen zur Geheimpolizei. So for-

---

177) Moisez an den Polizeikommissar Friese, o. O., 24. 10. 1808, a. a. O., Bl. 14.

178) ebenda.

179) ebenda.

180) Moisez an den Maire von Blumenthal, o. O., 3. 11. 1809. Geheimes Staatsarchiv Berlin-Dahlem, Westfalen R 2 II Nr. 4, Vol., III, Bl. 23.

181) Bericht an den Polizeikommissar Friese, o. O., 9. 1. 1809. a. a. O., Bl. 25.

182 Moisez an den Polizeikommissar Friese, o. O., 13. 11. 1808. Geheimes Staatsarchiv Berlin-Dahlem, Westfalen R 2 II Nr. 4 Vol. III, Bl. 15. — Wenn diese „heilige Versicherung" auch keine unbedingt zuverlässige Quelle gewesen ist und damit ein schlüssiger Beweis für die erfolgte Anstellung dieser Freimaurer-Agenten nicht erbracht werden kann, so läßt sie doch den nicht weniger bedeutungsvollen Schluß zu, daß auch hier wieder bei der Anstellung von Geheimagenten die Verwendung von Freimaurern geplant war.

derte er Anfang 1809 bei dem Magdeburger Maire, Graf von Blumenthal, eine Liste der Geheimagenten für das neue Jahr an.[183])

Als Beauftragter der Logenpolizei hatte Moisez dafür zu sorgen, daß die von Siméon ergangenen Bestimmungen (vom 24. 3. 1812), die Verbindung mit ausländischen Logen aufzulösen, auch durchgeführt würden. In einer Auslegung dieser Bestimmungen, die gleichzeitig die Interessen der Geheimpolizei wahrten, hatte Moisez die Logen aufgefordert, ihre Korrespondenz mit ausländischen Logen aufrecht zu erhalten. Wenn man in dem Verbot wirklich den Abbruch jeder Verbindung zwischen den Logen Westfalens und den ausländischen Logen gewollt hätte, so hätte man auch die Korrespondenz verbieten müssen, die vielmehr nachdrücklich empfohlen wurde. Die mehrfach erwiesene politische Zuverlässigkeit der westfälischen Freimaurer machte eine polizeiliche Beaufsichtigung der Logen kaum notwendig. Es liegt daher nahe, daß die „Logenpolizei" aus anderen Gründen am Weiterbestehen der Logen und besonders an der Aufrechterhaltung ihres Schriftverkehrs mit ausländischen Logen interessiert war, zumal diese meist in Preußen lagen. Denn in den Logen besaß man ein weites, auch über andere Staaten ausgebreitetes Netz für den Nachrichtenaustausch, und die Logenbrüder selbst leisteten dabei gute Dienste. So versicherte Moisez in dem Schreiben an eine Loge, er werde sich bemühen, alles zu versuchen, um die Harmonie in der Freimaurerei zu erhalten und zu festigen und alle Mittel anwenden, um die Bande vollkommener Eintracht, gegenseitiger Freundschaft und wahrer Brüderlichkeit noch mehr zu pflegen.[184])

Der Umstand, daß die Einrichtung der „Logenpolizei" nur in den beiden an Preußen angrenzenden Departements bestand und daß ihr Chef, der Generalkommissar der westfälischen Geheimpolizei, Moisez, gleichzeitig zur Magdeburger Loge gehörte, und weiterhin die enge Zusammenarbeit der westfälischen Geheimpolizei mit den westfälischen Gesandten beweisen, daß die „Logenpolizei" eine Institution des westfälischen und damit des napoleonischen Nachrichtendienstes war.

V. Freimaurerei und Judenemanzipation.

Im Königreich Westfalen, dem Musterstaat des Rheinbundes, war den Juden die volle politische und bürgerliche Gleichberechtigung

[183]) Der Präfekt des Elbe-Departements an den Grafen von Blumenthal (Magdeburg), 7. 2. 1809. Geheimes Staatsarchiv Berlin-Dahlem, Westfalen R 2 II, Nr. 4, Vol. III.

[184]) „Je saisis avec empressement, très vénérable, cette occasion pour vous prier d'agréer l'assurance de tout mon dévouement, pour tâcher de conserver et de maintenir la bonne harmonie et pour employer tous mes moyens afin de resserrer davantage encore les noeuds de la parfaite union, de l'amitié sincère et réciproque et de la vraie fraternité entre tous les maçons de mes deux départements." Moisez an den Bruder von Ledebur (M. v. St. der Loge „Johannes zum Wohle der Menschheit" in Salzwedel) Magdeburg, 1. 6. 1811. Archiv der Großen Nationalmutterloge, a. a. O. — vgl. S. 46.

zugesprochen worden. Innerhalb des deutschen Reichsgebietes war damit die totale Emanzipation der Juden zum ersten Mal in Erscheinung getreten.

Eingedenk der Mission des westfälischen Königreichs gegenüber den anderen deutschen Staaten war in das Dekret über die Aufnahme der Juden in den Staat (27. 1. 1808) ein Artikel eingerückt worden, der von vornherein eine Ausbreitung der westfälischen Judengesetzgebung über das eigene Königreich hinaus möglich machen sollte. Indem nämlich die westfälische Judengesetzgebung auch auf Juden anderer Staaten ausgedehnt wurde, wenn sie sich in Jérômes Königreich aufhielten, schaffte man sich Vorkämpfer für die Judenemanzipation in diesen anderen Staaten. In diesem (2.) Artikel hieß es. „Denjenigen Juden, welche ohne unsere Untertanen zu sein durch unser Königreich reisen oder darin sich aufhalten, sollen dieselben Rechte und Freiheiten zustehen, die jedem anderen Fremden eingeräumt werden". Man behandelte also z. B. Juden aus Hessen-Darmstadt nicht als Juden — die es ja politisch gesehen für Westfalen nicht mehr gab —, sondern als hessen-darmstädtische Staatsbürger, obgleich sie das in ihrem Heimatstaat gar nicht waren. Westfalen machte damit aus den nicht gleichberechtigten Juden von Hessen-Darmstadt innerhalb seines Bereiches vollwertige Staatsbürger. Vom westfälischen Standpunkt aus gesehen, konnte man natürlich gemäß der Gleichheit aller Staatsbürger auch die Fremden nicht unterschiedlich behandeln. Außenpolitisch gesehen, das heißt, in der Wirkung auf die fremden Staaten, war es jedoch immer ein Vorstoß gegen deren Verfassung.

Dieses Vorgehen mußte sich zuerst und mit besonderem Nachdruck auf die Nachbarstaaten auswirken, wenn die zurückreisenden Juden wieder in ihren eben erlangten Rechten eingeschränkt wurden. Vornehmlich aber auf solche Staaten, die mit Westfalen durch Handelswege verbunden waren, wie Sachsen mit dem Handelsmittelpunkt der Leipziger Messe, die thüringischen Staaten als Durchgangsland dorthin und Hessen-Darmstadt als Durchreisegebiet zur Messe in Frankfurt am Main.

In Sachsen war der bekannte Publizist Christian Wilhelm von Dohm bis 1810 diplomatischer Vertreter Westfalens. Er hatte 1783 als preußischer Staatsbeamter die Schrift „Über die bürgerliche Verbesserung der Juden" herausgebracht und großes Aufsehen damit erregt. Dohm hatte in diesem Buch im Interesse der Staatsgemeinschaft, in die sie Aufnahme finden sollten, für die „bürgerliche Verbesserung" der Juden geworben. Durch ihre Heranbildung zum Staatsbürger würden die gegen sie erhobenen Vorurteile aufgegeben, und ihr sittlicher Tiefstand aufgehoben. Denn es sei ja umgekehrt der

Fall, daß „die Juden nur deshalb als Menschen und Bürger verderbt gewesen, weil man ihnen die Rechte beider versagt habe." Welche Wirkung Dohm mit seiner Schrift erreicht hatte, bezeugt der Jude Dubnow: „Nicht wenige ließen sich daneben durch das .. Werk von Dohm zu der Überzeugung bringen, daß die scheinbare Minderwertigkeit der jüdischen Volksmasse und ihre soziale Verkapselung vornehmlich auf ihre Entrechtung und bürgerliche Degradierung zurückzuführen sei."[1])

Im März 1808 wurde Dohm eine an Fürstenstein gerichtete Reklamation übergeben,[2]) in der einige westfälische Juden um Abschaffung aller Abgaben gebeten hatten, die ihnen bei der Reise durch Sachsen auferlegt worden waren. Dohm wurde dabei von seinem Außenminister angewiesen, sich auf besonderen Wunsch Jérômes bei der sächsischen Regierung um die Aufhebung dieser Abgaben zu bemühen. Er möge sich „tief in den Geist des Dekrets hineinversenken"[3]) und betonen, daß die Juden in Westfalen vollberechtigte Staatsbürger seien. Dohm, auf den jene Juden wegen seiner bekannten menschenfreundlichen Tätigkeit großes Vertrauen gesetzt hatten, ergriff diesen Auftrag sofort und wurde bei der sächsischen Regierung vorstellig.[4]) Er operierte dabei mit denselben Argumenten des Fortschritts, der Toleranz und der Humanität, wie sie die Juden mit Hilfe freimaurerischen Gedankenguts in menschheitlicher Verbrämung ihres Emanzipationskampfes schon in ihrem Gesuch gebraucht hatten. Er arbeitete ebenfalls mit den gleichen politischen Druckmitteln und führte an, daß Sachsen die Juden des französischen Kaiserreichs schon 1806 von den fraglichen Abgaben befreit hätte und daß man für Westfalen dasselbe wünsche. Schließlich glaubte er auch, durch die Anwendung des angeführten zweiten Artikels aus dem westfälischen Judendekret der sächsischen Regierung die Abschaffung der Abgaben leichter zu machen. Er äußerte zum Schluß noch den Wunsch, die Aufhebung der Abgaben schon zur nächsten Messe in Kraft treten zu lassen. Dohm brachte damit eine völlige Umkehrung der Zielsetzung zuwege. Denn es ging nicht darum, wie es schien, den Juden aus Sachsen während ihres Aufenthaltes in Westfalen Erleichterungen zu verschaffen, sondern den Juden des Königreichs Westfalen im sächsischen Staate eine gleichberechtigte Behandlung angedeihen zu lassen und damit die sächsische Judengesetzgebung wenn nicht ganz aufzuheben, so doch zumindest aufzulockern. Wie bewußt Dohm diese „réciprocité" ange-

---

[1]) Dubnow (Jude), VII, 25.

[2]) Fürstenstein an Dohm, Kassel, 30. 3. 1808, Geheimes Staatsarchiv Berlin-Dahlem, Westfalen R 1 D II Nr. 15. — „Ce pays est presque le seul où pour monument des temps les plus barbares, on a conservé l'usage de demander aux juifs et surtout aux juifs voyageurs un Péage corporel."

[3]) „. . . et qu'en vous pénétrant bien de l'esprit de ce decret." ebenda.

[4]) Dohm an Bose, Dresden, 6. 4. 1808. Geheimes Staatsarchiv Berlin-Dahlem, a. a. O.

wandt hatte, beweist ihre besondere Erwähnung in seinem Schreiben an Fürstenstein,[5]) in dem er über den Beginn seiner Verhandlungen Bericht erstattete und zugleich seine Freude und seinen Stolz darüber ausdrückte, der erste in Deutschland gewesen zu sein, der diese Forderungen verkündete und der im Namen seines Königs für ihre Verwirklichung tätig sei.

Die sächsische Regierung räumte auf diese Intervention hin den Juden aus Westfalen dieselben Rechte ein wie den französischen Juden. Sie stellte noch in Aussicht, die Aufhebung der Abgaben zu verallgemeinern und auch den französischen Juden weitere Abgaben zu erlassen. Sie hatte also bereits erkannt, daß sich eine Judengesetzgebung nicht bloß für die Juden eines bestimmten Staates durchführen läßt, sondern sich notwendigerweise auf die Juden aller Staaten und natürlich auch in irgendeiner Form auf die des eigenen Staates auswirken müsse und endlich, daß sich die Regelung wahrscheinlich noch über den Erlaß einiger besonderer Abgaben ausdehnen müßte. Die beabsichtigten Auswirkungen von Dohms Forderungen zeigten sich somit schon in vollem Umfange. Denn in der Art der Formulierung und der besonderen Argumentation, wie Dohm eine Änderung in der Behandlung der westfälischen Juden beantragt und begründet hatte, sah die sächsische Regierung plötzlich die ganze Judenfrage vor sich ausgebreitet. Durch Frankreich einmal ins Rollen gebracht, verlangte die Judenfrage nunmehr eine umfassende Lösung. Dohm hatte daher die volle bürgerliche Gleichstellung der westfälischen Juden nicht umsonst hervorgehoben. Der eigentliche Inhalt seiner Forderung lief ja auch darauf hinaus, für die westfälischen Juden in Sachsen nicht nur die Befreiung von besonderen Abgaben, sondern — gemäß der „réciprocité" — auch ihre Behandlung als (gleichberechtigte) westfälische Staatsbürger zu erwirken. Darüber hinaus konnte für Dohm als einem der ersten Vorkämpfer der Judenemanzipation dieser Kampf nicht bloß auf die westfälischen Juden beschränkt bleiben. Dohm nutzte das von der sächsischen Regierung gezeigte Entgegenkommen, um jetzt seine Forderungen noch höher zu stellen und plante, sich für die Aufhebung sämtlicher Abgaben aller Juden in Sachsen einzusetzen.[6]) Damit wurde sein Einsatz offen zu einem Kampf für die volle Emanzipation aller Juden, und er führte ihn nicht mehr lediglich als westfälischer Staatsbeamter, sondern von seiner Weltanschauung her als Freimaurer. So riet er einigen Juden, die ihm mitteilten, daß in Sachsen-Weimar und Sachsen-Gotha noch Abgaben von durchreisenden Juden erhoben würden,[7]) sich mit einem Gesuch an die Fürsten dieser Länder zu wenden, soweit sie

---

5) Dohm an Fürstenstein, Dresden, 6. 4. 1808, Konzept, a. a. O.

6) Dohm an Fürstenstein, Dresden, 23. 4. 1808. a. a. O.

7) Schreiben der Juden M. L. Cramer aus Braunschweig, Jacob Meyer Elias aus Einbeck und Leon Levy aus Halberstadt an Dohm, Leipzig, 10. 5. 1808, a. a. O.

dem Rheinbund angehörten.[8]) Als ihm kurz darauf von mehreren Juden[9]) und vom Israelitischen Konsistorium berichtet wurde,[10]) daß die Aufhebung der Abgaben nur auf die Leipziger Messe beschränkt sei, wurde Dohm abermals bei der sächsischen Regierung vorstellig.[11]) — Diese hatte sich also in der Durchführung der angekündigten allgemeinen Regelung sehr spröde verhalten und ließ Dohm auch jetzt noch lange auf eine Antwort warten. Endlich gab der sächsische Kabinettsminister nach mehreren Monaten bekannt, daß die Aufhebung einer außerordentlichen Abgabe für Juden französischer Staatsangehörigkeit nunmehr allgemein (also nicht nur für die Leipziger Messe) ausgesprochen sei und auch für die Juden aus Westfalen gelte.

Dohm blieb aber bei dieser für ganz Sachsen gültigen Bestimmung nicht stehen und bemühte sich jetzt um ihre Ausdehnung auf das Herzogtum Warschau. Er spannte dazu die jüdische Presse ein und schlug dem westfälischen Juden-Konsistorium vor, in seiner Presse einen derartigen Wunsch zu äußern. Als ihm kurze Zeit darauf einige — zum Teil sogar ungerechtfertigte — Beschwerden mehrerer westfälischer Juden über die nachlässige und unkorrekte Durchführung der neuen sächsischen Judengesetzgebung zugingen, verstärkte er seine erneute Intervention durch eine Eingabe an das westfälische Außenministerium, sich nachdrücklich gegenüber dem sächsischen Gesandten in Kassel zu erklären. Als Dohm anfänglich keine Antwort von der sächsischen Regierung bekam, intervenierte er gelegentlich weiterer Beschwerden nochmals und erhielt daraufhin einige unbedeutende Zugeständnisse. Doch er gab sich damit immer noch nicht zufrieden, und durch sein unaufhörliches Einschreiten gelang es ihm schließlich, die sächsische Regierung noch einmal zu neuen Zugeständnissen zu bewegen, indem sie jetzt die letzten noch bestehenden Abgaben aufhob. Dohm hatte gute Arbeit geleistet. Sein Erfolg war um so höher zu werten, als man ihm von sächsischer Seite immerhin einigen Widerstand entgegengestellt und sich nur schrittweise zu einer Gleichstellung entschlossen hatte. Freimaurerei und Judentum hatten gemeinsam gekämpft, verbunden durch überstaatliche Ausbreitung und überstaatliches politisches Denken. Für Dohm selbst aber, den Freimaurer und alten Vorkämpfer der Judenemanzipation, war es eine persönliche Genugtuung, daß er seine Ideen in die Wirklichkeit umsetzen konnte.

Dohm blieb nicht der einzige Freimaurer und westfälische Beamte, der Hilfsdienste für die Judenemanzipation leistete. Auch der Präfekt des Werra-Departements, August Heinrich von Trott, setzte sich aus

---

8) Dohm an Leon Levy, Dresden, 22. 5. 1808, a. a. O.

9) Die Juden Moses Joseph Büding, Sußmann Abraham Rosengarten und Jacobs Michel Bensa an Dohm, Kassel, 10. 6. 1808, a. a. O.

10) Dohm an Fürstenstein, Dresden, 28. 6. 1808. (Abschrift), a. a. O.

11) Dohm an Hopfgarten, Dresden, 28. 6. 1808.

freimaurerischer Geisteshaltung für die Gleichstellung der Juden ein. Im Jahre 1810 erhielt er ein Schreiben des Juden Aaron Lucas,[12]) der sich über den im Großherzogtum Hessen-Darmstadt von westfälischen Juden erhobenen Geleitzoll beschwerte. Er empfand das ebenso wie seine Glaubensgenossen als eine Sitte „aus den Zeiten der finstersten Barbarei" und fühlte sich im Vergleich zu anderen Religionsangehörigen ungerecht behandelt, obwohl doch die Gleichheit der Bürgerrechte herrschen sollte. Wie wenig der Jude im Staat lebt und denkt, bezeugen Aarons Worte: „Was nützt es mir, westfälischer Bürger zu sein, wenn ich es nur in Westfalen bin." Dabei war es in Wirklichkeit doch so, daß der Jude sich selbst bewußt immer als solcher gefühlt hatte, wie er in anderen Staaten eben auch als Jude und nicht als irgendein Staatsbürger behandelt wurde. Aaron Lucas bemängelte besonders, daß in einem „konföderierten Lande" noch Judenabgaben bestünden, wo doch in Westfalen die Gleichberechtigung eingeführt sei, die nur einen Akt der Humanität darstelle. Die Solidarität der Rheinbundstaaten wurde also auch hier nützlich eingeschaltet. Ein weiteres Mittel, um das Anliegen zu rechtfertigen und dessen Erfüllung zu beschleunigen, war die Erwähnung der eben vom westfälischen Gesandten durchgesetzten sächsischen Judengesetzgebung.

Der Präfekt und Freimaurer von Trott nahm diese Beschwerde auf und fragte — ohne für die Durchführung auswärtiger Angelegenheiten befugt zu sein — bei der Regierung in Gießen an,[13]) welche grundsätzliche Stellung sie einnehme. Nach seiner Auffasung seien diese Dinge wohl gerade in der Schwebe. Es sei ihm zwar nicht bekannt, daß die Abgaben im Großherzogtum Frankfurt und Hessen-Darmstadt abgeschafft wären, bei der letzten Messe in Frankfurt habe man aber bereits keine derartigen Einschränkungen mehr verlangt. Dort seien keine Geleitsgelder erhoben worden, in Hessen-Darmstadt dagegen seien nur die Christen davon befreit worden. Zugleich wies er darauf hin, daß die Erhebung des Geleitzolles von Juden gegenüber den Christen eine Ungleichheit bedeute, die den Juden „zu besonderem Druck ..zu gereichen scheine."

Die Antwort der Gießener Regierung ergab, daß der Leibzoll schon lange abgeschafft wäre, aber noch ein Geleitgeld erhoben würde und wegen der Unsicherheit der Meßstraße auch fernerhin ebenso wie von den hessischen Juden bezahlt werden müßte, obwohl man auch seine Aufhebung bereits erwogen habe. Im übrigen hätten sich die Juden anderer Staaten in Hessen-Darmstadt den Gesetzen dieses Landes zu unterwerfen.

---

[12]) Der Jude Aaron Lucas aus Marburg an den Präfekten des Werra-Departements, o. O., o. D. (Nach beiliegendem Geleitzettel vom 22. 4. 1810 kurz nach diesem Datum). Staatsarchiv Marburg 77 a Nr. 917.

[13]) Der Präfekt des Werra-Departements, A. H. von Trott an die Großherzoglich Hessische Regierung zu Gießen, Marburg, 5. 7. 1810. Staatsarchiv Marburg, a. a. O.

Von Trott konnte als Präfekt in dieser Angelegenheit nichts weiter unternehmen. Er wandte sich also an die Regierung in Kassel,[13a]) zumal jetzt der richtige Augenblick dafür war. Er könne den Standpunkt der hessischen Regierung, der immer noch einen Unterschied zwischen Juden und Christen mache und also keine Gleichheit der Bürger anerkenne, nicht verstehen. Und in Worten, die an freimaurerische Redewendungen und Begriffe anklangen, schrieb er weiter: „Es widerstrebt dem Geist unserer Zeit und der Gleichheit aller Untertanen vor dem Gesetz, daß dergleichen aus einem barbarischen Zeitalter herrührende Abgaben zum Druck einer Religionspartei noch gefordert werden." Die Bemühungen des westfälischen Gesandten in Sachsen und die darauf von der dortigen Regierung erfolgte Regelung betrachte er dagegen als vorbildlich. — Er bat die westfälische Regierung, in Gießen eine zweckmäßige Eröffnung zu machen und auf Erlaß dieser Abgaben zu dringen, und „wenn auch nicht eine allgemeine Befreiung aller Israeliten von jener Abgabe, doch die der westfälischen israelitischen Untertanen zu bewirken." Auch dem Freimaurer von Trott ging es also eigentlich um die Juden im allgemeinen. Das kennzeichnet die Ausrichtung seines Kampfes. Das Unternehmen hatte Erfolg. Fürstenstein berichtete von Trott einige Zeit darauf,[14]) daß die hessische Regierung eine „Ordonnance" veröffentlicht habe, welche die völlige Aufhebung dieser Abgabe enthalte. Dieser Erlaß des freimaurerischen Großherzogs Ludwig I. (X.) atmete ebenso freimaurerischen wie rheinbündischen Geist. Die Gründe für die Aufhebung, die man für alle, nicht nur für die westfälischen Juden, ausgesprochen hatte, waren vor allem „der Geist der Zeit, Handelsfreiheit und die gegenwärtige Organisation der Regierungen", das heißt des Rheinbundes.

Das letzte Beispiel zeigt besonders gut, was man von freimaurerischer Seite aus gewünscht hatte: die totale Emanzipation aller Juden. Bedingt durch ihre Weltanschauung, die den Juden vom humanitären Gesichtspunkt aus als Menschen betrachtete, konnte die von der Freimaurerei geforderte Emanzipation auch immer nur eine totale sein, wenngleich sie nicht in jedem Falle durchgesetzt werden konnte. Hierin liegt die Bedeutung der Freimaurerei für die Judenemanzipation. In ihren eigenen Reihen machte sie mit der Aufnahme von Juden — bei den Logen „christlicher" Lehrart von getauften Juden — den Weg zur gesellschaftlichen Gleichberechtigung frei. Auf dieser konnte später die politische Emanzipation aufbauen.

Eine weitere Bedeutung liegt in der Schaffung der ideellen Grundlagen für die Judenemanzipation. Die Beispiele beweisen, wie die Freimaurerei dem Judentum die geistigen Waffen für seine Emanzipation geliefert hat und wie geschickt die Juden sie benutzten.

[13a]) Von Trott an das Ministerium des Innern in Kassel, Marburg, 6. 8. 1810, a. a. O.
[14]) Fürstenstein an von Trott, Kassel, 6. 5. 1811, a. a. O.

Freimaurerei und Judentum arbeiteten geistig und organisatorisch Hand in Hand. Zu dem unstaatlichen politischen Denken auf beiden Seiten kam ihre überstaatliche Ausbreitung hinzu, wodurch es allein möglich wurde, die Judenemanzipation von einem Staat in den anderen zu tragen. Hierbei zeigte sich besonders die gemeinsame Taktik, die man anwandte, um die fraglichen Staaten zu beeinflussen: Pressepropaganda, Intervention von Gesandten und Ministerien, Ausnutzung der verwandtschaftlichen Beziehungen zwischen Westfalen und Frankreich und der politischen Abhängigkeit der betreffenden Staaten von Frankreich und Westfalen durch ihre Zugehörigkeit zum Rheinbund.

Schlußwort.

Wenn sich auch ein planmäßiges unmittelbar politisches Handeln der gesamten Freimaurerei als Organisation im Königreich Westfalen als Ergebnis dieser Untersuchung nicht feststellen läßt, so ergibt doch die Gesamtschau der einzelnen, politisch-handelnden Freimaurer auf Grund ihrer gleichen weltanschaulichen Ausrichtung eine gleiche Linie ihres politischen Handelns, so daß sich in der geschichtlichen Auswirkung der politischen Tätigkeit ihre Einheitlichkeit zeigt. Die allgemeinpolitische Erziehungsarbeit der Logen half die „westfälische Nation" und die „westfälische Staatsbürgerschaft" heranbilden. Die freimaurerisch geleitete Presse verbreitete durch ihre Propaganda das Ideengut, das den westfälischen Staat formte und leistete die politische Erziehungsarbeit auf den Lebensgebieten der Politik, Kultur und Wirtschaft. Der in Logen und Presse dargelegte Liberalismus, durch das freimaurerische Weltbürgertum humanitär gefärbt, gab die ideellen Grundlagen für den politischen Einsatz der einzelnen Freimaurer. In Offizierskorps und Beamtenschaft halfen diese den jungen westfälischen Staat aufbauen und ausbilden und damit die napoleonische Herrschaft in Deutschland festigen und sichern. Die Hilfsdienste der freimaurerischen westfälischen Gesandten für den napoleonischen Nachrichtendienst halfen wiederum durch Vermittlung ihrer Aufklärungsergebnisse diejenigen Mächte Deutschlands, die die Einheit des Reiches und seine völkische Erneuerung anstrebten, Preußen und Österreich, zu zerschlagen oder niederzuhalten. Darüber hinaus waren es wieder Freimaurer, die durch ihre Förderung der Judenemanzipation bewirkten, daß in den Juden eine alles Volkstum zersetzende Kraft über Westfalen hinaus in deutsche Staaten Einlaß fand. Die westfälischen Freimaurer aber waren keineswegs willenlose Werkzeuge Napoleons, sondern aus weltanschaulicher Überzeugung Anhänger, die durch den Aufbau des liberalen Musterstaates Westfalen (des ersten liberalen Staates in Deutschland!), wertvolle Hilfsdienste leisteten, die Mission Westfalens zu erfüllen und somit einen wesentlichen Teil von Napoleons Politik der Liberalisierung und machtmäßigen Beherrschung Deutschlands zu verwirklichen.

Quellen und Literatur.

Abkürzungen:

A. H. F. = Allgemeines Handbuch der Freimaurerei
I. F. L. = Internationales Freimaurer-Lexikon

I. Teil

Nichtfreimaurerische Quellen und Darstellungen

A. Ungedruckte Quellen:

Archivalien aus folgenden Archiven:
Preußisches Geheimes Staatsarchiv, Berlin-Dahlem
Staatsarchiv Hannover
Staatsarchiv Magdeburg
Staatsarchiv Marburg

Die Signaturen der benutzten Faszikel sind in den Anmerkungen angegeben.

B. Gedruckte Quellen:

Adreßbuch für das Königreich Westfalen auf das Jahr 1812. Kassel.

Adreßkalender des Fulda-Departement für das Jahr 1809. Paderborn 1810.

Almanach Royal de Westphalie 1810—1813. Kassel. (1811 erschienen als Hof- und Staatshandbuch des Königreichs Westphalen. Hannover 1811; 1812 als Königlich Westphälischer Hof- und Staatskalender. Kassel 1812).

Augustin: Statistische Übersicht des Königreichs Westfalen. Kassel 1808.

(Borke, Johann von:) Kriegserleben des Johann von Borke weiland kgl. preuß. Oberstlieutenants, 1806—1815. Nach dessen Aufzeichnungen bearb. von v. Leszczynski. Berlin 1888.

Correspondence inédite officielle et confidentielle de Napoléon Bonaparte. Paris 1820.

Cramer, F.: Geschichte des Königreichs Westfalen. Magdeburg 1814.

Dohm, Chr. W. von: Denkwürdigkeiten meiner Zeit. 5 Bde. Lemgo u. Hannover 1814—19. = Dohm, Denkwürdigkeiten.

— Drei Briefe Christian Wilhelm Dohms aus dem Frühjahr 1809. Mitgeteilt von H. Kretschmar. — Forschungen zur Brandenburgisch-Preußischen Geschichte, 39, 1927.

Dörnberg, K. W. F. von: Relationen der in Westphalen vorgefallenen Ereignisse. Mitgeteilt von Scherer, Carl: Zur Geschichte des Dörnbergischen Aufstandes im Jahre 1809. — Historische Zeitschrift, 84, 1900. S. 258—266. = Dörnberg — Scherer.

— Dörnberg und der Aufstand in Hessen. Aus dem Nachlaß des Generallieutenants von Dörnberg. In: Bülau: Geheime Geschichten und Rätselhafte Menschen. = Dörnberg — Bülau.

Du Casse: Documents inédits relatifs au premier empire. Napoléon et le roi Jérôme. Revue historique, 1881—83 Bd. XV—XXI.

— Les Rois Frères de Napoléon Ier. Paris 1883.

Gronau, W.: Christian Wilhelm von Dohm nach seinem Wollen und Handeln. Ein Biographischer Versuch. Lemgo 1824.

Hassel, G.: Statistisches Repertorium über das Königreich Westfalen. Braunschweig 1812.

(Jérôme Bonaparte:) Mémoires et Correspondence du Roi Jérôme et de la Reine Cathérine. 7 Bde. Paris 1816—66. = Mémoires.

Memoiren Jérôme Bonapartes. Eine geheime Geschichte des westfälischen Hofes in Cassel. Berlin 1863.

Lachmann, C. L.: Geschichte der Stadt Braunschweig seit ihrer Entstehung bis zum Ende des Jahres 1815. Braunschweig 1815.

Lebensbilder aus dem Befreiungskriege, 3. Abt. Jena 1844. = Lebensbilder.

Leth E.: Annalen des Königreichs Westfallen. Göttingen 1809.

Martin, Joh. Christ.: Johann Christian Martin, Metropolitan in Homberg, 1744—1811. Selbstbiographie, abgedr. in den „Nachrichten des I. P. Martinschen Familienverbandes", Heft 3—11 u. 14, 1924—29. = Joh. Christ. Martin, Selbstbiographie.

(Martin, Sigm. Peter:) Erklärungen... im Kasselschen Wochenblatt Nr. 89 vom 6. 11. 1813 und in der Kasselschen Polizei- und Kommerzienzeitung Nr. 11. Beilage Febr. 1814 = Martin S. P., Erklärungen.

Martin, Sigm. Peter: Historische Nachrichten über die hessische Insurrektion. In: Sammlung von Anekdoten und Charakterzügen aus den merkwürdigen Kriegen in Süd- und Norddeutschland 1805—1809. Leipzig o. J. = Martin, S. P., Hist. Nachrichten.

Le Moniteur Westphalien: Westfälischer Staatsanzeiger Kassel 1808—13. = Moniteur.

Müller, Johann von: Sämmtliche Werke. Hrsg. v. Joh. Gg. Müller. 40 Bde. Stuttgart u. Tübingen 1831—35.

(Müller, Joh. von:) Briefe eines jungen Gelehrten an seinen Freund. Tübingen 1802.

(Müller, Joh. von:) Johann Müllers Briefe an seinen ältesten Freund in der Schweiz. Geschrieben in den Jahren 1771—1807. Hrsg. v. I. H. Fühsti. Zürich 1812.

Briefe an Johann von Müller. Supplement zu Johannes von Müllers Sämtlichen Werken. Hrsg. von Maurer-Constant. 6 Bde. Schaffhausen 1839/40. = Maurer-Constant.

Murhard, Karl u. Georg Hassel: Westfalen unter Hieronymus Napoleon. Braunschweig 1812. = Murhard-Hassel.

Ochs, von: Biographie des Generals v. Ochs. Hrsg. v. Leop. v. Hohenhausen. Kassel 1827.

Die entlarvte hohe und geheime Polizei des zerstörten Königreiches Westfalen. o. O. 1814. = Die entlarvte... geheime Polizei.

Robert, G. F. K.: Verhandlungen der Deputirten des Königreichs Westfalen, zu Paris, in den Monaten August und September des Jahres 1807; nebst 25 Anlagen. In: Urkundliche Beiträge zur Staatengeschichte Deutschlands in der Napoleonischen Zeit. Kiel 1852.

(Schlieffen, Martin Ernst von:) Einige Betreffnisse und Erlebungen Martin Ernsts von Schlieffen. — Berlin 1840 = Schlieffen, Betreffnisse

Strombeck, F. K. von: Darstellungen aus meinem Leben und aus meiner Zeit. 2. etwas vermehrte Aufl. Braunschweig 1835.

(Völkel, Ludwig:) Eines hessischen Gelehrten Lebenserinnerungen aus der Zeit des Königs Jérôme. Zwei Manuskripte des Oberhofraths Dr. Ludwig Völkel. Hrsg. und erläutert von Dr. Albert Dunker. Zeitschrift des Vereins für Hessische Geschichte, N. F., Bd. IX, Kassel 1882. = Völkel — Dunker.

Wagener, W.: Das Königreich Westfalen und die Franzosen. Kassel 1813.

Geheime Geschichte des ehemaligen westfälischen Hofes zu Cassel. 1. und 2. Teil. Petersburg 1814.

Handbuch über das Königreich Westfalen nebst einem Verzeichnisse der vornehmsten Hof- und Staatsbeamten. Halle 1808.

Le Royaume de Westphalie. Jérôme Bonaparte, sa cour, ses favorits et ses ministres. Par un témoin uculaire. Paris 1820.

(Wolffradt, Gustav Anton von:) Denkwürdigkeiten eines ehemaligen braunschweigischen Ministers. Aus dessen bisher ungedruckten Briefen. Mitgeteilt von A. P(üttner). in M. Deutsche Rundschau, 45 u. 46, 1885, 86.

Zinserling, A. E.: Westphälische Denkwürdigkeiten. Berlin 1814.

C. Darstellungen:

Andreas, W.: Johannes v. Müller in Weimar. (1804) — Historische Zeitschrift 145, 1932, S. 69 ff.

Arndt, G.: Chronik von Halberstadt von 1801—1850. Halberstadt 1908.

Bailleu, P.: Zur Geschichte des Jahres 1809. — Historische Zeitschrift 84, 1900, S. 451—459.

Bender, H.: Aufklärung und Judenemanzipation. — Volk im Werden, Jan. 1938.

Bernhardi, C.: Zur Geschichte des Königreichs Westfalen aus franz. Quellen. Zeitschrift des Vereins für Hessische Geschichte, Bd. XII, 1869.

Brunner, H.: König Jérôme von Westfalen und seine Residenz. Beilage zur „Allgemeinen Zeitung" Stuttgart u. München 1889, Nr. 33 u. 34.

Dörnberg-Hausen, Hugo Frhr. v.: Wilhelm von Dörnberg. Ein Kämpfer für Deutschlands Freiheit. Marburg 1936.

Dubnow, S. (Jude): Weltgeschichte des jüdischen Volkes. VII. Bd. Berlin 1928.

Dunker, M.: Aus der Zeit Friedrichs des Großen und Friedrich Wilhelms III. Leipzig 1876.

Eberle, M.: Die Mission des Obersten Steigentesch nach Königsberg im Jahre 1809. Mitteilungen des k. u. k. Kriegsarchivs, 3. F., 5, 1905. = Major Eberle.

Fabricius, W.: Die Studentenorden des 18. Jahrhunderts. Jena 1891.

Ficht, W.: Die Entstehung und der Niedergang der Studentenorden des 18. Jhs. und deren enge Verwandtschaft mit der Freimaurerei. Bayreuth 1914. Bayreuther Bundesblatt, 14. Jg., Nr. 8.

Fulda, C. u. J. Hoffmeister: Hessische Zeiten und Persönlichkeiten von 1751 bis 1831. Marburg 1876.

Gebauer, J.: Geschichte der Stadt Hildesheim. Hildesheim u. Leipzig 1924.

Goecke, W. u. Ilgen: Das Königreich Westfalen. Düsseldorf 1888.

Goecke, W.: Jérôme Napoleon und das Königreich Westfalen. Preußische Jahrbücher, 51. Jahr.

Geschichte der frhrl. von Hammersteinschen Familie. Als Manuskript gedruckt für Mitglieder der Familie. Hannover 1856.

Harnack, O.: Zur Vorgeschichte und Geschichte des Krieges von 1812. Historische Zeitschrift 61, 1889.

Hay, J.: Staat, Volk und Weltbürgertum in der Berlinischen Monatsschrift (Fr. Gedicke, Er. Biester) 1783—96. Diss. Berlin 1913.

Henking, K.: Johannes von Müller 1752—1809. 2 Bde. Stuttgart u. Berlin 1909 u. 1928.

Hertzberg, G.: Geschichte der Stadt Halle an der Saale. Halle 1893.

Heusinger, E.: Geschichte der Residenzstadt Braunschweig von 1806—1831 mit besonderer Berücksichtigung der Westphälischen Hof- und Staatsverhältnisse. Braunschweig 1861.

Hoffmann, F. W.: Geschichte der Stadt Magdeburg. III. Bd. Magdeburg 1871.

Holzapfel, R.: Das Königreich Westfalen mit besonderer Berücksichtigung der Stadt Magdeburg. Magdeburg 1895.

Horwitz, L.: Die Israeliten unter dem Königreich Westfalen. Berlin 1900.

Jugler, A.: Aus Hannovers Vorzeit. Hannover 1876.

Kaulfuß, W.: Aus der Geschichte des Kasseler Zeitungswesens. — Hessen-Chronik, Jg. 1, 1912.

— Aus der Geschichte des Zeitungswesens in der Residenzstadt Kassel. — Hessenland, 25. Jg., 1911.

Keferstein, Chr.: Erinnerungen aus dem Leben eines alten Geognosten und Ethnographen mit Nachrichten über die Familie Keferstein. Halle 1855.

Kleinschmidt, Arth.: Aus Braunschweigs westfälischer Periode. Westermanns ill. dt. Monatshefte, Sept. 1890.

— Wilhelm Freiherr von Dörnberg. 1913.

— Das Damenstift Wallenstein zu Homberg unter Jérôme. Zeitschrift des Vereins für Hessische Geschichte, N. F. Bd. XV, 1890. —

— Zur Geschichte der Universität Göttingen unter Jérôme. — Zeitschrift des historischen Vereins für Niedersachsen, Hannover 1891.

— Dr. Israel Jacobson. Zeitschrift des Harzvereins für Geschichte und Altertumskunde, 23. Jg., 1. Hälfte, Wernigerode 1890.

— Katherina, Königin von Westfalen. — Monatsschrift „Die Humanität", Reichenberg 1890/91.

— Einiges über Martin. Anhang zu: Das Damenstift usw. Zeitschrift des Vereins für Hessische Geschichte, N. F. Bd. XV, 1890.

— Geschichte des Königreichs Westfalen. Gotha 1893. = Kleinschmidt.

Kircheisen, F.: Bibliographie des napoleonischen Zeitalters. Berlin 1908.

Knoke, K.: Niederdeutsches Schulwesen zur Zeit der franz.-westfälischen Herrschaft. 1803—1813. Monumenta Germaniae Paedagogica; Bd. 54. (Berlin 1915).

Kohl, W.: Die Verwaltung des östlichen Departements des Königreichs Westfalen. Diss. Berlin 1937. — (= Hist. Studien Nr. 323.).

Lebensbilder aus Kurhessen und Waldeck 1830—1930. Hrsg. v. Ingeborg Schnack (= Veröffentlichungen der Historischen Kommission für Hessen und Waldeck 20) Bd. 1 Marburg 1939. Bd. 2 Marburg 1940.

Lünsmann, F.: Die Armee des Königreichs Westfalen (1807—13). Berlin 1935.

Lynker, K.: Geschichte der Insurrektionen wider das westfälische Gouvernement. Kassel 1857.

— Über Jérôme und seine Minister. — Hess. Jahrbuch für 1854.

Maenß, J.: Zur Geschichte Magdeburgs in der franz.-westfälischen Zeit. — Geschichtsblätter von Magdeburg, Bd. 41, 1906.

Martin (Seminardirektor in Eisleben): Zur Ehrenrettung Sigmund Peter Martins. Ein Beitrag zur Geschichte des Dörnbergaufstandes. Zeitschrift des Vereins für Hessische Geschichte, Bd. 28, 1893.

Mayerhoffer von Vedropolje, E.: Österreichs Krieg mit Napoleon I. 1809. Wien 1904.

Meier, H.: Braunschweigische Offiziere 1813—15. — Braunschweigisches Magazin Nr. 16—18, 1910—12.

Münchhausen, F. A. von: Geschlechtshistorie des Hauses derer von Münchhausen von 1740 bis auf die neueste Zeit. Hannover 1872.

Piderit, F. C. Th.: Geschichte der Haupt- und Residenzstadt Kassel. Kassel 1882.

Pröhle, H.: Die Fremdherrschaft. Mitteilungen aus der Geschichte des ehemaligen Königreichs Westfalen. Leipzig 1858.

Rambaud: Le Royaume de Westphalie et Jérôme Bonaparte. — Revue des Deux Mondes, Bd. 101, Paris 1872.

Reitzenstein, Frhr. v.: Übersicht der Geschichte der hannoverschen Armee von 1617—1866. Hannover 1903.

Renner: Aus der Geschichte der Stadt Osterode am Harz. Osterode 1924.

Rhamm: Eine Gesandtschaft der braunschweigischen Stände am Hofe Napoleons I. — Zeitschrift des historischen Vereins für Niedersachsen 1886.

Roßberg, A.: Freimaurerei und Politik im Zeitalter der französischen Revolution. Berlin 1942. — (Quellen und Darstellungen zur Freimaurerfrage, Bd. 2.)

Rößler, H.: Österreichs Kampf um Deutschlands Befreiung. Die deutsche Politik der nationalen Führer Österreichs 1805—1815. (= Schriften des Reichsinstituts für Geschichte des neuen Deutschlands) 2 Bde., Hamburg 1940.

Salomon, L. (Jude): Geschichte des deutschen Zeitungswesens. Bd. 2. Oldenburg u. Leipzig 1900.

Schminke, L. Chr.: Geschichte der Stadt Eschwege. Bd. 2. Eschwege 1923.

Schulze, F. u. P. Ssymank: Das deutsche Studententum. Von den ältesten Zeiten bis zur Gegenwart. 4. Aufl. München 1932.

Schwarz, Dieter: Die Freimaurerei. Weltanschauung, Organisation und Politik. Berlin 1938.

Six, F. A.: Freimaurerei und Judenemanzipation. Hamburg 1938.

— Freimaurerei und Christentum. Hamburg 1940.

Stern, A.: Abhandlungen und Aktenstücke zur Geschichte der preußischen Reformzeit 1807 — 1815. Leipzig 1885.

Strippelmann, F. G.: Beiträge zur Geschichte Hessen-Kassels. Hessen und Frankreich 1791—1814. Heft 1 u. 2. Marburg 1877.

Thiersch, H. W. J.: Friedrich Thierschs Leben. Leipzig u. Heidelberg 1866.

Thimme, F.: Die inneren Zustände des Kurfürstentums Hannover 1806—13. 2 Bde. Hannover 1893 u. 1895.

— Neue Mitteilungen zur Geschichte der hohen oder geheimen Polizei des Königreichs Westfalen. Zeitschrift des historischen Vereins für Niedersachsen 1898. = Thimme, Polizei.

Die Universität Göttingen. Leipzig 1842.

Wegener, H.: Die Relationen Napoleons I. zum Königreich Westfalen, im besonderen durch die Mission d. kaiserl. Gesandten Grafen Reinhard am Kasseler Hof (1807—1813). 1. Teil. Diss. Bern 1905.

Weidemann, J.: Neubau eines Staates. Staats- und Verwaltungsrechtliche Untersuchung des Königreichs Westfalen. (= Schriften der Akademie für deutsches Recht.) Leipzig 1936.

Weidemann, W.: Friedrich Wilhelm August Murhard (1778—1853). Ein Publizist des Altliberalismus. Diss. Ms. (Ffm. 1921).

(Wiebe:) Die Armee des Königreichs Westfalen in den Jahren 1808—1813. Vortrag gehalten in Cassel 1886. — Beihefte zum Militär-Wochenblatt. Berlin 1887.

Wolter, F. A.: Geschichte der Stadt Magdeburg von ihrem Ursprung bis auf die Gegenwart. Magdeburg 1890.

Woltereck, K.: Goslar, aus dem Leben einer tausendjährigen Stadt. Hannover 1924.

Worringer, A.: Der Dörnberg-Aufstand 1809. — Mitteilungen an die Mitglieder des Vereins für Hessische Geschichte, 1909/10.

— Die hessisch-französischen Regimenter 1806—08. — Zeitschrift des Vereins für Hessische Geschichte, Bd. 39, 1905.

— Westfälische Offiziere. — Hessenland, 1908—09.

II. Teil

Freimaurerische Quellen und Darstellungen

A. Ungedruckte Quellen:

Die Logenarchive sind in den Anmerkungen bei Anführung der benutzten Faszikel angegeben.

B. Gedruckte Quellen:

Stanzen zur Feier der erfreulichen Geburt Sr. M. des Königs von Rom am 20. März 1811. Am Fest, welches wegen dieses glücklichen Ereignisses die Loge „Wittekind zur westphälischen Pforte“ im Or. zu Minden feierte. Am 10. April 1811 vorgelesen von Br. N( ). M( ). Landesbibliothek Kassel.

(Riesch, A.:) Freymaurer-Lieder zum Gebrauch für die St.-Johannis-Loge (Hieronymus Napoleon zur Treue im Or. von Cassel) (Kassel) 1813. Landesbibliothek Kassel.

Über die Vortheile eines Freimaurers. Rede gehalten in der gerechten und vollkommenen (Loge) des Arts et le l'Amitié im Or. von Kassel von dem Br. P. F. C. Merville, R., damals Redner dieser (Loge) am St. Johannis-Feste 1810. Kassel, Kgl. Buchdr. 1811. Landesbibliothek Kassel.

Nach ihrem Winterschlaf erwacht sie, die schaffende Natur, die indes neue Kräfte sammelte. Sendschreiben der Kasseler Loge „Wilhelm zur Standhaftigkeit". (Kassel 1815.) Landesbibliothek Kassel.

C. Darstellungen:

Allgemeines Handbuch der Freimaurerei. Dritte, völlig umgearbeitete und mit den wissenschaftlichen Forschungen in Einklang gebrachte Auflage von Lennings Encyklopädie der Freimaurerei. Hrsg. vom Verein deutscher Freimaurer. 2 Bde. Leipzig 1900 u. 1901. = A. H. F.

B.***, J.—C.: Précis historique de l'ordre de la Franc-Maçonnerie par J.—C. B.*** 2 Bde. Paris 1829.

Becker, J.: Die Logenmeister der Johannisloge „Zur gekrönten Unschuld" in Nordhausen. Den Brüdern und Freunden der Loge gewidmet. Nordhausen 1924.

Boos, H.: Geschichte der Freimaurerei. Zur Kulturgeschichte des 18. Jahrhunderts. Aarau 1906.

Bürgel, A. E. R. u. Arnold: Festschrift zur Jubelfeier des 100jähr. Bestehens der St. Johannis-Loge zur gekrönten Unschuld in Nordhausen am Sonntag, 1. Juni 1890. Nordhausen 1890.

Eckstein, F. A.: Geschichte der Freimaurer-Loge im Or. von Halle. Eine Festgabe zur Säcularfeier der Loge zu den drei Degen. 1. u. 2. Abt., Halle 1843—44.

Förster, Th.: Geschichte der Loge „Zu den drei Balken" in Münster i. W. mit kulturgeschichtlichen Zeitbildern der deutschen Freimaurerei von 1778 bis 1902. Festschrift zur Säcularfeier der Zugehörigkeit der Loge zur Großloge „Zu den drei Weltkugeln" und der Übernahme des ersten Hammers durch den Generalleutnant G(ebhard) L(ebrecht) v. Blücher sowie zur Feier des Antritts des 125. Arbeitsjahres. Als Hs. gedr. nur für Frmr. mit einem Bildnis des Generalleutnants v. Blücher. (Nebst Beil.) Berlin 1902.

Haarhaus, J. R.: Deutsche Freimaurer zur Zeit der Befreiungskriege. Jena 1913.

Kurze Geschichte der Stiftung der St. Johannis-Loge zum hellen Licht und der delegierten Schottenloge zum hellen Löwen im Or. zu Hamm und des Wirkens derselben in einem Zeitraum von vierzig Jahren. (für Logen u. Brr.) Hamm 1832.

Geschichte der Stiftung der Freimaurer-Loge zum Tempel der Freundschaft im Or. zu Heiligenstadt und der Ereignisse in derselben während ihrer 25-jähr. Dauer. Heiligenstadt 1835.

Helling, H.: Geschichte der Johannis-Loge zu den drei Kleeblättern aus den Akten dargestellt. Eine Festgabe für die Brr. der Loge. Aschersleben 1902.

Heypke, W.: Geschichtlicher Abriß und Personalbestand der Freimaurer-Loge Selene zu den drei Thürmen im Or. Lüneburg von 1809—1884. Zur Feier des 75jähr. Stiftungsfestes am 27. Dec. 1884. Lüneburg 1884.

Ilgen, P.: Aus der Loge „Hieronymus Napoleon zur Treue" in Kassel, vom Jahre 1809. — Bundesblatt, Organ der Großen N. M L. „Zu den drei Weltkugeln" 6. Jg., Berlin 1892, S. 95—98.

Keller, L.: Die geistigen Grundlagen der Freimaurerei und das öffentliche Leben. Jena 1911.

Klipp: Geschichte der Loge „Marc Aurel zum flammenden Stern" im Orient Marburg. Festschrift zur Jubelfeier den 4. October 1896. (Bearb. nach den vorhandenen Akten). Marburg 1896.

Kloß, G.: Geschichte der Freimaurerei in Frankreich aus ächten Urkunden dargest. (1725—1830) von Georg Kloß. Bd. 1 u. 2. Darmstadt 1852—53. = Kloß, Frankreich.

— Geschichte der Provinzialloge von Niedersachsen zu Hamburg. Am Tage ihrer 125jähr. Jubelfeier. Als Hs. gedr. nur f. Frmr. Berlin 1902.

Kolbe, W.: Die Großloge von Westfalen 1807—1813. Zur Geschichte der Freimaurerei in Kassel 1766—1824. — Bausteine gesammelt von Brüdern des Logen-Bundes Royal York zur Freundschaft, 3. Jg., Berlin 1883.

Kreyenberg, G. u. J. Gallhof: Geschichte der St. Johannis-Freimaurer-Loge zur deutschen Redlichkeit im Or. zu Iserlohn. Zum hundertjährigen Jubiläum dieser Bauhütte auf Grund der Akten und Protokolle. Leipzig 1896.

Lachmann, F. A. H.: Geschichte der Freimaurerei in Braunschweig von 1744 bis Neujahr 1844, aus den Protocollen u. Archiven der (Loge) Carl zur gekrönten Säule ausgezogen. Auf Kosten der (Loge) als Ms. f. Bbr. gedr. Braunschweig 1844.

Lennhoff, E. u. O. Posner: Internationales Freimaurer-Lexikon. Wien 1932. = I. F. L.

Lesser, R.: Bausteine zur Geschichte des ersten Säkulum der ger. und vollk. St. Joh. Frmr.-Loge Georg zu den 3 Säulen Or. Einbeck. Einbeck 1897.

Geschichte der Loge Ferdinand zur Glückseligkeit im Or. zu Magdeburg und chronolog.-geordnetes General-Verzeichnis aller Mitglieder derselben vom 28. Sept. 1778 bis Johannis 1824. Hrsg. von Philipp Linke, zweitem Secr. und Archivar der Loge. (Magdeburg) 1824.

Lühmann, K.: Das erste Jahrhundert der ger. und v. St. Johannisloge Hercynia zum flammenden Stern im Or. von Goslar. Eine Festgabe zur Jahrhundertfeier am 14. Nov. 1909. Goslar 1909.

Martin, Gaston: Manuel d'histoire de la Franc-Maçonnerie française. Paris 1929.

Menge, F. G.: Geschichte der Freimaurerloge Pforte zum Tempel des Lichts in Hildesheim und der vor ihr daselbst bestandenen Logen nebst vorangedrucktem Bericht über das in der Loge Pf. z. T. d. L. am 26. u. 27. Dec. 1862 gefeierte hundertjährliche Jubelfest. Hs. f. Frmr. Hildesheim 1863.

Merseburger, O.: Geschichte der Freimaurer-Loge zum Tempel der Freundschaft im Orient Heiligenstadt. Festschrift zur Jubelfeier des 100-jährigen Bestehens. Heiligenstadt 1910.

Miehe, G.: Geschichte der Freimaurerei in Halberstadt (1746—1896). Halberstadt (1895).

Müller, R.: Die St. Johannis-Loge Hercynia zum flammenden Stern im Or. von Goslar während der ersten funfzig Jahre ihres Bestehens. Geschichtliche Nachrichten über dieselbe. Goslar 1859.

Münder, H.: Geschichtliche Nachrichten der unter der Konstitution der Ehrw. Großen Loge von Preußen gen. Royal York zur Freundschaft arbeitenden ger. u. vollk. Johannis-Loge zum Tempel der Eintracht i. Or. von Osterode a. H. seit Gründung derselben im Jahre 1792 bis zur Gegenwart 1899. Bearb. und zsgest. auf Grund der Logen-Akten. Hs. f. Frmr. Osterode a. H. 1899.

Nettelbladt, Chrn. K. F. W. Frh. von: Geschichte der Freimaurerei in Hildesheim. o. O. o. J.

Nose, C.: Geschichte der St. Johannis-Freimaurer-Loge Julia Carolina z. d. 3 Helmen im Or. Helmstedt. Festschrift zum hundertjährigen Jubiläum auf Grund der Akten verfaßt. Magdeburg 1912.

Geschichte der Loge zum goldenen Rade in Osnabrück von ihrer Gründung bis zum Jahre 1907. Aus Anlaß des hundertjährigen Bestehens der Loge zsgest. von mehreren Brüdern. Ms. f. Frmr. Osnabrück 1907.

Pauls, A.: Düsseldorfer Freimaurerei im 18. Jh. Mit einer Einleitung über die rheinische Freimaurerei während des 18. Jhs. Leipzig 1928.

Popp, J.: Freimaurerei und Geistesgeschichte des 18. Jahrhunderts. — Monatshefte der Comenius-Gesellschaft, Geisteskultur. Bd. 41, Jg. 1932.

Seeger, L.: Geschichte der Freimaurerei in Celle. Aus Anlaß des hundertjährigen Bestehens der Loge „Zum helleuchtenden Stern" im Orient Celle am 22. Oktober 1911 zusammengestellt. Celle (1911).

Spangenberg, G. H.: Geschichtliche Nachrichten über die ger. u. vollk. St. Johannis-Loge Augusta zum goldenen Zirkel im Or. von Göttingen während ihres 50jährigen Bestehens von 1810—1860. Zur Jubelfeier zsgest. Ms. f. BBr. Göttingen 1860.

Schlemm, F.: Geschichte der Freimaurerei in Halberstadt. Halberstadt 1846.

Schneider, J. F.: Die Freimaurerei und ihr Einfluß auf die geistige Kultur in Deutschland am Ende des 18. Jhs. Prag 1909.

Voigts Fr.: Die Freimaurer-Logen im Königreiche Hannover. Geschichtl. Abriß. 2. Aufl. Hannover 1855.

Wald, W.: Die Joh.-Loge „Louisa Augusta zu den drei Sternen" in Ahlfeld. — Zirkelcorrespondenz der Gr. Landesloge. 37. Jg., 1908. S. 100—104.

Wentz, E. O.: Über die Stiftung und Entwicklung der unter Konstitution der Großen National-Mutterloge zu den drei Weltkugeln arbeitenden St. Johannisloge Johannes zum Wohl der Menschheit i. O. Salzwedel. Zur Feier des hundertjährigen Bestehens der Loge am 3. Juni 1902 gezeichnet. (Salzwedel 1902).

Wilke, G.: Geschichte der Loge „Zur goldenen Krone" in Stendal. I. Teil: Im Verbande der Großen Landesloge der Freimaurer von Deutschland von 1775 bis zur Inaktivierung 1824. II. Teil: Im Verbande der Großen National-Mutterloge zu den drei Weltkugeln seit der Neugründung 1862 bis zum 50jähr. Stiftungsfeste 1912 als Ms. gedruckt. o. O. (1912).

Verzeichnis der Logen.

Die Logen des „Großorients von Westfalen":

Alfeld — „Luise Auguste zu den drei Sternen"

Celle — „Zum helleuchtenden Stern"

Einbeck — „Georg zu den drei Säulen"

Eschwege — „Eintracht zur Acacia"

Göttingen — „Augusta zum goldnen Zirkel"

Goslar — „Hercynia zum flammenden Stern"
— „Hercynia zu den neun Sternen" als deren Schottenloge

Hannover — „Au bienfait anonyme"

Hann.-Münden — „Pythagoras zu den drei Strömen"

Heiligenstadt — „Tempel der Freundschaft"

Helmstedt — „Julie Caroline zu den drei Helmen"

Hildesheim — „Pforte zur Ewigkeit"
— „Zur Unsterblichkeit" als deren Schottenloge

Kassel — „Des Arts et de l'Amitie"
— „Cathérine de la Parfaite Union"
— („Les Chevaliers de Cathérine la bien aimée")
— „Jérôme Napoléon de la fidélité" (Hieronymus Napoleon zur Treue)

Marburg — „Marc Aurel zum flammenden Stern"

Nordhausen — „Zur gekrönten Unschuld"

Osterode — „Tempel der Eintracht"

Die übrigen Logen im Königreich Westfalen:

Aschersleben — „Zu den drei Kleeblättern"

Braunschweig — „Carl zur gekrönten Säule"

Halberstadt — „Zu den drei Hammern"
— „Zur aufgehenden Sonne"
— Provinzialloge der Großen Landesloge für das Königreich Westfalen

Halle — „Zu den drei Degen"

Hannover — Große Provinzialloge „Friedrich"
— „Zum schwarzen Bär"
— „Zur Ceder"
— „Friedrich zum weißen Pferde"

Hildesheim — „Zum stillen Tempel"
— „Zum neuen Tempel" als deren Schottenloge

Lüneburg — „Selene zu den drei Türmen"

Magdeburg — „Ferdinand zur Glückseligkeit"
— „Friedrich zur grünenden Linde" als deren Schottenloge und als Provinzialmutterloge der Großen National-Mutterloge für Westfalen und Niedersachsen (ab 1811 „Große Mutterloge Friedrich zur grünenden Linde")

Minden — „Wittekind zur westphälischen Pforte"

Osnabrück — „Zum goldenen Rade"

Salzwedel — „Johannes zum Wohle der Menschheit"

Stendal — „Zur goldenen Krone"

Personenregister.

KSR FRANKREICH
BREMEN
VERDEN
NIENBURG
MINDEN
HAMELN
FSM LIPPE
GHZM BERG
LIPPE
FSM WALDECK
GHZM HESSEN
KASSEL
MÜNDEN
LAHN
MARBURG
HERSFELD
FULDA
GIESSEN
WETZLAR
FSM ISENBURG
HZM NASSAU
GHZM FRANKFURT
FRANKFURT
GHZM WÜRZBURG
LÜNEBURG
CELLE
ALLER
HANNOVER
BRAUNSCHWEIG
HELMSTEDT
HILDESHEIM
ALFELD
GOSLAR
EINBECK
OSTERODE
LEINE
WESER
GÖTTINGEN
HEILIGENST.
WERRA
ESCHWEGE
KGR WESTFALEN
SALZWEDEL
MAGDEBURG
HALBERSTADT
ASCHERSLEBEN
NORDHS.
SONDERSHS.
HZM MECKLEN
BURG
KGR PREUSSEN
ELBE
SPANDAU
CHARLOTTENBG
BERLIN
HAVEL
BRANDENBURG
HZM ANHALT
TORGAU
HALLE
UNSTRUT
LEIPZIG
NAUMBURG
KGR SACHSEN
EISENACH
GOTHA
ERFURT
WEIMAR
GERA
SÄCHSISCHE HERZOGTÜMER
SAALFELD
SCHLEIZ
GREIZ
FST REUSZ
KGR BAYERN
EGER
KSR ÖSTERREICH